RÉQUISITOIRE

DÉFINITIF

DE M. LE PROCUREUR-GÉNÉRAL PRÈS LA COUR
DES PAIRS,

DANS L'AFFAIRE LOUVEL.

PARIS,

IMPRIMERIE DE J. G. DENTU,
rue des Petits-Augustins, n° 5.

1820.

RÉQUISITOIRE DÉFINITIF.

A MESSIEURS

DE LA CHAMBRE DES PAIRS,

Constituée en vertu de l'article 33 de la Charte constitutionnelle, en Cour des Pairs, pour juger le fait de l'assassinat de M. le duc de Berry.

LE conseiller d'État, nommé spécialement procureur-général de Sa Majesté près la Cour des Pairs, par ordonnance du Roi du 14 février dernier, pour poursuivre devant ladite Cour le procès de l'assassinat de feu M. le duc de Berry;

Vu toute l'instruction faite jusqu'à ce jour, relativement à cet assassinat;

A l'honneur de vous exposer et de requérir ce qui suit:

Le 13 février dernier, dimanche gras, M. le duc et Mme la duchesse de Berry arrivèrent au théâtre de l'Opéra vers huit heures du soir pour y assister au spectacle. Mme la comtesse de Béthisy, dame pour accompagner, était dans la voiture de LL. AA. M. le comte de Clermont-Lodève, gentilhomme d'honneur de M. le duc de Berry, M. le comte de Mesnard, son premier écuyer, et M. le comte de Choiseuil, son aide de camp, suivaient le Prince.

Tous les jours d'opéra, il y a, pour le service de ce spectacle, dix-neuf hommes de la garde royale, avec un sergent et vingt-un hommes de la gendarmerie. Ce jour-là, ce dernier détachement, attendu le carnaval, fut porté à trente-deux; il y avait par conséquent cinquante-deux militaires de garde; d'un autre côté, il s'y trouvait neuf agens civils : en tout soixante-un hommes. La surveillance était donc montée avec plus de soin qu'à l'ordinaire.

Quoi qu'il en soit, à l'instant où M. le duc et Mme la duchesse de Berry descendirent des voitures, l'ordre fut donné, tout haut, aux gens, de les ramener à onze heures moins un quart. L'ordre fut ponctuellement exécuté. A dix heures et demie, les voitures stationnaient dans la rue Rameau. Non loin d'elles était un cabriolet de la suite du Prince. Dès long-temps M. le préfet de police avait donné des instructions expresses pour que, dans cette même rue, quand les Princes étaient au théâtre, on ne laissât pas séjourner d'autres voitures que les leurs. Les officiers de surveillance avaient mis beaucoup de zèle à faire exécuter cette consigne; mais il était un peu dans la nature des choses que ce zèle éprouvât quelque résistance de la part des personnes du cortége des Princes, en raison même de la sollicitude qu'elles mettaient à ce que leur service fût fait avec promptitude. Aussi, cette résistance, dont rien à l'avance ne révélait l'inconvénient, finit-elle par l'emporter sur les efforts des officiers de la police, qui en furent réduits à se borner d'écarter de la rue les voitures étrangères aux personnes de la cour.

Auprès de ce cabriolet toléré par lassitude, ainsi que quelques autres voitures de la suite, était un homme petit de taille, vêtu de bleu, coiffé d'un chapeau rond, n'ayant rien de remarquable ni dans sa personne ni dans sa mise, et paraissant être le domestique du cabriolet, supposition à laquelle prêtait la circonstance que le jockei de ce même cabriolet, qui était dans l'intérieur, vaincu par le sommeil, s'était laissé glisser sur le coussin, et ne frappait plus les regards des surveillans.

C'était cet homme vêtu de bleu, et de si mo-
dique apparence, qui allait disposer de la vie
d'un grand Prince, et peut-être des destinées de
la France !

M. le duc de Berry, plein d'une tendre sollicitude pour son épouse chérie, ne voulait
pas que, surtout dans son état, elle poussât la
veille trop avant dans la nuit. Il avait obtenu
de sa complaisance qu'elle ne se retirerait pas
tard. A la fin du premier acte du ballet, il demanda l'heure à M. le comte de Clermont-Lodève. Ce seigneur lui répondit qu'onze heures
allaient sonner. Le Prince se leva. Mme la duchesse de Berry ne savait pas vouloir autre
chose que son époux; elle prit son bras; M. le
comte de Mesnard reçut l'autre main de la
Princesse. Elle fut ainsi conduite par l'un et
par l'autre à sa voiture. Quand elle y fut montée, le Prince eut l'attention de venir reprendre Mme la comtesse de Béthisy, qui était un
peu restée en arrière, pour la conduire de la
même manière, et aussi avec l'assistance du
comte de Mesnard, auprès de la Princesse. Toujours recherché, comme il l'était, dans ses soins
délicats pour ceux qui avaient le bonheur de
l'entourer, il parla même, dans ce court trajet,
affectueusement à la comtesse de sa santé, qui

n'est pas bonne. « Votre santé, ma chère générale, lui dit-il, m'inquiète; soignez-la donc. Vous savez combien nous vous aimons. » Et il plaça Mme de Béthisy dans la voiture.

Un point bien digne de remarque, c'est que le Prince avait sévèrement défendu que les postes fissent jamais la haie sur son passage pour empêcher la foule d'approcher. Comme périr pour le bonheur des Français n'eût pas été, dans sa grande âme, un sacrifice, en retour, il croyait à leur amour : et son affabilité lui faisait un besoin de vivre rapproché d'eux dans une pleine confiance. En vain on avait voulu quelquefois combattre cette répugnance qu'il montrait pour les précautions. « Point « de précautions, disait-il, au milieu d'un « peuple qu'on chérit et qu'on estime. » En ce moment donc, comme dans toutes les occasions pareilles, les soldats de sa garde étaient sous le vestibule; un seul factionnaire était près de la voiture, présentant les armes. Déjà un valet de pied avait relevé le marche-pied , un autre déposait dans la voiture la pelisse de la Princesse. M. le comte de Choiseuil s'acheminait pour précéder le Prince, qui allait rentrer quelques momens et voir la fin du ballet.

Le comte de Mesnard en faisait autant. M. de Clermont-Lodève s'était arrêté sur le seuil de la porte. Le Prince, en action déjà pour rentrer, venait de se pencher une dernière fois vers la voiture, en disant d'une voix caressante : *Adieu, Caroline, nous nous reverrons bientôt.* La portière n'était pas encore fermée. Il se retourne pour rentrer. Ce misérable homme bleu, pendant ces mouvemens, avait quitté sa place. Il s'était glissé entre le mur et les chevaux. Tout à coup il s'élance du côté de M. le duc de Berry, le choque, et passe comme un éclair. Tout le monde aperçut un mouvement. Personne, au premier coup-d'œil, ne se doutait même de ce qu'il avait été ni de l'affreuse vérité. Tous les assistans, au contraire, ne virent, simultanément, dans cet homme, qu'un brutal entraîné par la curiosité ou l'étourderie. Cette idée prévalut d'abord à tel point dans tous les esprits, que M. le comte de Choiseuil le prit vivement par l'habit, et le repoussa, en lui disant : *Prenez donc garde!* Sur ces paroles, l'homme rebroussa chemin en fuyant vers la rue de Richelieu. Cependant, jeté par le choc sur M. de Mesnard, le Prince, qui, au moment de la rencontre, parut avoir cru lui-même n'avoir été que heurté, s'écria bientôt : *Cet homme m'a tué ! je suis assassiné ! — Quoi ! monseigneur,* lui dit M. de Mesnard, *seriez-vous blessé ? — Je suis mort ! je suis mort !* cria deux fois le Prince; *je tiens le poignard !* Au premier cri du Prince : *Je suis assassiné !* MM. de Clermont et de Choiseuil se précipitèrent sur les pas du fuyard, dont ils n'abandonnèrent les traces, pour venir prodiguer des secours au Prince, que quand ils virent que beaucoup de gardes étaient à la poursuite du meurtrier. A ce cri aussi, Mme la duchesse de Berry voulut s'élancer par la portière, dont la botte était relevée, mais qui n'était pas encore fermée. Mme de Béthisy, en s'apercevant du projet de la Princesse, l'enlaça fortement dans ses bras pour s'y opposer. *Au nom de Dieu, madame,* lui dit-elle, *songez à votre état !* — *Madame de Béthisy,* lui répartit avec énergie Mme la duchesse, *je vous ordonne de me laisser aller.* Frappé, de son côté, du mouvement de la Princesse, M. le duc de Berry lui cria : *Ma femme, je t'en prie, ne descends pas !* Quelques secondes après, l'amour conjugal l'emportant sur cette délicatesse exagérée du premier moment, il ne put s'empêcher de s'écrier : *Viens, ma Caroline, que je meure dans tes bras!* A ces mots, nulle force humaine ne put plus contenir la malheureuse épouse. Elle repoussa Mme de Béthisy, se précipitant par la portière, de manière à se tuer elle-même sur le pavé, si elle n'eût été retenue dans sa chute par les deux valets de pied qui étaient à la voiture. Mme de Béthisy s'élança après elle. Toutes deux vinrent au Prince qui, dans ce moment, toujours debout, tenait encore sa main sur l'arme dont il avait été frappé. A cet instant il la retira de sa profonde blessure. C'était un poignard grossièrement façonné, emmanché dans du buis, et dont la lame, large et tranchante autant qu'aiguë, avait plus d'un demi-pied de longueur. On conduisit doucement l'auguste blessé jusqu'à un banc placé dans le passage. On l'y assit. Mme la duchesse de Berry et Mme de Béthisy le soutenaient. Un moment il avait perdu connaissance. Il reprit bientôt ses sens, et sa malheureuse épouse, couchée sur lui et le couvrant de ses larmes, s'efforçait, en appliquant sa main sur la plaie, d'arrêter l'écoulement du sang.

C'est à cet instant même si solennel et si douloureux, que le féroce assassin, saisi par ceux qui l'avaient poursuivi, fut amené à la porte du lieu où se passait cette scène lugubre.

Il est rare que le crime n'aille pas lui-même, entraîné qu'il est à son insu par la justice divine, au-devant du supplice. La conduite de Louvel (c'est le nom du meurtrier) en fournit un exemple de plus. Au lieu de tourner, aussitôt après avoir fui, dans la rue de Richelieu, du côté du Palais-Royal, où il se serait facilement perdu dans la foule et dans les ténèbres, il avait au contraire tourné du côté des boulevards : en sorte que repassant sous toute la ligne de l'illumination qui, de ce côté, éclaire avec éclat et le long du péristyle latéral de l'Opéra et toute cette partie de la rue qu'il côtoya, il n'avait pas échappé un seul instant aux regards de ceux qui le poursuivaient. Aussi fut - il promptement arrêté vers l'arcade Colbert, par un généreux citoyen appelé *Paulmier*, garçon limonadier. Celui-ci le saisit, au risque de sa vie, et le remit sur le champ à l'adjudant de la ville de Paris, Meunier, qui le poursuivait de près, au garde royal Desbiez et au gendarme David. On trouva sur lui le fourreau du poignard qu'il avait abandonné dans les flancs du Prince, un deuxième poignard et son fourreau, et une clef.

Ramené par ces trois militaires, quelques pas de plus, et il allait se trouver au milieu de

ses victimes, si M. le comte de Clermont Lodève
ne s'en fût aperçu. Il se précipita au-devant des
gardes, à qui il ordonna de conduire l'assassin
au bureau de police dans le vestibule. Là, ne
pouvant plus maîtriser son indignation, il lui
adressa cette question : « Monstre ! qui t'a poussé
« à commettre un pareil crime ? » — « Ce sont
« les plus cruels ennemis de mon pays, » répondit le meurtrier. — « Mais encore, qui t'a
« payé ! » — « Personne. »

Cependant on songea à transporter le Prince
dans un lieu plus commode que ce passage où
il s'était d'abord arrêté. Ses gentilshommes le
soutinrent pour le conduire au petit salon
de sa loge, où on l'assit sur un fauteuil garni
de coussins. Mme la duchesse de Berry, plus
morte que vive, y fut également presque portée par M. le duc de Mouchy, et par Mme la
comtesse de Béthisy. Arrivée dans le petit salon,
le besoin que son époux avait de ses soins
lui rendit bientôt son courage et ses forces.
Elle ne voulut plus s'occuper que de lui. Aidée
de Mme de Béthisy, elle commença par le dés-
habiller en partie pour visiter sa blessure.
Toutes deux elles le tenaient penché pour fa-
ciliter l'écoulement du sang, et prévenir l'é-
touffement. Dans cette situation, il ne cessait

de répéter : *Je suis bien mal; un prêtre, un prêtre; viens, ma Caroline, que je meure dans tes bras.* Entendre ces mots, se précipiter sur son auguste époux, l'étreindre de ses embrassemens, et être couverte de son sang et sur tous ses vêtemens et sur toute sa personne, fut l'affaire d'un moment. Bientôt la raison vint calmer ces premiers transports d'amour et de douleur. S'élevant au-dessus de son désespoir, elle ne voulut plus penser qu'aux secours que l'état du Prince rendait indispensables. Attentive à ses moindres mouvemens, la pieuse Princesse lui prodiguait tour à tour les soins et les caresses les plus tendres. Elle essuyait tantôt son sang, tantôt la sueur qui lui coulait du visage. Quelquefois, à genoux près de lui, elle le consolait et priait. Déjà plusieurs personnes, et spontanément et par les ordres des gentilshommes de M. le duc de Berry, étaient parties pour aller chercher les secours spirituels et temporels qu'il ne cessait de réclamer en mettant même sa principale ardeur à réclamer les premiers.

Un médecin passa par hasard dans la rue : c'était le docteur Drogart. Le docteur Blancheton, qu'étaient allés quérir M. le comte de Choiseuil et le valet de pied Gérard, survint peu après. Enfin, le docteur Lacroix. Une saignée fut décidée entre eux trois. Le docteur Lacroix l'exécuta. Dans ce trouble extrême, tout le monde avait perdu la tête; la Princesse seule conservait de la présence d'esprit et de l'énergie. Elle pensait à tout, pourvoyait à tout. En ce moment, elle et Mme de Béthisy mirent leurs ceintures en pièces pour faire les bandes nécessaires à la saignée; et quand M. le duc de Berry disait : *Ma femme! ma femme! ne m'abandonne pas!* elle arrêtait ses pleurs pour lui répondre avec un accent de sensibilité qui arrachait des larmes de tous les yeux : *Non, mon ami! non, mon cher Charles! ta femme est là; elle ne t'abandonnera pas!*

Toute cette force d'âme toutefois n'empêchait pas que la malheureuse Princesse ne fût dévorée des plus cruelles anxiétés. Aussitôt que M. Blancheton eut examiné la blessure, elle voulut savoir si elle était mortelle. « M. Blancheton, lui dit-elle, je vous en conjure, dites-moi la vérité. J'ai du courage, beaucoup de courage, ajoutait-elle avec force. » M. Blancheton n'osait répondre. Alors Mme la duchesse de Berry se précipitait à genoux. Elle priait avec ardeur; et aussitôt que, grâce à ce saint exercice, un peu de calme était revenu dans son âme, elle retournait, l'air serein, près de son époux, pour soulager ses souffrances et consoler son esprit. C'est alors qu'il était cruel d'entendre le Prince, jugeant bien son état, exprimer une tendre reconnaissance à tous ceux qui l'entouraient, mais leur dire avec une voix déchirante : *Vos soins sont inutiles ; je suis perdu.*

Successivement, l'auguste et infortunée famille se rassemblait dans ce petit espace, devenu le centre d'un si effroyable malheur et de tant d'émotions si légitimes. M. le duc d'Orléans, la duchesse son épouse et Mlle d'Orléans, arrivèrent les premiers pour unir leur profonde douleur à celle de Mme la duchesse de Berry. M. le duc d'Angoulême, puis MONSIEUR, et MADAME qu'on n'avait pu retenir, MADAME surtout s'indignant qu'on osât vouloir lui rien retrancher de ce sublime patrimoine de douleurs que la Providence, dans ses voies inconnues, semble lui avoir comme assigné pour manifester, sans doute, jusqu'à quel point peut être forte autant que généreuse une âme humaine qui s'est réfugiée au sein de la religion, vinrent successivement. M. l'évêque de Chartres aussi, que ne cessait de demander avec ferveur M. le duc de Berry, ne tarda pas à

paraître. M. le comte de Nantouillet, cet as-
sidu compagnon et ce fidèle ami d'un Prince
qui se faisait un plaisir de cœur de lui donner
ce titre, était accouru à cette scène de deuil
aussitôt qu'il avait été prévenu de l'attentat
commis sur son Prince. Tous les secours temporels, d'un autre côté, étaient arrivés : MM. Thé-
rinc, Bougon et Fournier, M. Dupuytren,
M. Dubois, MM. Roux et Baron, tout ce que
la chirurgie offre de plus savant et de plus il-
lustre avait été appelé. Tous ils étaient venus
apporter avec un empressement honorable,
non moins pour leur cœur que pour leur art, le
tribut de talens qui malheureusement devaient échouer contre l'infernale habileté avec
laquelle un scélérat avait su frapper un coup
infaillible.

Les médecins n'eurent qu'un avis sur l'impossibilité de transporter le Prince. On fit à
la hâte un lit sur des chaises. Un peu plus tard
on le rendit plus commode, en substituant aux
chaises un lit de camp. On ne saurait donner
trop d'éloges au zèle que développa en cette
douloureuse occasion, pour le service du
Prince, le sieur Grandsire, employé à l'Opéra,
dont il était facile de voir que les soins étaient
puisés bien plus dans l'entraînement du cœur

que dans le sentiment du devoir. Le sieur
Grandsire se souvenait que, dans d'autres circonstances, il avait été assez heureux pour offrir au Prince, rappelé d'un long exil par l'affection des peuples, son premier lit sur la
terre natale. Il était, cette fois, consterné de
lui en préparer un autre qui devait être le dernier qu'il y occupât, frappé par un assassin.
Mme la duchesse de Berry désormais cessait
d'être aussi nécessaire pour les soins physiques
que réclamait son auguste époux. On eût dit
que ses forces n'attendaient que de devenir inutiles au dépositaire de ses affections, pour l'a-
bandonner elle-même; elle tomba épuisée dans
les bras de Mme de Béthisy. Suffoquée de larmes et de sanglots, il fallut lui donner à elle
aussi des secours qu'elle rejetait, mais qui
pourtant préservèrent la France d'un malheur
de plus. Elle revint à la vie, et elle y revint
pour aller reprendre, au bord du lit de mort
de son époux, la place qu'y marquaient pour
elle l'amour et la religion.

Cette religion sainte n'avait pas été vainement invoquée par le Prince, au milieu de ses
atroces douleurs. Déjà elle les avait calmées
par degrés à la voix de M. l'évêque de Chartres, dont une seule pieuse exhortation suffisait

pour rendre au mourant la résignation. Ce qu'il sollicitait surtout avec les plus vives instances, c'étaient les derniers sacremens. Vers trois heures du matin, M. le curé de Saint Roch arriva avec un autre ministre. L'extrême-onction fut administrée au Prince au milieu des pleurs et des sanglots dé toute la famille et de tous ses serviteurs, grands et petits : car il n'était pas jusqu'au plus humble d'eux qui ne témoignât le désespoir de perdre un si bon maître, et qui ne manifestât ses sentimens par un zèle sans bornes. Le Prince eût désiré que Mme la duchesse de Berry n'assistât pas à cette cérémonie lugubre. Jamais elle ne voulut consentir à se retirer. Agenouillée près de son lit, noyée dans ses pleurs, elle mêla ses prières aux prières de l'Église; toujours prête à expirer de douleur, toujours reprenant des forces en songeant que son mari lui ordonnait de vivre. Pour le Prince, confessant ses fautes avec une généreuse longanimité, interrogeant tantôt ses pasteurs, tantôt le Prince, son frère, sur les miséricordes du Seigneur, invoquant ces miséricordes avec une sainte violence, rempli désormais d'une entière résignation sur la mort qui le saisissait à la fleur de son âge, répétant avec calme et componction les prières des agonisans, mêlant à ses prières, pour tout intérêt humain, des vœux dont l'unique objet était le bonheur de la France; de cette France, objet constant de son amour; de cette France, pour qui furent les dernières paroles prononcées par sa bouche expirante; seul, au milieu du deuil universel qui l'entourait, il se montrait serein et constamment occupé de consoler tous les cœurs qui lui étaient affectionnés, et qui ne se consolaient pas de le perdre.

Il en connaissait un surtout qui avait toujours nourri pour lui un dévoûment aussi inaltérable qu'illimité; c'était celui du comte de Nantouillet, qu'il décorait du titre de son vieil ami, et qui toujours se montra digne de ce titre. *Approchez, mon vieil ami,* lui dit le Prince expirant; *embrassons-nous avant de nous quitter.* M. de Nantouillet se précipita devant son lit, collant sa bouche sur la main du Prince, déjà glacée par la mort, par la mort qui avait pu enfin paralyser ses organes, mais qui ne pouvait rien encore contre cette âme de feu.

Une telle âme ne pouvait renoncer à des sentimens plus chers encore. La Princesse, sa fille, occupa aussi ses dernières pensées. Il voulut la voir et la bénir. Elle lui fut apportée par Mme de Gontaut, sa gouvernante. L'inconsolable mère la prit des bras de cette gouvernante fidelle, pour l'offrir à l'imposition des mains défaillantes d'un père et d'un époux qui se complaisait à unir, dans ses dernières caresses et dans ses dernières bénédictions, les deux objets de ses chastes amours.

Cependant, quelque grandes que fussent ces pensées, quelque douces, qu'à force de résignation et d'héroïsme chrétien, le Prince eût su se les rendre, une pensée bien plus grande, bien plus impérieuse, bien autrement héroïque dominait toutes les autres.

Déjà le Prince avait vivement demandé bien des fois s'il n'aurait pas la consolation de voir le personnage le plus auguste de sa famille, le seul, parmi ceux qui pouvaient assister à ses derniers instans, qu'il n'eût pas vu encore.

Peut-être s'était-on mépris sur la nature du désir ardent qu'il témoignait de voir son père adoptif, le père de l'Etat. On put croire, on dut croire que ce Prince, d'un cœur si français, qui ne respirait que pour sa patrie, qui, plus d'une fois, dans cette longue agonie, manifesta le noble regret que son sang, puisqu'il devait couler, n'eût pas été versé tout entier pour la gloire de cette patrie si chère, supportait avec peine d'être privé de pouvoir, au moment suprême, verser dans le sein de l'auguste chef qui préside à ses destinées, et les derniers élans de son amour pour elle et l'expression dernière de sa piété filiale pour lui ; et certes, en effet, nul de ces sentimens n'était étranger au désir qu'exprimait le Prince de voir encore une fois son Roi. Mais il en était un autre aussi qui venait s'ajouter à ceux-là, et qui était plus sublime encore.

Ce sentiment, on eût pu le soupçonner, si la douleur avait permis de réfléchir quelques momens sur une réserve bien magnanime qui avait présidé à toutes les paroles du Prince, depuis qu'il avait été dévoué à la mort.

Un assassin venait de le frapper.

Le Prince sur le champ avait connu son sort.

Sur le champ il s'était écrié : *J'ai vécu.*

Sur le champ il avait immolé à son Dieu toutes ses terrestres affections, en n'en conservant plus que ce qui peut en rester dans une âme pure de tout attachement à la vie.

Eh bien ! jamais, pas une seule fois, au milieu de ses plus atroces douleurs, et dans la contemplation de la mort qui allait les suivre, il ne lui était échappé, non pas seulement de maudire l'auteur de sa mort, non pas de se plaindre du crime sans motif qui lui avait mis le poignard à la main, mais même de rappeler d'un seul mot la cause imméritée et prématurée de sa mort.

Il n'avait plus conservé d'autre idée de ce monde, si ce n'est qu'il était un chrétien et un Bourbon; un chrétien dont la première vertu est de pardonner à tous ses ennemis; un Bourbon dont la vertu, comme propre et de famille, est de pardonner à ses assassins.

Cette grande vertu, il voulait l'accomplir. Dans une agonie, dont la longue durée, comparée à l'énergie du coup qu'il avait reçu et qui était tel qu'il eût semblé devoir en périr sur la place, a été un objet de surprise pour les gens de l'art, sa vie n'avait été retenue que par cette volonté et cet espoir.

Le Roi ne viendra-t-il pas? criait-il à chaque moment.

Ah! Dieu! il viendra trop tard! aurais-je l'affreux malheur de ne plus le voir?

Eh bien, ce Roi si désiré, le voilà; que va lui demander le Prince?

Du plus loin qu'il l'aperçoit, il lui tend ses bras défaillans, il lui crie : *Ah! Sire! Sire! la grâce de l'homme, la grâce de la vie au moins, je la demande au Roi, je la demande à mon oncle.*

Le Roi ne pouvait pas promettre : il ne promit pas. Dix fois, vingt fois, cent fois le Prince revient à la charge; et toujours ces mots : *Grâce, grâce pour l'homme* (car, comme on l'a remarqué, il ne l'appelait pas *son assassin*), venaient se replacer sur ses lèvres avec instance, avec feu, avec importunité, avec violence, à chaque caresse que lui faisait ce tendre père, à chaque parole de consolation qu'il lui adressait. Ces mots furent les derniers qu'il murmura. Et un des témoins de sa mort, des plus dignes d'une haute confiance par son talent, qu'en cette triste occasion il a su rendre plus remarquable encore par son zèle, atteste qu'il a saisi, jusque dans ses sons les plus affaiblis : *Grâce, grâce pour l'homme, grâce pour l'homme; oh! ma France! oh! malheureux pays!* Tels furent les paroles suprêmes dans lesquelles s'exhala cette âme de feu, que se partageaient encore la nature, la religion et la patrie.

Ainsi mourut ce fils de tant de Rois, digne des meilleurs de sa race, dont il avait rassemblé en grand nombre les vertus dans son cœur : brave, gai comme notre Henri IV, vif comme lui; comme lui affable et bon; pieux, d'une piété éclairée, comme saint Louis; ami de la justice, comme Louis XII; comme Louis XIV plein d'amour pour les arts; enfin plein de miséricorde et de résignation, comme le Roi-martyr.

Le soussigné a cru devoir rendre compte de toutes les circonstances de cette grande et héroïque mort, non pas pour céder à un sentiment, trop naturel au reste à tous les cœurs français, mais parce qu'elle appartient à l'histoire du temps présent; parce que quelques hommes affreux, ajoutant crime à crime, ont bien osé calomnier la mémoire du Prince si barbarement égorgé; parce qu'il importe à la justice de signaler sur un point si grave les piéges tendus par des artisans de troubles à l'opinion; et parce qu'enfin c'est dans les monumens judiciaires surtout qu'il convient de fixer les vérités diverses qui peuvent avoir une grande influence sur l'ordre social et les dispositions des peuples.

Cependant, aussitôt que l'assassin avait été arrêté, il avait dû être livré à la justice. Le commissaire de police Ferté, auxiliaire du procureur du Roi pour les crimes flagrans, était à son poste. Le meurtrier fut conduit sur le champ devant lui. Le commissaire Ferté

s'empressa de prévenir les autorités compé-
tentes, auxquelles il expédia des ordonnances.
M. le comte Anglès, préfet de police, arriva
le premier. Presqu'aussitôt survint M. le procureur du Roi. Immédiatement arriva le procureur-général. Les ministres, des pairs, des députés, des maréchaux de France, des militaires, des administrateurs et des magistrats de
tous les ordres, y accoururent amenés par leur
zèle et leurs inquiétudes : et ce fut sous les
yeux de l'élite de la France que s'ouvrit cette
grande instruction.

Le premier objet de la sollicitude des magistrats devait être de constater le corps du délit.

Ce devoir fut impossible pour le moment.
Un intérêt plus grand commandait de laisser
l'auguste blessé et au calme qu'exigeait son
état, et aux soins des médecins. Deux procès-
verbaux, l'un du commissaire de police, l'autre du procureur du Roi, constatèrent d'abord
cette impossibilité.

Le commissaire Ferté, en attendant les magistrats supérieurs, avait commencé de procéder à l'interrogatoire de l'homme arrêté. Il déclara s'appeler Louis-Pierre Louvel ; être na-
tif de Versailles ; âgé de trente six ans ; garçon
sellier ; employé pour le compte du sieur La
Bouzelle, sellier du Roi ; et demeurer aux écu-

ries. Du reste, il reconnut à l'instant que c'était lui qui était coupable du meurtre. Il se vanta même avec férocité de méditer cet exécrable projet depuis 1814, regardant les Bourbons comme les plus grands ennemis de son pays.

Le commissaire Ferté reçut dans l'instant, aussi de M. le comte de Mesnard, le poignard que le Prince avait retiré de sa plaie. Il lui fut également fait remise de la gaîne de ce premier poignard, d'une alêne très-aiguisée, et pouvant aussi servir de poignard, avec sa gaîne, plus de la clef forée qui avait été trouvée sur le coupable, lors de son arrestation.

Tous ces objets furent remis peu d'instans après, par ce commissaire, au procureur du Roi, qui en dressa procès-verbal. Ce même magistrat confronta, sur le champ, Louvel, aux sieurs Paulmier, Meunier, Desbiez et David, qui l'avaient arrêté, ainsi qu'au caporal Lefèvre, et aux gendarmes ou gardes royaux Lavigne, Racary, Giret, Bucher, et Torrès-Gilles, qui l'avaient vu, soit à l'instant où il commettait le crime, soit à celui où il fut arrêté, soit enfin dans les momens qui suivirent.

Tous le reconnurent parfaitement.

Tous, après cette confrontation, furent entendus dans leurs dépositions. Desbiez et Tor-

rès déclarèrent avoir vu Louvel porter le coup ;
Lavigne et Racary avoir trouvé le deuxième
poignard sur lui. Lavigne, à ce sujet, lui avait
même demandé pourquoi il portait ainsi des
armes meurtrières. — Pourquoi cette question,
lui répartit Louvel ? Il y a 6 ans que je médite
ce projet. J'ai réussi enfin. Je savais, en faisant
ce coup, ce qui m'était réservé.

Peu d'heures après, le procureur du Roi représenta à Louvel, et le grand poignard, et le
petit, et leurs gaînes. Il reconnut le tout. Il
reconnut le grand poignard pour celui qu'il
avait employé au meurtre : il l'avait fait faire,
si on l'en croit, en 1815, à La Rochelle, dans
l'intention de s'en servir pour l'extermination
des Bourbons. Il portait ce premier poignard
presque toujours quand il sortait. Il ne portait le
second que quand il avait plus de raisons de pré-
sumer qu'il rencontrerait un Prince, et pour assurer son forfait. Lui-même il avait fait les gaînes.

Après avoir obtenu ces premiers éclaircissemens, en quelque sorte préliminaires, on
s'occupa d'apprendre de lui et ce qu'il était, et
ce qu'il avait fait, et par quelles pensées ou par
quelles actions il s'était acheminé à la consommation du crime atroce dont il s'était souillé.
M. le comte Anglès avait commencé l'interro-

gatoire, il dut l'achever. L'interrogatoire commença vers minuit moins un quart, le 13 février, et il dura jusqu'à sept heures du soir du lendemain, sans autre intervalle que celui qui fut nécessaire pour transférer Louvel de la petite pièce où il avait été conduit (théâtre de l'Opéra) immédiatement après son arrestation, à l'hôtel du ministre de l'intérieur, où les magistrats crurent devoir se rendre pour cesser de procéder publiquement : ce qui pouvait avoir des inconvéniens.

Voici la substance des récits de Louvel dans cet interrogatoire, et il est digne de remarque qu'il s'est peu écarté de cette première version dans les nombreux interrogatoires qu'il a subis depuis devant M. le chancelier et devant MM. les Pairs commissaires.

Louis-Pierre Louvel est né à Versailles, le 7 octobre 1783, de Jean-Pierre et de Françoise Montier, marchands merciers.

Son père fut marié deux fois : Louis-Pierre est né du deuxième mariage.

Le premier avait produit deux enfans; savoir: Jean-Pierre Louvel, aujourd'hui jardinier à Fécamp, et Marie-Thérèse Louvel, marchande mercière à Versailles.

Le deuxième en a produit également deux,

l'assassin, et Françoise Martiale Louvel, qui est plus âgée que lui, ayant aujourd'hui à peu près quarante deux ans.

Il n'avait que 2 ou 3 ans quand il perdit sa mère. Il a perdu son père, qui paraît avoir fait de mauvaises affaires, quand il avait 12 ans.

De la détresse où était à peu près son père, il résulta qu'il dut chercher à se débarrasser de ceux de ses enfans qui ne pouvaient se suffire par leurs travaux. Il mit Louis-Pierre à la Pitié. Louis-Pierre en est sorti vers dix à onze ans, c'est-à-dire en 1794. On sait ce que l'on enseignait alors dans les écoles publiques et même dans celles privées. Au reste, Louvel l'a raconté avec naïveté : il apprenait à lire et à écrire *les Droits de l'homme, la Constitution et les prières républicaines*.

Au sortir de la Pitié, il fut mis en apprentissage chez un sellier de Montfort-l'Amaury. Ce fut alors qu'il devint orphelin. Thérèse, sa sœur du premier lit, la mercière de Versailles, se chargea de lui ; elle trouva qu'il faisait peu de progrès à Montfort ; elle le rappela à Versailles, chez un de ses parens, maître sellier, appelé *La Bouzelle*. Il couchait et mangeait chez sa sœur, qui est fille, et qui paraît lui avoir toujours porté beaucoup d'affection.

Il suivait ses travaux fort exactement. Il passait ses loisirs chez sa sœur, où il s'adonnait autant qu'il le pouvait à la lecture. Ni l'un ni l'autre n'étaient assez riches pour acheter des livres. La passion est ingénieuse. Thérèse achetait des papiers à la livre pour son commerce : avant de les déchirer, on les mettait en ordre et on les lisait. On employait aussi un peu d'argent pour acheter les livres des théophilanthropes. Les décadis, Louvel allait entendre leurs prêtres dans leurs temples. Ainsi Louvel avait commencé son éducation politique et religieuse par les droits de l'homme et les hymnes républicains : il la continuait par des écrits ramassés dans les rues, et les livres des théophilanthropes. Ils lui apprirent à haïr la religion dans laquelle il était né, et dont, dès sa première jeunesse, il refusa de reconnaître les plus saintes lois. « Je n'aime pas cette religion, a-t-il dit dans ses interrogatoires, et je n'ai jamais fait ma première communion. »

Qu'il soit permis au soussigné de s'arrêter ici un instant.

Le crime de Louvel a justement jeté la France dans la stupeur.

Bien d'autres crimes bizarres, extraordinaires, tels qu'on a peine à les comprendre, même après qu'ils ont été prouvés ; des crimes qui ont une physionomie toute singulière, et dont on ne trouve les analogues ni dans d'autres temps ni dans d'autres lieux ; des crimes qui seraient, par leur espèce, ce qu'il y aurait de plus inconcevable au monde, si leurs auteurs n'étaient pas encore plus inconcevables qu'eux, les uns par leur fanatisme, les autres par leur audace précoce, ceux-là par leur effrayante abjuration de tous les principes reconnus, ceux-ci par l'orgueil qu'ils mettent à faire le mal, comme si ce goût était en eux un sentiment inné, nous inondent. A côté de ces crimes, que, pour les distinguer de ceux qui ont toujours affligé l'espèce humaine, on pourrait justement appeler *les crimes de ce temps-ci,* se reproduisent les crimes, connus de tous les temps il est vrai, mais arrivés aujourd'hui en nombre, à une proportion démesurée de celle qu'ils avaient gardée jusque-là, en sorte que le parricide, par exemple, pour ne parler que d'une seule nature de ces forfaits, action heureusement si rare autrefois, est devenu, à la honte des fils, une action presque commune. La société en est consternée. Certes, il est bien qu'elle le soit ! Mais il faut faire plus que s'effrayer, il faut connaître la cause du mal pour y remédier. Aujourd'hui nous vivons avec l'éducation de 1793, et de nos premières années de révolution. Aujourd'hui nous vivons avec ces enfans formés à l'école de l'athéisme, du mépris des lois et des croyances religieuses, à l'école de l'indépendance de tous les jougs sociaux qu'on leur a présentés comme un vil esclavage à l'instant où leur raison s'ouvrait aux premières impressions, les seules qui s'attachent à la vie toute entière; avec ces enfans à qui l'on a bien enseigné, dans les livres de 1793, que le crime est vertu et la vertu crime, que l'immortalité de l'âme et les peines ou les récompenses qui lui sont réservées, sont des contes de cervaux malades et envieux du bonheur de cette vie; avec ces enfans devenus hommes enfin, et qui prennent rang à leur tour dans tous les ordres de la société. Si l'on cherche la cause du débordement de cette contagion sociale qui nous menaçait et qui finit par nous gagner, n'en doutons pas, la voilà. C'est le devoir de l'autorité publique et des magistrats de la signaler quand elle se trahit, pour que la société retire du moins des forfaits dont elle gémit, le triste profit de se garantir pour l'avenir de leur reproduction, en luttant avec énergie contre le principe auquel ils doivent leur naissance. Un grand publiciste a dit

qu'il ne concevait pas comment un peuple
d'athées pouvait subsister. Louvel s'est chargé
de justifier son jugement. Il a lu les droits
de l'homme et les livres de morale républi-
caine en 1793 , en 1795 , et en 1796 les
livres des théophilanthropes. L'arbre a porté
ses fruits. En 1820, Louvel a plongé un poignard dans le cœur d'un des meilleurs hommes et d'un des meilleurs Princes dont la
France pouvait s'enorgueillir. Ce crime, si l'on
en croit ce forcené, lui a été inspiré par son
sentiment qu'avaient formé de telles doctrines;
et il faut bien l'en croire, car quelle autre cause
pouvait le porter à le commettre ? Le génie du
mal est pris sur le fait.

Que si l'on veut savoir quelle est la terrible
puissance de cette action infernale des mauvais principes sur une faible tête, c'est encore
Louvel qui se chargera de l'apprendre par
les observations dont il est devenu le sujet.
Louvel est né doux, docile et gai : sa sœur
Thérèse l'assure ; elle assure aussi qu'il était
d'un bon caractère et très-ouvert dans sa jeunesse. Il était sobre , travailleur , économe
et rangé; il n'aimait pas à faire de dettes :
il avait les vertus de famille. Il aimait ses
sœurs, et ses sœurs l'aimaient beaucoup. Il

était obligeant pour les autres, obligeant
sans intérêt, car il allait même jusqu'à refuser les marques de reconnaissance usitées
parmi le peuple, comme celle d'accepter de
boire avec ceux à qui il avait rendu service.
Au total, il semble que, sans sa funeste éducation, il n'eût pas été porté au crime. A
lui-même, qui dans cette déplorable instruction, loin d'exprimer jamais le moindre remords d'avoir trempé ses mains dans un sang
si précieux, n'a jamais parlé que du regret de
n'avoir pas assouvi sa soif du carnage de tous
les Bourbons, il est pourtant échappé de dire
une fois : « Je voudrais ne les avoir pas connus,
« j'aurais continué d'exister dans la société;
« j'aurais pu être un bon père, un bon époux,
« au lieu de périr sur un échafaud, comme je
« vais le faire. » Il y a dans ce retour sur son
sort et sur ce que, sans sa frénésie, il aurait
pu être s'il n'avait pas commis son parricide,
quelque chose qui, s'il n'est pas un remords,
est du moins un regret enveloppé de s'être vu
précipité vers des crimes auxquels il semble
croire lui-même que la nature ne l'avait pas
préparé. Et c'est ainsi que de pervers prédi-
cateurs du mal parviennent à empoisonner des
hommes simples, qui, s'ils n'eussent pas eu

le malheur de les lire, ou de les entendre, seraient restés innocens, et auraient épargné à la société le spectacle de leurs forfaits et de leur supplice !

Quoi qu'il en soit, son apprentissage à Versailles, chez La Bouzelle, étant fini, sa sœur Thérèse l'envoya exercer son industrie à Paris. Elle lui donna un lit, un peu de linge, et il se mit en chambre. Il était fort jeune encore, et pouvait avoir seize ans. Son amour pour les théophilanthropes le suivit à Paris : il continua d'assister à leurs assemblées.

Il en profitait.

Son caractère s'y formait aux rêveries, à l'entêtement, à l'indépendance, et aux idées hostiles contre l'ordre social. C'est alors que de doux et gai qu'il était, il devint sombre, solitaire et concentré. L'amitié, ce charme de tous les âges de la vie, et principalement de la jeunesse, lui fut inconnue ; lui-même il convient qu'il ne cimentait aucun de ses rapports. « Quand « j'entrais dans une maison comme ouvrier, dit- « il, je frayais avec ceux qui y étaient ; quand « j'en sortais, je ne les recherchais plus. » Dans un autre interrogatoire, il a dit avec une sécheresse de cœur qu'on conçoit d'un tel homme : « Je vis seul, et n'ai pas d'amis. » Cette habitude d'isolement, qu'il paraît avoir prise dès lors , fut celle de toute sa vie. Il n'y semble avoir fait qu'une seule exception , comme le soussigné aura occasion de le faire remarquer par la suite ; et cette exception n'eut pas sa source dans la sensibilité de son cœur. On verra qu'elle naquit de la perversité de ses opinions.

Il vivait seul , travaillait souvent jusqu'à onze heures du soir , et lisait peu , parce que ses occupations lui en ôtaient le loisir ; donnant au reste , quand il lisait, la préférence aux ouvrages des théophilanthropes. Alors , comme depuis , il a toujours été sévèrement économe et frugal. Il l'était au point qu'il achetait trois à quatre pains de quatre livres d'avance , qu'il laissait sécher dans sa chambre , parce que , disait-il, on mange moins de pain quand il est dur.

Le soussigné ne croit pas que ces détails soient indifférens ; ils peuvent servir à expliquer la tournure d'esprit de Louvel , donner la clef de son caractère , et fournir quelques élémens à l'opinion qu'il faudra se former sur les causes probables du crime atroce dont il s'est rendu coupable.

Dans cette espèce de retraite où il vivait , il voyait pourtant quelquefois un de ses cousins

germains appelé *Aubry*, avec lequel, au reste,
il ne semblait pas avoir formé d'amitié plus
intime qu'avec les autres. Ils ont été ensuite
à peu près quinze ans sans se voir. Depuis
même qu'ils avaient renouvelé connaissance,
ils s'étaient peu vus, au point que lors du crime,
il y avait dix-huit mois qu'ils ne s'étaient parlé,
et qu'Aubry s'étant marié dans cet intervalle,
n'avait pas invité Louvel à ses noces.

Ils se voyaient alors davantage. Ils se trouvèrent un soir chez un oncle commun. Louvel
venait de prendre dix-huit ans. Ils sortirent ensemble de chez leur oncle. Aubry allait le quitter, lorsque Louvel lui proposa qu'il vînt le
reconduire. Aubry y alla. La chambre était dé-
meublée, et tous les effets empaquetés comme
pour un départ. Qu'est-ce que tout cela veut dire?
lui demanda Aubry. — Que demain, à quatre
heures du matin, je serai en route. — Pour
quels lieux ? — Pour mon tour de France. —
Quoi ! sans consulter tes oncles ?—Oui.—Sans
même les avertir? — J'aurais l'air de leur demander la caristade.—Ni tes sœurs ?—Non, je
leur écrirai.

Et il partit en effet. Il avait 30 ou 40 francs.
C'était, avec ses journées de travail, son écono-
mie et sa sobriété, toutes ses ressources pour

commencer un voyage, qui, sauf un retour de plusieurs mois à Paris, comme conscrit, a duré quatorze ou quinze ans.

Ainsi se manifestait dès-lors, dans ce cerveau malheureux, cette funeste disposition à compter pour rien tous les liens sociaux, et à placer son jugement au-dessus du jugement de tous ceux qui pouvaient avoir sur lui quelqu'autorité d'affection ou de parenté. Il ne voulait, a-t-il dit dans ses interrogatoires, recevoir d'observations de personne.

On ne suivra pas Louvel dans toutes ses courses, qui ont embrassé à peu près la France entière; elles sont assez fidèlement tracées en très-grande partie sur son livret, saisi dans sa chambre le jour du crime. On y voit, du moins depuis 1804, époque à laquelle les ouvriers durent se munir tous d'un livret, tous les lieux où il a séjourné. On y voit qu'il a plus d'une fois traversé la France en plusieurs sens.

MM. les pairs commissaires ont recueilli sur lui, sur sa conduite, sur son caractère, des renseignemens dans quelques-unes des villes qu'il a visitées. Par-tout il a laissé le souvenir d'un homme solitaire, sombre et taciturne : c'est ce que disent tous, ou presque tous ceux qui l'ont vu à Metz, à Étampes, à

Cusset, à Epinal, à Fontainebleau, à Chambéri, à Porto-Ferrajo, etc. Tous ceux aussi
sous les yeux de qui il a plus long-temps
vécu, comme les gens des écuries du Roi,
viennent répéter jusqu'à satiété, que tel est
l'ensemble de son caractère. Il leur paraissait
à tous un être obligeant, mais bizarre, même
dédaigneux; fuyant, en général, les hommes;
aimant à être seul ; et quelques-uns ajoutent,
sournois ou vivant comme un ours, tout en disant pourtant qu'ils auraient été bien éloignés
de supposer qu'il fût capable d'un assassinat.
Ses propres sœurs, qui plus que personne auraient repoussé une pareille idée, sont pourtant
forcées de convenir que, sur-tout depuis 1815,
c'est-à-dire depuis qu'il fut enfin de retour de
ses voyages, son humeur, quoique toujours
douce en apparence, s'était considérablement altérée. Sa sœur Thérèse ne put s'empêcher d'observer qu'il fuyait tout le monde; qu'il était taciturne et concentré ; que, sans être colère, il
ne riait plus; qu'il allait se promener seul ; que
si, par hasard, il allait se promener avec elle,
c'était toujours loin du monde, et dans des lieux
retirés. Sa sœur Françoise en dit autant. Avec
celle-ci, qui était plus jeune que l'autre, et pour
qui il n'avait pas l'espèce de respect qu'il con-

servait à celle qui l'avait élevé, il se laissait aller quelquefois à l'impatience, à propos de contradictions d'opinion. Françoise, pour ne pas donner lieu au renouvellement de ces boutades qui eussent pu les brouiller ensemble, avait été obligée de finir par ne lui parler jamais politique ; et de son côté, il avait soin en général d'éviter de laisser aller la conversation sur ce chapitre. Du reste, Françoise comme Thérèse, quand elle allait se promener avec lui, était presque toujours conduite hors de Paris, et loin des importuns. Ce goût pour la solitude, et l'air sombre que conservait son frère, inquiétaient sur tout Thérèse, au point qu'elle en éprouvait quelquefois des attaques de nerfs.

Tel il paraissait à ses sœurs ; tel il paraissait à ses camarades depuis son retour ; tel il parut dans le cours de ses voyages, à ceux avec qui il vécut momentanément. Une fois même lui échappa à Cusset, ville de l'Allier, le secret de sa férocité, selon que le rapporte le maître chez qui il travaillait. Ce maître, Guillaume Michelet, raconte que, là comme ailleurs, il ne voyait pas un seul de ses camarades (alors il avait à peu près vingt-un ans), ni ne fréquentait un seul lieu public, cabaret ou autre. Une jeune ouvrière en robes cependant, morte depuis, avait trouvé grâce devant cet atrabilaire. Il lui accordait quelquefois la faveur de se promener avec elle. Il paraît même qu'elle lui avait fait quelqu'impression : et la preuve qu'il lui en donna, c'est qu'un jour il l'assura qu'il la tuerait, s'il la voyait parler à un autre homme.

A Cusset, au rapport du même homme, il lisait aussi pour se délasser de ses travaux. Il tomba malade : il fut soigné à l'hospice par les religieuses ; dans sa convalescence il reçut d'elles des livres.

Du reste, à Cusset il était ce qu'il fut toujours, irréligieux, au point que son impiété scandalisait la mère de son maître, qui désirait par-dessus tout de voir partir un ouvrier qui ne croyait à rien. *Qui ne croyait à rien !* trop triste confirmation des causes qui lancèrent le misérable Louvel dans les voies du crime.

C'est à Cusset que ses voyages furent interrompus par la conscription ; là il fut obligé de tirer au sort. La fortune ne lui fut pas favorable. Il reçut l'ordre de partir pour Paris, comme ouvrier enrôlé pour le service de l'artillerie. On éprouve une satisfaction secrète à voir que Louvel résista d'abord à cet ordre, et fit ensuite tout ce qui dépendait de lui pour ne pas rester dans l'armée. Les hommes féroces savent être

des meurtriers, ils ne savent pas être des soldats. Celui-ci avait soif du sang; mais il supportait impatiemment l'idée d'exposer le sien
pour la patrie. Il se rendit à Paris; il n'eut pas
de répos qu'il n'eût obtenu sa réforme : il l'eut
neuf ou dix mois après. Voilà l'honneur et le
patriotisme des assassins !

Il reprit ses voyages.

En 1814, à cette triste époque où l'Europe
soulevée contre la France par leur oppresseur
commun, s'était ébranlée toute entière pour
briser ses fers, Louvel était à Metz.

Du sein de la patrie s'élevèrent quelques voix
fidelles pour appeler notre Roi au secours de ses
peuples menacés par le désespoir du continent,
s'ils continuaient de soutenir la cause du tyran
du genre humain. A cet appel, tous les cœurs
français tressaillirent de bonheur et de joie.
Du nord au midi de la France, de l'orient au
couchant, cet appel fut répété avec enthousiasme. Louvel seul fut malheureux dans l'u-
niverselle félicité. A l'instant même où nos
Princes rentrèrent dans leur antique héritage,
et où le drapeau blanc flotta sur nos têtes, il
assure qu'il jura la mort du dernier des Bourbons; et que quand il vit la conduite du maréchal de Valmy, la pensée lui vint de le tuer;

mais qu'il songea que c'était un simple particulier, et qu'il fallait porter ses coups plus haut.
Dit - il la vérité, et ses fureurs sanguinaires
doivent-elles être considérées comme remon-
tant à cette époque? ou bien en impose-t-il
pour éloigner tout soupçon d'être l'instrument
de quelque parti formé plus tard, et pour assurer la position de ses complices? C'est ce
qui devra être examiné en un autre moment.
Le soussigné se borne à faire remarquer pour
l'instant qu'il n'est pas permis de douter que
dès lors Louvel ne fût déjà saisi pour Buonaparte
d'un fanatisme qui depuis est allé toujours
croissant, et qu'à dater de ce moment, on va
retrouver empreint dans toutes les actions de
sa vie.

Ce qu'il y a de certain, c'est qu'à Metz, où
Louvel travaillait, lors de la restauration, depuis sept à huit mois, chez le nommé *Voirhaye*,
il avait fait une liaison, lui qui n'en avait jamais fait aucune : c'était avec un camarade
appelé *Dumont*. Ce Dumont avait suivi Buonaparte en Égypte; c'en était assez pour qu'il
devînt précieux à Louvel. On sent que, même
sans mauvais sentimens, Dumont, par le récit
de ses voyages, pouvait charmer une mauvaise

imagination qui ne cherchait qu'à se repaître des souvenirs propres à entretenir son enthou-siasme. Lui-même il avait beaucoup voyagé en France. La conversation ne manquait donc pas d'aliment entre eux : et cela explique comment Louvel se plaisait avec Dumont et Dumont avec Louvel. Ils allaient se promener souvent ensemble. Dumont avait beaucoup lu aussi. Il entretenait Louvel de ses lectures et de ses courses , de l'Egypte , de l'Egypte surtout. Louvel savourait tout ce qu'on lui disait de son héros, et sa tête se montait d'autant ; elle se montait tellement, qu'il dit à Dumont , se-lon que celui-ci en a déposé, que lorsqu'il ap-prit la déchéance de Buonaparte, il versa sur son ouvrage des larmes de rage et de douleur. Il ne s'en tint pas là , et quelques jours après, toujours selon le même témoignage, étant en-tré, à la suite d'une promenade hors la ville , avec Dumont dans un lieu où l'on parlait de cette déchéance si douloureuse pour lui , il s'é-leva contre ceux qui y applaudissaient, et dit avec une grande véhémence, *que, fût-il un brigand, il fallait lui être fidèle.* Dumont atteste aussi qu'il faisait éclater son idolâtrie dans leurs conversations à tout propos, et qu'enfin il s'écriait quelquefois, qu'il aimerait bien mieux s'occuper de politique que de son état.

Le 8 mai 1814, Louvel partit, dans cette situation d'âme, de Metz, après s'y être fait délivrer la veille un passe-port pour Paris.

Vint-il à Paris directement ?

Il le nie.

Il affirme qu'en sortant de Metz, il est allé à Calais par Charleville, Douai et Béthune, et qu'il y allait pour ôter la vie à ceux de nos Princes qui y seraient, fût-ce le Roi lui-même, s'il s'y trouvait.

Il faut dire ce qui peut mettre en défiance contre cette version de Louvel, et expliquer l'intérêt qu'il aurait à mentir.

Que Louvel ait ou n'ait pas de complices proprement dits, ce qu'il y a de trop bien prouvé, c'est qu'il est le Séide ou inspiré ou spontané d'un parti auquel il a dévoué son bras, ses périls et sa vie. Par suite de ce même dévoûment, le soin qui l'occupe avec plus de constance, est celui de prendre tout sur lui, de concentrer tout en lui, de s'offrir seul aux preuves, aux reproches et au supplice.

Ainsi, quoique tout révèle que les mauvaises doctrines et les lectures criminelles lui ont tourné la cervelle, et qu'en effet il lisait quand il le pouvait; quoique même, de temps à autre, il ait, à son insu, et dans l'entraînement de ses récits dont il n'est pas économe par une certaine propension à la jactance, livré des aveux précieux; quoique d'autres témoignages s'accordent avec ses aveux, il prend à tâche de faire croire qu'il n'a jamais lu ni un journal ni une ligne de politique.

Quoique son fanatisme pour Buonaparte soit prouvé au plus haut degré d'évidence par toutes les parties de l'instruction, il voudrait faire croire qu'il ne s'est jamais soucié de Buonaparte, et qu'il sait à peine s'il existe.

Quoiqu'il soit également prouvé qu'il n'est que le misérable réflecteur de fureurs qui l'ont environné, dont il s'est nourri, qui l'ont exalté, il veut qu'on croie que ces fureurs lui sont restées étrangères.

Aussi ce n'est ni par la corruption des doctrines qu'il a agi, car il n'a jamais lu;

Ni par les inspirations du buonapartisme, car il n'avait aucune espèce de prédilection pour Buonaparte;

Ni enfin par les insinuations de qui que ce soit au monde, car il n'est en rapport avec personne, ne voit personne, vit seul, et n'a pas d'amis.

Le sentiment qui l'a fait agir est un sentiment abstrait : c'est l'honneur national. Les
Bourbons sont les ennemis de la France, parce
qu'ils y ont attiré l'étranger, et qu'ils sont ren-
trés avec le secours de l'étranger. Voilà le seul
motif de son action. Buonaparte et ses adhérens, les lectures et les doctrines n'y sont pour
rien.

Et pour bien se convaincre de l'importance
fanatique qu'il met à bien séparer Buonaparte
et ses adhérens de son action, il suffit de se
reporter à son premier interrogatoire. La
crainte qu'on ne leur attribuât les inspirations
qui l'auraient entraîné, le préoccupe au point
qu'avant même qu'on lui ait fait aucune question qui le mît sur la voie de l'idée dont il était
rempli, cette idée fait explosion, et il s'em-
presse de dire que *c'est lui seul qui a conçu
son projet..... que Buonaparte même, à l'île
d'Elbe, ne lui a jamais parlé, et qu'il ne l'a
pas suggéré.*

Sur le champ on lui fit l'observation que
personne ne le provoquant sur cette idée, il
avait tort d'excuser Buonaparte, dont on ne lui
parlait pas.

Il convint qu'il avait tort en effet. Un
peu après il revint cependant sur cette indis-

crétion, et il dit que s'il avait dit que Buonaparte ne lui avait rien suggéré, c'est qu'il avait
cru qu'on le pensait. Depuis, il n'en a pas
moins insisté sur ce système.

— Ce n'est pas le temps de le discuter.

— Pour le moment, il suffit de l'avoir indiqué
pour qu'on comprenne comment il est conve-
nable de soumettre à une saine critique toutes
les suppositions de Louvel, parce qu'elles peuvent être aussi bien des mensonges destinés à
donner de la probabilité à son roman, que des
faits conformes à ce qui s'est passé.

S'il est allé à Calais, il ne peut expliquer,
d'une manière plausible, ni les vrais motifs
qui l'y conduisirent, ni les moyens qu'il eut
pour échapper aux obstacles qu'il devait naturellement rencontrer dans sa route.

Voici ce qu'il raconte en substance :

« Metz, a-t-il dit, a été débloqué en mars.
Je suis parti de Metz en avril. »

Il trompe ou se trompe ; il était encore à
Metz le 7 mai 1814, puisque ce jour même il
a pris un passe-port.

« J'en suis parti pour aller à Calais, et j'ai
pris ma route par Charleville, Douai et Béthune.

« Je ne me rappelle ni quel jour je partis,

ni quel jour j'arrivai, ni combien je restai .en route. Je suis arrivé à Calais peut-être cinq à six jours, mais certainement pas plus de quinze jours après que le Roi en était parti.

« Je n'ai fait viser mon passe-port nulle part, ni en route ni à Calais. J'ai couché une seule nuit à Calais, dans un faubourg, le long d'un canal, je ne sais dans quelle auberge.

« Je n'ai vu à Calais ni maître sellier ni personne. Je n'y étais pas allé pour travailler. Je savais que le Roi y était débarqué; j'allais à Calais pour le tuer. Je n'avais pas alors le poignard dont je me suis servi pour tuer Mgr. le duc de Berry, et que j'ai fait fabriquer depuis à La Rochelle.

« Je devais me servir d'une alêne à *brédire* (c'est une grosse alêne dont les selliers se servent pour faire dans les harnois les trous qui doivent recevoir leur gros fil poissé), celle-là même qu'on a trouvée sur moi. » Une alêne affilée et façonnée en poignard, en effet, a été trouvée sur Louvel lors de son arrestation.

Ce récit de Louvel choque toutes les vraisemblances.

1° Il est impossible que Louvel soit parti de Metz le 8 mai 1814, pour aller tuer le Roi à

Calais. Le Roi y était débarqué le 24 avril précédent. On l'avait su à Metz le lendemain. Le
8 mai, il y avait donc bien long-temps qu'on
savait dans cette ville que le Roi n'était plus à
Calais. Aussi, pour rendre sa version probable, Louvel avait commencé par fixer son départ de Metz au courant d'avril.

Déconcerté par la date de son passe-port,
qu'il ne croyait pas apparemment qu'on connût,
il est convenu que, lors de son départ de Metz,
il n'ignorait pas que le Roi était à Paris. Mais
il a dit qu'il n'en était pas certain, et il ajoute
qu'il était allé à Calais pour s'en assurer.

On lui a remontré toute l'absurdité de cette
version nouvelle, qu'il ne pouvait soutenir à
côté du fait des proclamations publiques faites
dans la ville de Metz de l'arrivée du Roi dans
sa capitale. Alors il a balbutié. Il a dit que
pourtant il persistait à affirmer qu'il était parti
de Metz dans le dessein d'aller tuer le Roi à
Calais; qu'il était vrai qu'il savait que le Roi n'y
était plus, et qu'il était à Paris; qu'il avait
voulu voir quels étaient à Calais les sentimens
du peuple; qu'il avait voulu vérifier aussi si sa
conscience à lui, Louvel, n'était pas dans son
tort (comme si, pour l'interroger, il était bien
nécessaire de changer de lieu); qu'il savait

d'ailleurs qu'il ne pouvait pas tout tuer, et qu'il voulait tuer le plus jeune.

On lui a fait observer alors que ses idées n'avaient pas de suite, et que le plus jeune, M. le duc de Berry, n'était pas débarqué à Calais. Il a répondu que cela était vrai; mais qu'il était allé à Calais, parce qu'il n'était pas sûr de son courage, et parce qu'il ne savait pas par où arriverait M. le duc de Berry.

2° Louvel, si on l'en croit, serait allé de Metz à Calais par Charleville, Douai, Béthune. Il aurait ainsi traversé une ligne entière de villes de guerre, traversé aussi beaucoup de postes militaires, sans que nulle part, si ce n'est à Sedan, où même on n'aurait pas insisté, on lui ait demandé son passe-port. En oubliant même les règles sévères qui s'observent dans les villes fortes, la crainte des espions, toute seule, dans les circonstances d'agitation extraordinaire où l'on se trouvait, suffisait pour que l'on ne tombât pas dans une aussi incompréhensible négligence, et il paraît impossible que ce récit de Louvel soit vrai; d'où il suit qu'il ment par un motif secret, qui ne peut être autre, que de donner le change sur les causes qui l'on fait agir, et de détourner de l'idée que son crime ne lui appartienne pas exclusivement.

Quelque route, au surplus, qu'il ait prise, il est du moins certain qu'il était à Paris vers le i5 ou le 2o mai. Il assure qu'il n'y a couché qu'une nuit, et qu'il s'est empressé de gagner Fontainebleau. Le fait de son arrivée et de son séjour pendant deux mois à cette époque à Fontainebleau, est, en effet, constaté par son livret, et rien ne porte à lui donner un dé-menti à cet égard. Il n'y a d'ailleurs nulle rai-son pour lui contester une conduite si analogue à ses sentimens. Il était tout simple que cet insensé qui avait versé des larmes de douleur, en apprenant la déchéance de son héros, tour-nât subitement ses pas vers les lieux qui avaient reçu les derniers soupirs de sa puissance, où se trouvaient encore ses derniers amis, et ses derniers souvenirs. C'est là qu'il fallait qu'il allât pour nourrir sa démence et son déses-poir. Il devait n'y pas manquer. Il n'y manqua pas. Il n'y trouva pas précisément ce qu'il y cherchait.

En effet, la garde de Buonaparte y était en-core. M. le duc de Berry, qui ne savait pas craindre des Français, et qui surtout ne faisait pas à l'armée l'injure de croire que sa sûreté pût courir quelque danger au milieu d'elle, vint visiter ces braves. Le Prince ne se trompait pas. Une fête lui fut donnée par les soldats. La joie universelle du pays se mêla à leur joie. Le féroce Louvel lui-même fut ébranlé. « En voyant le concours du peuple et la joie « publique, dit-il, je blâmai leurs sentimens ; « puis, par un retour sur moi-même, je me « demandai si ce n'était pas moi qui avais « tort.

Je me demandai si ce n'était pas moi qui avais tort.

Personne alors ne se chargea d'aider la conscience de Louvel à répondre à cette question qu'il s'adressait. L'affreuse tyrannie dont nous venions enfin de briser l'intolérable joug était flagrante. Nos cicatrices saignaient encore. Tous, nous savions bien que c'était elle, elle seule, qui avait attiré de force, précipité l'Europe en armes sur cette France dont on avait si long-temps, contre notre gré à tous, employé les trésors, le courage et le sang à faire notre malheur, en faisant celui du monde. Tous, nous savions bien que c'était à Buonaparte seul, et les Bourbons n'eussent-ils pas existé, que la France devait le malheur qui faisait flotter le drapeau de l'étranger dans sa capitale, en représailles de ce que Buonaparte, pour les vains jeux de son ambition, avait promené ses étendards dans les différentes capitales de l'Europe. Il n'était pas alors une voix assez éhontée pour oser insinuer que les Bourbons étaient les ennemis de cette France dont ils se sont si constamment montrés les pères; pas une seule n'eût osé leur reprocher de remonter sur leur trône par la force des armées étrangères. Eh quoi! loin de les invoquer, loin même de revenir à leur suite, ne se jetaient-ils pas au contraire entre ces armées victorieuses, ulcérées de leurs défaites, brûlant de la soif de vengeances long-temps amassées, menaçant de porter la flamme ou le fer dans ce beau royaume, ne se jetaient-ils pas, disons-nous, entre ces armées pleines de furie et leur peuple, ou plutôt leurs enfans, pour conjurer les maux imminens de notre patrie; pour se rendre médiateurs entre elle et l'Europe; pour obtenir du respect, toujours porté à leurs vertus comme à leurs malheurs, qu'on ne mît pas le comblé à leur infortune, en ruinant le pays qui les avait vu naître, et dans l'incendie duquel ils voulaient périr avec tous leurs compatriotes, s'ils ne pouvaient pas le sauver?

Voilà ce que faisaient les Bourbons alors ; ce que tout le monde savait qu'ils faisaient, et que personne n'osait contredire ; ce que même le plus audacieux des partisans du tyran tombé n'aurait eu l'impudence de démentir. Les faits parlaient trop haut encore ; la juste horreur de l'Europe pour l'artisan du malheur universel, et pour l'homme dont la gigantesque ambition avait fait couler plus de sang humain que quelqu'autre tyran qui l'eût précédé, était trop notoire ; les véritables motifs qu'avait eus cette Europe en se dévouant à une guerre d'extermination, non pas dans le but de rétablir sur le trône quelleque famille que ce fût, mais dans le but d'en arracher l'usurpateur dont l'existence désormais était incompatible avec l'existence des nations, même de la sienne, qu'il immolait aussi bien que les autres à ses fureurs, mais dans le but de sa propre conservation, étaient trop certains. Alors, excepté Louvel peut-être, il ne se fût pas trouvé un seul misérable privé de sens, au point de soutenir que les Bourbons avaient attiré les armes de l'étranger contre la France. Buonaparte seul les y attira. Il les y avait attirées d'abord par sa soif démesurée de l'envahissement et des conquêtes. Lui seul ensuite il les y avait retenues par son inconcevable lâcheté à supporter les revers qui lui faisait, après une bataille perdue, déserter la défense de ses vieilles frontières. Quelles nobles ressources pourtant lui restaient encore ! Il lui restait les puissans débris de ces vieilles bandes de héros vers lesquelles la victoire serait bientôt revenue quand il ne se serait plus agi que de défendre la terre natale, si leur chef avait su rester à leur tête quelques momens de plus, et risquer d'y mourir avec gloire, pour préserver la commune patrie de l'opprobre de subir le joug de ces mêmes étrangers à qui si long-temps elle avait dicté des lois. Oui, oui, l'impartiale histoire le dira : le traître qui ouvrit les portes de la France aux étrangers, c'était Buonaparte. Les sauveurs qui les éloignèrent, ce furent les Bourbons. Encore une fois, alors tout le monde le pensait, le voyait, le confessait ainsi. Et c'est parce que tout le monde le confessait, que quand Louvel se demanda s'il avait tort, il n'entendit personne autour de lui dire qu'il avait raison. Il s'agitait en vain. Il resta seul alors. La victime était là. L'assassin y était. Tout le monde garda le silence. L'assassin, cette fois, n'eut pas le courage de tirer le poignard. Sa fureur s'éteignit pour le moment. La victime vécut quelques années de plus.

Plus tard, toute cette bonne foi première s'altéra. A mesure que les maux s'éloignèrent, la reconnaissance s'affaiblit. Les ambitions déçues et les mécontentemens reparurent. Avec eux, et à leur suite, arrivèrent les souvenirs irritans, les jalouses concurrences, le jeu des partis, la licence des opinions, et le débordement des fureurs de la presse. L'audace renaquit. L'assassin était là toujours avec sa faible cervelle et ses irrésolutions. Il refit la question, et il se demanda s'il avait tort. Cette fois on lui répondit du dehors. D'insolens pamphlétaires, de séditieux discoureurs, corrompus par les pamphlétaires, empoisonnèrent son imagination de leurs affreux mensonges, comme ils s'efforçaient d'en empoisonner toute la France. Ils répétaient avec plus ou moins d'adresse ou de perfidie (mais c'était le sens réel de toutes leurs insinuations), que les Bourbons n'avaient rien fait que contre les intérêts de leur France; qu'ils en étaient donc les ennemis; qu'ils étaient revenus avec les étrangers; que, sans eux, on n'eût jamais subi la honte de voir la capitale envahie; qu'à eux seuls il fallait attribuer, et la perte de nos conquêtes; et le rétrécissement de nos frontières ; et les tributs énormes levés sur notre pays par l'Europe. L'assassin a entendu toutes ces déclamations. L'inepte génie de ce garçon sellier n'a pas su en démêler la fausseté et l'hypocrisie. Sa férocité a redoublé. Son courage s'est fortifié. Ses longues irrésolutions ont été fixées. Le crime a été consommé.

En renonçant à le commettre à Fontainebleau, Louvel n'en restait pas moins dominé par son idolâtrie pour Buonaparte. Il s'apercevait qu'il s'était trompé en venant dans ce pays, pour se nourrir des souvenirs vivans qu'il avait espéré d'y trouver. Il n'était allé à Fontainebleau, disait-il, que pour fuir la vue du bonheur qu'on goûtait à Paris, où il n'avait voulu séjourner qu'une seule nuit. Il avait voulu échapper aux fêtes, par lesquelles cette ville célébrait le retour de son Roi ; à l'intolérable spectacle du drapeau blanc ; à ces explosions de joie auxquelles les habitans se livraient dans des danses populaires, sous les fenêtres des Tuileries : et voilà que cette joie et ces fêtes le poursuivaient à Fontainebleau ! La seule consolation qu'il reçut consista à se procurer le discours d'adieux de Buonaparte à sa garde. Du reste, personne ne répondait à ses folies. Fon-

tainebleau cessa de lui paraître un séjour ha-
bitable. Il avait deux à trois cents francs devant lui. Après deux mois de séjour à Fontainebleau, il résolut d'aller, dans l'île d'Elbe,
vivre sous les yeux du moins de son héros, et
respirer le même air que lui.

En déduisant les motifs qui lui firent entre-
prendre ce voyage, Louvel s'est montré fidèle
à sa résolution de s'isoler, dans la préparation
de son crime, de Buonaparte et de ses adhérens.
Il avait eu la même fidélité en expliquant ses
raisons d'aller s'établir à Fontainebleau. De
mauvais papiers, c'est ainsi que Louvel appelle
les écrits qui disaient du mal de Buonaparte,
lui prodiguaient des reproches et des imputations. Louvel est allé à Fontainebleau pour les
vérifier, parce qu'il a pensé que c'était sur-tout
dans *sa maison* qu'il en trouverait des preuves,
s'il y en avait. Ainsi Louvel n'était pas un
homme épris du tyran de la France, qui se
rendait aux lieux où ce dernier, en partant, avait
laissé peut-être des partisans et des souvenirs.
C'était une espèce de philosophe intègre et impartial, qui, jaloux de former avec sûreté le
jugement qu'il devait porter sur un homme extraordinaire, allait recueillir sur lui, pour
l'histoire, des renseignemens dans la ville où,

suivant lui , on pouvait être le plus instruit de ce qui le regardait. Il est malheureux pour Louvel , que ce roman soit tout à fait démenti par deux témoins de Metz , qui s'accordent à dire que , quinze jours après son départ de cette ville , ils reçurent de lui une lettre datée de Fontainebleau , dans laquelle il exprimait son chagrin d'être arrivé à Fontainebleau trois jours trop tard , sans quoi il serait parti pour l'île d'Elbe. Louvel , évidemment , n'était donc pas allé à Fontainebleau , pour échapper à l'allégresse de Paris , quoiqu'en effet , très-probablement , cette allégresse lui fît du mal , ni pour instruire le procès historique de Buonaparte , relativement aux imputations dont il était l'objet. Il y était allé dans l'espérance d'y trouver des traîneurs et des équipages en retard , avec lesquels il aurait fait route pour l'île d'Elbe.

Louvel a répété , relativement à son voyage pour cette île , ce qu'il avait déjà dit pour celui de Fontainebleau. C'était uniquement pour aller vérifier les bruits répandus sur Buonaparte , qu'il y allait. Il fallait apparemment que cette fantaisie historique fût bien vive ; car Louvel , après une absence de beaucoup d'années , avait passé à Paris. Paris n'est qu'à quatre lieues de Versailles , où demeure une sœur qui l'avait élevé. Il n'était point allé la voir. A Paris même demeurait sa plus jeune sœur. Il ne l'avait pas visitée. Il n'avait vu personne à Paris ; il n'y avait passé qu'une nuit, et était accouru à Fontainebleau. A Fontainebleau, il forme le projet de s'expatrier, et d'aller à l'île d'Elbe. Quand il n'aurait eu d'autre projet que d'y faire un voyage, ce voyage était nécessairement long ; il avait d'ailleurs ses chances. Louvel, à Fontainebleau, n'était qu'à quinze lieues de ses sœurs, qu'il n'avait pas vues depuis bien long-temps, et dont il allait, selon les apparences, être bien long-temps encore séparé. Il ne va pas voir ses sœurs, et part. Jamais, il faut le confesser, l'amour de l'histoire n'aurait produit un plus complet détachement des sentimens de famille.

Louvel ment donc quand il a assigné ce vain motif à son voyage à l'île d'Elbe. Il obéissait à une passion furieuse qui l'entraînait à la suite de celui dont il avait fait le principal objet de ses affections ; et pour arriver à lui il ne connut point d'obstacles. Il en fit un mystère à sa famille ainsi qu'à Dulys, chez qui il travaillait à Fontainebleau. Il se rendit droit à Marseille par Lyon. Le sous-préfet de Toulon, auquel il demanda un passe-port pour l'île d'Elbe, le reçut fort mal et lui refusa de lui en donner un pour quelque lieu que ce fût , sinon pour Avignon , d'où il revint une seconde fois à Marseille. Il ne s'avisa plus de demander un passe-port pour l'île d'Elbe. Il en prit un pour l'île de Corse. Et de Bastia , il s'embarqua enfin pour Porto-Ferrajo , où il arriva à la mi-septembre , après une route d'environ un mois et demi.

Il fut employé deux mois par Vincent , maître sellier de Napoléon. Au mois de novembre 1814 , Buonaparte fit une réforme dans ses dépenses. Vincent subit une réduction dans ses salaires. Il avait deux ouvriers. Il n'en put garder qu'un. Louvel était arrivé le dernier. Vincent congédia Louvel , qui quitta l'île le 15 novembre 1814. De l'île d'Elbe , il vint à Livourne et se rendit à Chambéri , où il séjourna depuis les derniers jours de novembre 1814 , jusqu'au 1er de mars suivant.

C'est un soupçon assez naturel que celui qui s'attacherait à un voyage à l'île d'Elbe , d'un homme fanatisé comme Louvel. Quels motifs l'y conduisirent ? Ce voyage ne cachait-il pas quelque mystère ? n'avait-il pas pour objet de donner, en 1814, des informations à l'habitant de l'île d'Elbe ? Louvel n'en aurait-il pas rapporté des instructions pour quelques partisans de Buonaparte en France ? Louvel n'aurait-il pas été

employé à préparer le retour de Buonaparte ?
Ce soupçon est plausible. Il s'est présenté à
plusieurs imaginations. Il a dû prendre d'autant plus de consistance , que quelques personnes ont affirmé que, dans les temps voisins
du 20 mars , le gouvernement du Roi avait eu
connaissance d'une lettre signée , disait-on ,
Louvel, et adressée à un nommé *Coupon*, de
Grenoble , et que d'autres ont ouï parler de
deux ou trois individus débarqués à Hyères ,
venant de l'île d'Elbe , pendant que Buonaparte
y était encore , et sur lesquels on a saisi des
dépêches parties de l'île d'Elbe. L'une d'elles
même croyait se rappeler que l'un de ces individus s'appelait *Louvel*.

C'était le devoir du ministère public et des
Pairs commissaires d'approfondir avec scrupule tous les faits qui avaient fait naître ce
soupçon. Ils ont été soigneusement vérifiés.

Sur le premier , il a été reconnu , de manière à
n'en pas douter , que c'était une erreur d'attribuer à Louvel la lettre écrite à Coupon. Coupon
lui-même a été interrogé à Grenoble; il a fait l'histoire de cette lettre. Elle lui avait été adressée
par un nommé *Roul*, qui ne l'avait pas signée de
son nom, mais bien de celui *Dussert*. Pendant
qu'on obtenait ces éclaircissemens à Grenoble,

l'administration aidait ici la commission d'instruction, de tous les documens qui lui étaient
restés sur cette lettre. Dans ces vieux documens, la lettre était en effet énoncée comme
signée *Dussert.*

Quant au deuxième fait, celui des trois individus arrêtés en venant de l'île d'Elbe, M. le
comte de Bouthiller, préfet du Var lors de
cette arrestation, a été entendu. On a entendu
les habitans d'Hyères qui y avaient assisté, le
maire qui l'avait ordonnée, les différens fonctionnaires qui en avaient connu. Il y a eu deux
points bien remarquables, d'abord, dans les dépositions de ces divers témoins. 1° Ils variaient
beaucoup sur la date de cet évènement. Les
uns la plaçaient en février 1815, d'autres en
janvier, d'autres en décembre 1814; d'autres
la laissaient errer dans le vague. 2° Les signa-
lemens qu'ils s'accordaient à décrire ne s'appliquaient en aucune manière à Louvel.

Les trois individus avaient été conduits devant le sous-préfet de Toulon, qui les avait vus
et qui avait pris à leur égard des mesures dont il
restait des traces. Ce magistrat a été également
entendu en témoignage. Il a recherché et trouvé
une minute et une lettre qui se rapportaient à
cette aventure. On y a appris, et il s'est souvenu

que sa vraie date était de la fin d'octobre 1814,
et que les trois hommes venus de l'île d'Elbe
s'appelaient *Auricane*, *Payn* et *Benod*, aucun Louvel.

Auricane lui-même a été retrouvé. Il a été
entendu. Il a donné toute l'histoire de son arrestation et de celle de ses deux camarades, laquelle s'est trouvée conforme en tout, et dans
les plus petits détails, aux dépositions des témoins d'Hyères : en sorte qu'il n'est plus permis
de douter que celui d'entre eux qui a cru que
l'un des trois hommes arrêtés s'appelait *Louvel*, a été égaré par une réminiscence trom-
peuse.

D'un autre côté, MM. les Pairs et le soussigné ont vérifié le livret de Louvel. Il porte
la preuve qu'il n'est parti que le 15 novembre 1814 de l'île d'Elbe (ainsi il n'a pas
pu être arrêté à Hyères en octobre précédent);
qu'il a résidé depuis lors, trois mois sans interruption à Chambéri (ainsi il n'est pas revenu à Paris et n'a pas fait des courses en
France depuis qu'il a eu quitté l'île d'Elbe);
qu'enfin, comme cela va être dit tout à l'heure,
il n'a quitté Chambéri qu'après le retour de
Buonaparte.

Il est vrai que le livret eût pu être altéré

pour voiler des manœuvres : mais le soin a été poussé jusquà faire entendre à Chambéri, en témoignage, les personnes chez qui Louvel a demeuré pendant son séjour, et leurs dépositions se sont trouvées conformes aux mentions du livret.

Aucune autre circonstance d'ailleurs n'est venue accréditer le soupçon. Louvel était garçon sellier et pauvre en entrant à l'île d'Elbe. Il n'y a été employé que comme garçon sellier ; un assez grand nombre de témoins en ont déposé. Il en est sorti garçon sellier et pauvre. Il est allé travailler trois mois à Chambéri comme garçon sellier. Durant les cent-jours il est resté garçon sellier. Il n'a été que garçon sellier depuis les cent-jours, et il est demeuré pauvre. Il n'y a donc nulle raison de supposer qu'il ait été un agent, et un agent utile : car il eût été récompensé.

On est mené par-là à l'espèce de nécessité de croire que bien que ce soit son enthousiasme qui l'ait conduit à l'île d'Elbe, son enthousiasme a été ignoré ou négligé.

Il ne s'est pas pour cela refroidi ; on en va retrouver la preuve en suivant Louvel à Chambéri.

Arrivé en novembre 1814, il y travaillait depuis trois mois déjà. Dans cet intervalle, il y avait paru aux sieur et dame Lemonnier, sellier, chez qui il travaillait, ce qu'il avait paru partout, c'est-à-dire sombre et taciturne. L'un et l'autre s'accordent à dire qu'il n'y avait qu'un point sur lequel il était expansif et loquace : c'était quand il parlait de son séjour à l'île d'Elbe; de ce qu'il y faisait; de Buonaparte; dés grands travaux de celui-ci; de ses visites à la sellerie, où il venait souvent; de son affabilité avec le petit monde. Louvel se vantait de l'aimer passionnément : et il n'avait pas besoin de le dire, ajoute M. Lemonnier, car quand il en parlait il tressaillait de joie.

Dans la nuit du lundi 6 au mardi 7 mars, un homme de Chambéri vint frapper à la porte de la femme Lemonnier, pour lui apprendre que Buonaparte était à Grenoble. Le mardi matin, Louvel vint à l'atelier comme à l'ordinaire. Il faisait un temps abominable. La femme Lemonnier lui dit la nouvelle. Au même moment, il se frotte la tête, défait son tablier, l'accroche à un clou, et part sans que personne pût l'arrêter; sans se soucier de la pluie qui tombait par torrens; sans emporter rien que ce qu'il avait sur le corps; et sans demander même à ses maîtres 27 fr. qu'ils lui devaient, et qu'ils lui ont envoyés depuis sur sa demande, à Versailles, avec ses hardes et ses outils.

Il courut à Grenoble. Buonaparte n'y était plus. Il le rejoignit à Lyon, arriva à Paris avec lui le 20 mars, et demanda et obtint de Vincent, le maître sellier de l'île d'Elbe, qui suivait également son maître, de l'emploi comme sellier, et même, peu après, la livrée de la maison. Bientôt, il repartit encore à sa suite dans les équipages qui faisaient le service à l'armée. Après la bataille de Waterloo, il revint passer quelques jours à Paris. Buonaparte en repartit. On demanda un homme de bonne volonté pour accompagner ses équipages à Rochefort. Louvel s'offrit. Il fit la route. Buonaparte était déjà embarqué quand il arriva à Rochefort. Ce jour même, on y arborait le drapeau blanc. Les équipages furent ramenés à La Rochelle. Louvel les y suivit. Il y resta à leur garde pendant trois mois environ.

Deux faits se rattachent à son séjour à La Rochelle.

L'un est fort clair et en harmonie parfaite avec le caractère de Louvel ; l'autre est un peu plus incertain.

Voici le premier. Louvel et les équipages étaient partis sous les ordres de Chauvin, piqueur de Buonaparte. Quand Buonaparte fut embarqué, il fut question de faire revenir les équipages aux grandes écuries à Paris, et on envoya un sieur Charpentier pour en prendre le commandement à la place de Chauvin. Charpentier et les équipages étaient encore à La Rochelle au mois de juillet 1815; Louvel y était aussi avec un nommé *Gillet*, maréchal des écuries, qui même a développé d'assez mauvais sentimens, au point que depuis lors il a subi une condamnation pour propos séditieux. Il est probable que la similitude des sentimens avait réuni ces deux hommes; du moins pendant leur séjour à La Rochelle, Louvel vivait beaucoup avec lui.

Sur ces entrefaites, un assez grand nombre de Rochellois donnèrent une fête dans un jardin qui était aux portes de la ville, pour célébrer le retour du Roi. Charpentier y fut invité. Il y alla; Gillet et Louvel l'accompagnèrent pour prendre soin des chevaux et de la voiture qui l'y conduisirent. Ces deux hommes étaient restés à l'écart, apparemment à cause de leur *infériorité*. L'ordonnateur de la fête les aperçut. Il ne voulut pas que, dans cette joyeuse réunion, il y eût des hommes qui eussent l'air d'en être exclus. Il les fit asseoir à table. On porta des santés; on porta celle du Roi. Gillet la but de bonne grâce. Quant à Louvel, dont un convive avait déjà remarqué qu'il était fort taciturne et peu disposé à prendre sa part de la gaîté qui l'environnait, il s'y refusa obstinément, au point que son refus ayant fait scandale, on le mit à la porte de la maison, et que Charpentier vint lui en faire des reproches très-animés. Cinq témoins ont déposé de cette scène, qu'ils attribuaient tous à un homme qui était sous les ordres de Charpentier, tandis que l'un d'entr'eux dit précisément qu'il s'appelait *Louvel*. Louvel l'a nié. Charpentier assure ne pas s'en souvenir. Le défaut de mémoire de Charpentier n'est pas tout à fait désintéressé ; car comme l'homme était sous ses ordres, et qu'il avait le pouvoir de le renvoyer, il peut craindre qu'on ne lui fasse le reproche de n'avoir pas usé de ce pouvoir. Au reste, ce fait ne prouverait rien autre chose que l'extrême pertinacité de Louvel dans le mal ; et il y en a dans cette instruction une preuve bien autrement douloureuse.

Le deuxième fait est bien plus grave. Louvel, dans ses interrogatoires, n'a cessé de répéter que, dès la rentrée des Bourbons en France, il n'a respiré que leur destruction. Ainsi, dès le mois de mai 1814, si on l'en croyait, il s'acheminait à Calais pour commencer le cours de ses meurtres. En juillet 1814, M. le duc de Berry vint à Fontainebleau, et là Louvel ne manqua pas de volonté, il ne manqua que de courage en voyant autour de lui la joie universelle qu'inspirait la présence du Prince. Cet horrible projet d'égorger son Roi et ses Princes, n'en obsédait pas moins, dit-il, toujours son imagination. Il en était venu, à ce qu'il assure, à se blâmer d'avoir été à l'île d'Elbe et en Italie, parce que cette excursion le forçait à suspendre l'exécution de son abominable projet. Il se disait à lui-même : « Qu'est-ce que j'ai été faire à l'île d'Elbe ? Il aurait bien mieux valu que j'ôte la vie aux Bourbons. » Il assure que, dans cette soif de leur sang, il fit fabriquer à La Rochelle, durant le séjour qu'il y fit, le poignard dont il s'est en effet servi pour percer M. le duc de Berry.

Un grand soin a été donné à l'instruction de ce fait, qui aurait pu mettre sur la voie des complices. Les administrateurs et les magistrats ont uni leurs efforts pour éclairer ce point. Louvel a été interrogé en détail : et sauf le nom du coutelier ou taillandier (il ne sait au juste lequel des deux) auquel il prétend s'être adressé, et la position précise de la maison, desquels il a constamment dit ne pas se souvenir, il a donné avec une apparence de véracité, et sans variations, toutes les désignations qu'on a pu désirer. Il a donc dit « qu'il était logé à La Rochelle sur la place des Cordeliers ; qu'en allant de cette place vers le lieu où se tient le marché, on trouve, au coin d'une rue large, à gauche, une boutique qui n'est ni grande ni brillante ; qu'il croit qu'il y avait une marche pour monter dans cette boutique ; qu'il y avait aussi dans cette boutique une meule ; que l'ouvrier pouvait avoir 45 ans ; qu'il était d'une taille ordinaire ; qu'il avait une femme et des enfans ; qu'il y avait une virole au manche du poignard ; que depuis il l'en a ôtée, en y donnant un coup de râpe ; qu'il avait montré à l'ouvrier l'autre instrument (celui trouvé sur lui lors de son arrestation), et lui en avait demandé un pareil, mais plus large, sous le prétexte d'en avoir besoin pour son travail ; qu'enfin il l'avait payé 30 ou 36 sous. »

On a fait venir de La Rochelle le plan de la ville, et on l'a mis sous les yeux de Louvel, en l'invitant à désigner avec précision le coin de rue dont il a parlé, et où se trouve la maison de l'ouvrier.

Il s'est fort bien reconnu sur le plan ; il a

pointé la maison qu'il habitait sur la place des
Cordeliers; mais il n'a pu ou voulu signaler la
situation précise de la maison de l'ouvrier. Il
s'est borné à dire qu'elle était à un des coins
de rues à gauche qui se trouvent sur l'un des
chemins qui conduisent de la place des Cordeliers au marché.

Il a bien fallu se contenter de cette vague
indication.

Une commission a été délivrée pour entendre les ouvriers en fer de La Rochelle. On
les a entendus. Quelques-uns se sont souvenus
du séjour que les équipages de Buonaparte et
les gens attachés à leur service avaient fait à
La Rochelle en 1815. Quelques-uns se sont
même rappelé Charpentier, Gillet et Louvel.
Aucun n'est convenu avoir fabriqué la grande
alêne façonnée en poignard. Parmi ces ouvriers, plusieurs demeurent au coin des deux
rues sur les chemins qui conduisent de la place
des Cordeliers au marché. Il en est un même
à qui sembleraient s'appliquer toutes les désignations données par Louvel : c'est François
Berthon.

Il demeure au coin des deux rues.

Ce coin des deux rues, où est assise sa maison,

est sur le chemin de la place des Cordeliers au marché.

Sa boutique est petite et peu brillante.

On y monte par une marche.

Il est marié.

Il a des enfans.

Il y a une meule dans la boutique.

A la vue du profil de l'outil, il a dit qu'il l'aurait fait payer 36 ou 40 sous.

Il a cinq pieds deux pouces.

Enfin, il a quarante-cinq ans aujourd'hui, et avait quarante ans en 1815.

Toutes les indications données par Louvel sembleraient donc s'appliquer à lui, à l'exception de celle de l'âge, qui n'est pas bien considérable, puisque de quarante à quarante-cinq ans, la différence est en général peu apparente.

En est-ce assez pour croire que Berthon est l'homme qui a fabriqué le poignard, et que Louvel dit vrai, en plaçant cette fabrication à La Rochelle dans l'année 1815?

Le soussigné ne le croit pas.

Aucune des indications données par Louvel n'est assez saillante pour que leur concordance avec les réalités doive devenir bien concluante.

Être marié, avoir des enfans, avoir, quand on est taillandier ou coutelier, une meule dans sa boutique, avoir une boutique qui ne serait pas brillante, sont d'abord des accidens qu'on peut appeler généraux chez cette espèce d'ouvriers.

Ce qui serait un peu plus spécial, ce serait la circonstance que la boutique serait au coin des deux rues sur la route de la place des Cordeliers au marché, et que l'on monte un degré pour y entrer. Mais on voit qu'elle ne serait pas particulière à Berthon ; car beaucoup des autres ouvriers qui ont été entendus, et notamment Foulques, taillandier, et le coutelier Beaudeau, sont dans le même cas. Cela peut même tenir à la topographie commune de ce quartier. Il y a donc peu à conclure de ce hasard.

Ce hasard apparent peut d'ailleurs n'en pas être un réel. S'il a convenu à Louvel de faire croire qu'il a fait fabriquer son poignard à La Rochelle, il doit arranger son allégation de manière à la rendre vraisemblable. Il est resté trois mois à La Rochelle ; il faut beaucoup moins de temps pour connaître une ville peu considérable. Il connaît celle-ci ; il a souvent parcouru les quartiers voisins de la place des

Cordeliers, où il demeurait. Il sait quelles sont les boutiques : s'il y a des degrés pour monter dans quelques unes; où elles sont placées. Il a dû connaître plus particulièrement les boutiques des faiseurs d'outils. Ce n'est donc pas merveille que, même en mentant sur le fond du fait, il y ait accommodé assez de détails locaux pour que son récit pût convenir à certaines boutiques et à certaines personnes. Il ne serait pas impossible même qu'il eût interrogé ses souvenirs sur les détails pour les mettre en accord avec sa fable : content d'avoir pris seulement la double précaution, et de ne pas indiquer la personne par son nom, et de ne pas circonscrire assez la localité pour qu'on pût appliquer à coup sûr ses désignations à un point précisé.

Ajoutez que ce soin extrême de Louvel de ne pas nommer l'ouvrier, et de laisser sa maison dans le vague d'un quartier tout entier, devient une forte raison de se défier de son récit. C'était un fait important pour lui, et digne d'attention comme de mémoire, que celui de se procurer le poignard destiné à faire couler le sang de ses Rois. Il semble peu probable qu'il n'ait pas bien su à qui il commandait cet instrument homicide. Il semble peu vraisemblable, surtout ayant séjourné trois mois entiers dans ce quartier même, qu'il n'ait pas bien su et bien retenu et le nom de l'ouvrier et la situation de la boutique auxquels il dut les moyens de consommer son crime.

Ainsi Louvel peut dire vrai : rien ne le prouve.

Il peut mentir aussi : rien ne le prouve non plus.

Mais dans cette absence de preuve du mensonge ou de la vérité, les vraisemblances restent : et les vraisemblances sont qu'il ment, puisqu'il ne se souvient ni du nom de l'ouvrier ni de la situation de la boutique, quand il est forcé de convenir qu'il est resté trois mois à La Rochelle.

D'autres raisons encore doivent faire croire que Louvel ment sur ce point. De La Rochelle, il est revenu à Versailles, où il fut congédié du service des écuries. Il alla loger chez sa sœur Thérèse. Il y couchait dans la même chambre qu'elle. Il n'avait avec lui qu'un havre-sac qui était ouvert, et une ferrière également ouverte, où étaient ses outils. Thérèse a souvent regardé et les hardes et les outils. Elle n'a jamais vu le poignard, et elle dit elle-même qu'il eût été difficile qu'elle ne l'eût pas aperçu, s'il eût été dans les affaires de son frère. Lui-même, interrogé sur ce point, n'a pas trop su comment expliquer que sa sœur ne l'eût pas vu, si dès-lors il l'avait eu en sa possession. Il a d'abord dit que le poignard était dans la petite ferrière qui était arrivée chez sa sœur, de Chambéri, avec les outils qu'il y avait laissés, et que cette ferrière était dans une chambre au cinquième étage, où l'on n'allait jamais. On lui fit observer que cela n'était pas vraisemblable, puisque, d'un autre côté, il disait qu'il emportait son poignard chaque fois qu'il allait aux chasses des Princes. Il repartit alors qu'il s'était trompé; qu'il avait une autre ferrière qu'il avait placée dans la chambre même de sa sœur, sur une planche au-dessus de la porte. On lui objecta que cela devenait plus invraisemblable encore, puisque le retirant fréquemment de cette ferrière, et l'y remettant fréquemment, sa sœur s'en serait aperçue. Il a répondu que sa sœur était dans sa boutique, ce qui le rendait libre de faire dans la chambre de sa sœur ce qu'il voulait.

Voilà, sur ce point, toutes les lumières qu'il a été possible de recueillir; la Cour appréciera ces documens.

Renvoyé du service des écuries, Louvel pensa à se procurer du travail.

Il avait un cousin-germain appelé *La Bou-*

zelle, dont la famille, de père en fils, a été employée au service du Roi. Ce La Bouzelle, sur la moralité politique duquel on n'a d'ailleurs recueilli que des renseignemens satisfaisans, était même, à Versailles, maître sellier du Roi pour les équipages. Louvel lui demanda de l'ouvrage, et celui-ci, par esprit de parenté, et aussi parce que Louvel était un ouvrier laborieux et rangé, consentit à lui en donner. Louvel resta donc dans l'atelier de son cousin jusqu'au mois de mai 1816. A cette époque, La Bouzelle obtint à Paris le service des chevaux de selle. Il fallut aux écuries un ouvrier actif et fidèle : il y envoya Louvel. Ce dernier vint s'établir aux écuries du Carrousel, mais toujours au compte de son cousin. Il y entra vers le commencement de mai 1816; il n'en est plus sorti.

Tous les gens de l'écurie, au nombre de près de deux cent, ont été entendus. Il résulte de leurs dépositions unanimes, que Louvel menait la vie la plus solitaire, ne fréquentant personne, ne buvant avec personne, saluant à peine, parlant peu, ne parlant jamais politique; qu'il travaillait assidûment, et n'annonçait aucune espèce de dérangement de vie.

Il voyait sa sœur Françoise à peu près une fois

par semaine, et il était même rare que celle-ci lui rendît ses visites. Quant à sa sœur Thérèse, instruite par l'air mécontent qu'il montrait devant elle lorsqu'il lui disait que Françoise avait voulu prendre l'habitude de le venir voir, de la contradiction que lui causait ce soin de ses proches, elle se gardait bien de la lui faire éprouver; et quand elle venait à Paris, elle ne lui faisait plus de visite. De son côté, dans le commencement, il allait à Versailles à peu près tous les trois mois. Bientôt il éloigna ses voyages, au point qu'il en fut neuf entiers sans y paraître. Thérèse lui en fit un reproche amical. Déjà elle s'était aperçue, depuis son retour de La Rochelle, que, pour se servir de ses expressions, ce n'était plus le même caractère; *il ne savait plus ce que c'était que le rire.* Cette fois, il lui répondit d'une manière si bourrue, qu'elle en conçut les plus tristes pensées, et lui dit : *Tu m'arraches le cœur, je ne te dirai plus de revenir; tu viendras quand tu voudras.* Il la prit au mot. Sept mois s'écoulèrent depuis lors jusqu'à son crime, et, dans cet intervalle de temps, il ne la revit plus.

Aux écuries même il n'avait voulu se rapprocher étroitement de personne. Les seuls de

ses camarades avec qui il se familiarisait davantage, étaient Riché, Barbé et Bizot, tous
employés à la sellerie. Il causait de temps en
temps avec eux; il but même deux ou trois
fois avec Bizot. Il les scandalisait en leur disant qu'il n'était pas chrétien, mais théophi-
lanthrope. Barbé l'en grondait sérieusement, et
lui disait qu'on n'était pas honnête homme
quand on n'avait pas de religion. Riché voulait même qu'il se fît baptiser, et il lui propo-
sait de lire un livre que le curé de Saint-Germain-l'Auxerrois lui avait donné pour son enfant. Ce grand esprit les prenait en pitié : trop
heureux pourtant, la France et lui, s'il lui
était resté assez de sens pour profiter de la
simplicité de cœur si sage de ses deux honnêtes camarades!

Quant à sa sœur Françoise, il était plus impossible encore qu'elle lui donnât de bons avis.
Elle l'avait à peine connu avant son retour de
La Rochelle et son établissement à Paris. Depuis lors, dans l'espèce d'isolement où vit une
fille qui a renoncé au mariage, elle avait res-
senti du plaisir de retrouver un parent si proche.
Il avait paru le partager; mais elle ne tarda pas
à faire la fâcheuse découverte qu'ils différaient
entièrement d'opinion et de sentimens. Elle

était pieuse, elle était attachée au Roi : il n'avait pas de religion, il parlait avec exaltation
de Buonaparte en même temps qu'avec éloignement des Bourbons, sans pourtant, si l'on en
croit Françoise, qu'il laissât transpirer contre
eux des pensées homicides. Pour ne pas s'aliéner le cœur de son frère, Françoise éloignait
ce genre de conversation; elle crut même que
sa tête s'était calmée en le voyant ne plus
chercher à reproduire les mêmes idées. Il s'était mis en effet en garde contre ses propres
indiscrétions; il ne s'échappait plus devant
elle; et, soit dans ses visites, soit dans ses promenades solitaires et écartées du dimanche,
ils s'entretenaient de toute autre chose. Elle lui
faisait la guerre de sa vie isolée, à quoi il répondait qu'il saluait tout le monde, et ne se
liait avec personne. Il ajoutait qu'il allait tous
les soirs au Palais-Royal, et qu'il y lisait, car,
ajoute sa sœur, *il paraissait aimer beaucoup
la lecture.*

Il avait pourtant une autre société encore :
c'était celle des sieur et dame Vaclin. Vaclin
était un ancien garçon d'attelage des écuries.
Le mari était aux écuries, quand, au retour de
Buonaparte, Louvel y reçut de l'emploi. C'était
même lui, qui, au voyage de Waterloo, fut

chargé du soin du cheval que montait Louvel. La femme le blanchissait. Ces différens rapports leur firent une liaison, la seule qu'on peut regarder comme contrariant un peu le système de solitude de Louvel. Le mari ayant été réformé, s'était fait portier ; il était ensuite devenu fruitier, rue des Moineaux. Louvel avait continué de les voir d'abord un peu plus ; puis moins fréquemment ; il venait boire quelquefois chez eux, pour son argent, un verre de bierre ou d'eau-de-vie. Louvel les vit même la semaine devant son crime. Cette espèce d'exception, faite par Louvel, à sa vie retirée en leur faveur, a dû attirer les regards de la justice sur eux. Ils ont été interrogés. Des renseignemens ont été recueillis de tous côtés. Il en est résulté que leur commerce avec Louvel, s'était beaucoup refroidi dans ces derniers temps. Nul indice ne s'est élevé, d'où l'on pût induire qu'ils avaient même soupçonné les sinistres projets de Louvel. De leur côté, ils ont assuré ne pouvoir donner aucune lumière sur la conduite de Louvel, durant les trois à quatre ans qu'il a passés à Paris, depuis mai 1816.

On a donc été réduit à s'informer à lui-même de sa conduite, de ses pensées, de ses projets et de ses actions.

« Depuis mon retour de l'île d'Elbe , a-t-il dit , comme auparavant , et depuis 1814 , je n'ai cessé de rouler mon projet d'exterminer les Bourbons.

« J'avais voulu l'exécuter à Calais , soit sur le Roi , soit sur celui des Princes que j'y aurais trouvé.

« Venu de Calais à Fontainebleau , j'y avais porté la même volonté.

« Il est vrai que je n'y mis pas d'abord une grande activité. *La commission était trop pénible* pour prendre son parti sans hésiter ; toutefois , pendant que j'étais à Fontainebleau , M. le duc de Berry y recevant une fête que lui donnait la vieille garde , l'idée me vint de réaliser mon projet. La satisfaction générale me fit faire des réflexions , et je me dis : Serait-ce donc moi qui aurais tort ?

« J'allai à l'île d'Elbe , plutôt pour me distraire de mes projets que pour m'y confirmer ; mais mes idées m'y poursuivirent. Je quittai l'île d'Elbe , où je ne me plaisais pas , et débarquai à Livourne , toujours préoccupé de mes projets , et me reprochant le temps que je perdais à faire mes courses à l'île d'Elbe et en Italie. Je rentrai en France , et vins à Chambéri.

« Je m'y arrêtai trois mois.

« Au bout de ce temps , la nouvelle éclata de l'arrivée de Buonaparte à Grenoble.. Je voulus savoir ce qui en était : je laissai chez mes maîtres , hardes. outils , et m me l'argent qu'ils me devaient, et je me rendis à Grenoble , d'où je revins à Lyon; puis à Paris , avec les équipages de Buonaparte.

« J'arrivai à Lyon , quand Monsieur venait d'en partir. S'il y eût été . je l'aurais tué sans doute. On peut juger, par ce que j'ai fait , que je ne suis pas ami des Bourbons.

« Je vis bien , après le retour de Buonaparte, qu'il n'était plus question d'exécuter mes projets.

« Je les repris, quand Buonaparte fut embarqué. J'étais alors à La Rochelle ; j'y achetai le poignard dont je me suis servi.

« Je revins à Versailles : j'y fus employé; et ensuite à Paris, aux écuries. Depuis lors , j'ai cherché , sans relâche, les occasions d'exécuter mon dessein , soit à Paris , soit à Versailles , soit à Saint-Germain , soit à Saint-Cloud, soit à Fontainebleau. Je savais que je me perdais , je savais que ma tête devait tomber; *mais les Bourbons me semblaient trop coupables* pour y renoncer. J'ai couru çà et là pour réussir.

« Je me rendis à Fontainebleau en 1816 , pour le service des équipages , lors de l'arrivée de madame la duchesse de Berry, en France. Je cherchai des occasions.

« J'allais aux chasses.

« J'allais aussi aux chasses de St.-Germain. Je suis allé à ces dernières chasses plus de cinquante fois : c'est à dire à toutes celles que je pouvais soupçonner. Je les suivais toujours à pied. J'y allais même de Paris, ainsi qu'aux chasses de Vincennes et de Meudon, sans le dire à ma sœur. Pour m'en ménager le temps, et faire concorder mes devoirs avec mes courses, je forçais mon travail, et j'allais au-devant des besoins du service.

« Je portais toujours un poignard sur moi, quand je supposais que je pourrais rencontrer un Bourbon, mais constamment avec la résolution de commencer par M. le duc de Berry, comme le plus jeune.

« Je commençais par le plus jeune, parce que c'était le plus sûr moyen d'éteindre la race; parce que d'ailleurs je n'avais qu'une vie, et que je voulais qu'elle me fût payée cher.

« Après M. le duc de Berry, j'aurais tué M. le duc d'Angoulême, puis, Monsieur, puis le Roi; j'en voulais à tous les Bourbons.

« Après le Roi, je me serais peut-être arrêté. Il est même *possible* que je me fusse arrêté après MONSIEUR, si je n'avais pas réussi à atteindre le Roi. Les seuls coupables sont ceux, Princes ou particuliers, qui ont porté les armes contre leur pays.

« Je ne suivais pas seulement les Bourbons aux chasses, depuis trois ans; presque tous les soirs je rôdais autour du spectacle auquel je supposais que le Prince pourrait aller. Pour le savoir, je lisais les affiches : car je conjecturais la probabilité de son assistance à tel ou tel spectacle, par la qualité des pièces.

« S'il devait se rendre à Feydeau, je ne m'y trouvais pas, parce que, comme il avait une entrée particulière où le public n'était pas admis, il n'y avait rien à faire. Quand j'allais autour de l'Opéra, et qu'il n'y était pas arrivé à huit heures un quart, temps qu'il ne dépassait jamais, je me retirais.

« Quoique nullement religieux, je suivais M. le duc de Berry dans les églises où il allait.

« C'est ainsi que plusieurs années de suite je suis allé à l'Assomption le jour de la Fête-Dieu, parce que j'étais sûr de l'y trouver. La foule et la garde m'ont presque toujours empêché d'arriver jusqu'à lui.

« La dernière fête notamment, je fis tous

mes efforts pour parvenir à la voiture. Cela me fut impossible. »

A cet endroit de son barbare récit, on ne put s'empêcher d'interrompre ce féroce assassin, pour lui demander s'il n'aurait pas été arrêté par la sainteté du lieu. « Nullement ; j'aurais tué le Prince, même dans l'église, » fut toute sa réponse.

Telle a été, si l'on en croit ce Cannibale, sa diabolique constance dans son infernal dessein pendant plusieurs années, constance pourtant, suivant ses propres aveux, long-temps traversée, tantôt par des obstacles indépendans de sa volonté, comme la foule ou les gardes, tantôt par les irrésolutions qui le faisaient se demander à lui-même, dans des instans de lucidité, s'il avait raison, et enfin, quand la volonté existait et ne rencontrait plus aucun obstacle, par la diminution de son courage, comme il appelle la révolte de sa conscience et de l'humanité.

Certainement, dans cet épouvantable récit, il est impossible de ne pas voir qu'il y a des circonstances arrangées par son système de se présenter comme ayant, lui, lui tout seul, arrêté irrévocablement depuis long-temps l'assassinat des Bourbons, de tous les Bour-

bons, système qu'il s'est formé, afin de concentrer dans sa personne une responsabilité
que son seul effroi serait de voir étendre au
parti dont il s'est fait le Séide.

Ainsi, on ne peut croire que cette atroce
résolution ait été inflexiblement formée depuis
tout le temps qu'il le dit. Le temps même qui
s'est écoulé depuis que la résolution aurait été
prise, suffit pour le démentir ; il a eu bien trop
d'occasions et de facilités de la réaliser, pour
qu'on puisse ajouter foi à tout ce qu'il dit à cet
égard.

On ne peut croire encore que, comme il l'a
dit, il eût conçu, en partant de Chambéri, le
projet d'assassiner Monsieur à Lyon, s'il l'y
trouvait encore. Si telle eût été son odieuse
volonté, sa volonté dès long-temps immuable,
sa volonté bien arrêtée, il ne fût pas parti de
Chambéri sans un outil, sans un couteau,
sans une aiguille, comme il confesse lui-même
qu'il en est parti, et il aurait eu soin de se
munir d'un instrument propre à servir son intention homicide.

Ces mensonges, quoiqu'indifférens quant
au crime trop prouvé de Louvel, ne le sont
pas à l'appréciation des causes qui l'ont entraîné à le commettre. S'ils sont évidens, on

arrive à la conséquence obligée que pour mentir il a un intérêt quelconque ; et cet intérêt, tout le monde peut l'apercevoir : il n'est autre que d'empêcher que les conséquences du forfait ne tombent sur ceux qui, par leurs perpétuelles déclamations, lui ont véritablement mis le poignard à la main.

Ce qu'il y a de bien certain et ce que confirment toutes les parties non suspectes de cet exécrable récit, c'est que, sombre et misanthrope de naissance, corrompu par son éducation, ce malheureux recélait dans sa farouche organisation tous les élémens dont peut se former un scélérat. Son malheur et celui de la France ont voulu qu'il vécût dans un temps propre à fournir de l'aliment à ces germes pernicieux. Toutefois, il n'est pas devenu un assassin, un parricide en un jour. Long-temps il s'en est tenu à nourrir un mécontentement inepte de voir son idole détruite, une mauvaise disposition vague qui ne savait bien au juste ni de quoi elle s'aigrissait, ni ce qu'elle voulait. Long-temps il n'a occupé son idolâtrie que du culte de celui qui en était l'objet. Il s'est contenté d'abord de le poursuivre de son affection et de ses hommages. Des évènemens sont survenus : sa cervelle s'est allumée. Des

propagandistes de haines, de fureurs, de meurtres ont versé autour de lui leurs poisons. Il
s'en est laissé abreuver. Son mécontentement
est devenu de la haine, sa mauvaise disposition
de la rage, et son fanatisme du crime. Toutes
les irrésolutions qui jusque-là, comme il nous
l'a déjà dit, et comme il va le répéter, l'avaient
retenu, ont été fixées autour de lui. En accens
cabalistiques et mystérieux, mais bien intelli-
gibles pour les adeptes, il a entendu le cri :
Frappe ! Il a saisi le poignard et il a frappé.
C'est encore à lui-même qu'il faut entendre
faire le récit de cette sanglante catastrophe.

« Mon idée était entièrement fixée. » Malheureux ! elle ne l'était donc pas jusque-là ; et qui
donc l'a fixée ?

« Depuis bien des jours, continue-t-il, je
recherchais l'occasion de consommer mon dessein. J'étais allé rôder le 11 autour de l'Opéra,
le 12 autour de Feydeau, et toujours sans fruit.

« Le dimanche gras, je me levai de bonne
heure. Après quelques soins de ménage et de
toilette auxquels je me livrai dans ma chambre,
je fis mon déjeuner chez Dubois, aubergiste,
rue Saint-Thomas-du-Louvre, où je mangeais
toujours. Je rentrai. Je causai quelques momens avec Barbé, son perruquier, et deux autres

personnes qui étaient chez lui, de choses indifférentes. Puis j'allai dans ma chambre prendre
un poignard, comme c'était ma coutume, toutes
les fois que je voulais rôder. C'était le plus
petit. Je sortis pour voir les masques et le
bœuf gras : il pouvait être alors une heure et
demie. Ma promenade, après divers tours dans
la rue de Rivoli et les rues adjacentes, me conduisit par le boulevard, d'où je poussai par la
place Louis XV à travers les Champs-Élysées,
jusqu'à moitié chemin de la barrière de l'Étoile,
à la porte Maillot. Il se faisait tard. Je regagnai
l'auberge de Dubois. J'y arrivai vers cinq
heures et demie. J'y dînai à côté d'un nommé
Basemont, maréchal des écuries, qui ne me
dit et à qui je ne dis rien de remarquable. Sept
heures sonnèrent. Je remontai dans ma chambre
pour prendre mon second poignard. Je le plaçai
dans l'un des goussets de mon pantalon, et
l'autre poignard dans l'autre gousset. Ainsi
armé, je me rendis près de l'Opéra. J'avais
jugé que le spectacle extraordinaire de ce jour
y appellerait le Prince. Je ne m'étais pas
trompé. A huit heures le Prince et la Princesse arrivèrent. Quand M. le duc de Berry
descendit, je voulus le frapper. Le courage
me manqua comme cela m'était arrivé déjà

bien des fois. Il passa. J'entendis donner aux voitures, de bouche en bouche et tout haut, l'ordre de revenir à onze heures moins un quart. Je le retins. Je m'en allai, en me reprochant mon manque de courage, et à peu près résolu à m'aller coucher. Je traversai le Palais-Royal. Là, une foule de réflexions m'assaillirent. Je songeai que j'aurais moins d'occasions par la suite, car j'avais reçu l'avis que j'irais, à dater du 1er du mois suivant, remplir mon emploi à Versailles. Il se fit en moi une révolution nouvelle. Ai-je tort? ai-je raison? me disais-je. Si j'ai raison, pourquoi le courage me manque-t-il? »

(Le courage lui manquait, parce que l'humanité et la justice combattaient contre le fanatisme.)

« Si j'ai tort, pourquoi ces idées ne me quittent-elles pas? » (Hélas! elles ne le quittaient pas, parce que ces ennemis perpétuels de tout ordre, qui criaient sans cesse à ses oreilles, que le temps de la gloire de la France était passé, que la liberté était menacée, que le gouvernement des Bourbons trahissait les intérêts de la patrie, fixaient dans sa faible cervelle toutes ces fausses notions, et y réveillaient ses fureurs.)

« Je me décidai à l'instant pour le soir même.
Je me promenai dans le Palais-Royal. J'allai
et vins plusieurs fois, dans l'intervalle de huit
à onze heures du soir, du Palais-Royal à l'Opéra,
et de l'Opéra au Palais-Royal , observant si
l'ordre n'était pas changé. Enfin , en y retournant à onze heures moins vingt minutes , les
voitures étaient déjà arrivées. Je me suis glissé
près d'elles. J'ai attendu un quart d'heure à la
tête du cheval d'un cabriolet. L'ordre a été
donné aux voitures d'avancer. Je me coulai le
long du mur. Le Prince parut. Aussitôt que la
Princesse et sa dame d'honneur furent remon-
tées dans la voiture , le factionnaire me tour-
nait le dos, je m'élançai sur le Prince , le saisis
de la main gauche par l'épaule gauche, le frap-
pai du côté droit , et m'enfuis. »

Tel est le récit que l'assassin a fait à l'instant
même de son crime, avec calme, ordre et froi-
deur. Plus tard , il l'a répété dans les mêmes
termes , en y ajoutant chaque fois que , s'il
n'eût pas été arrêté , il aurait continué le cours
de ses meurtres par Monseigneur le duc d'Angoulême, MONSIEUR, et le Roi lui-même.

Par suite de la procédure dirigée contre lui,
Louvel a été mis en état de mandat d'arrêt.
Plusieurs individus ont été compromis, comme

ayant appelé sur eux, par leur conduite coupable ou indiscrète, le soupçon de complicité. De ces individus, cinq, Androphile Mauvais, ex-lieutenant, fraîchement revenu du Texas ; François Thomas, fourrier de la légion des Vosges ; Jean-Baptiste Bourdin, tailleur d'habits à Rouen ; Charles Molus, tisseur à Epéhy ; et Alexis Duval, sous-officier, première compagnie sédentaire, à Châlons-sur-Marne, sont également en état de mandat de dépôt. Douze autres ont été frappés de mandats d'amener, qui ont été suivis presque immédiatement de leur mise en liberté. Ces inculpés sont : Jean-François Dubois, traiteur à Paris ; Marie-Joséphine Lecomte, sa femme ; Réné-Jacques Juglet, tailleur à Moulins, près Mortagne ; Edme-Jean-François Giroux, ex-gendarme à Pontoise ; Pierre-Joseph Guillet, maréchal de camp ; Jacques Bernard, écrivain public à Versailles ; Jean-François Hacqueville, jardinier à Gentilly ; Pierre Hamelot, propriétaire à Tours ; Emmery Pinat, cabaretier à Pacy-sur-Eure ; Jean-Baptiste Vincent, confiseur à Paris ; Pierre Toutin, dit *l'Eveillé*, terrassier à Saint-Cyr, près d'Orléans, et Layet, ancien négociant. Enfin un autre encore, le nommé Marin, boucher à Mantes, a été l'objet d'un mandat d'a-

mener qui n'a pu être suivi d'exécution, parce
que Marin n'a pas été trouvé. Il s'agira donc
de statuer sur le sort de ces divers individus.
Les faits qui leur sont personnels se produiront
tout naturellement dans l'exposé que le soussigné se propose de faire, en dépouillant, l'une
après l'autre, chacune des dénonciations qui
sont devenues autant d'élémens de l'instruction.
A fur et à mesure que ces faits se présenteront,
il en tirera pour ou contre les inculpés les in-
ductions convenables. Dubois et sa femme ont
été frappés par le procureur du Roi de Paris,
procédant en cas de flagrant délit, peu d'heures après le meurtre commis, d'un mandat
d'amener, à cause de la charge très-inquié-
tante, au premier aspect, laquelle résultait
de ce qu'ils étaient les deux dernières personnes que Louvel eut vues avant de commettre son crime. Rien depuis ne s'étant produit contre eux, et tout au contraire, ayant
donné bonne idée de leur conduite, aucun rapport particulier ne sera fait contre eux, et le
soussigné annonce, dès ce moment, qu'il est
d'avis qu'il n'y a lieu à suivre contre eux.

L'examen doit donc désormais porter exclusivement sur Louvel et sur les inculpés autres
que Dubois et sa femme.

De Louvel, d'abord.

Après l'exposé ci-dessus, il y a sûrement peu de choses à ajouter sur Louvel.

Le forfait est constant.

Le coupable est connu.

Non seulement il ne débat aucunes preuves, mais il y ajoute par ses aveux.

Non seulement il avoue son crime, mais il en fait trophée. Il en raconte les détails avec complaisance. Il n'éprouve qu'un regret, celui de n'avoir pas continué le cours de ses massacres. Il a la franchise féroce de proclamer qu'il ne fuyait pas pour se sauver, qu'il fuyait pour tuer encore, et que s'il n'avait pas été arrêté, il aurait précipité le frère sur le frère, le père sur les enfans, l'auguste chef de la famille sur la famille toute entière.

Et le monstre ne se contente pas de confesser cette horrible soif qui le dévore du sang d'une des premières races du monde : il en fait parade comme d'une vertu ! Il ose en appeler à l'histoire à venir, comme s'il pouvait exister un peuple et un siècle où un lâche assassin ne fût pas toujours couvert de l'exécration des hommes ! Il invoque, dans l'histoire du passé, les Romains et Brutus, comme s'il pouvait y avoir rien de commun entre les héros qui surmontent la nature, et les brigands qui l'outragent !

Tout, à son égard, n'est donc que trop prouvé : et s'il ne s'agissait que de l'opinion qui doit être exprimée sur son compte, peu de mots auraient suffi, et la tâche du soussigné serait remplie.

Louvel est coupable.

Il ne peut échapper à la mise en accusation.

Mais son crime fait naître d'autres questions d'une gravité extrême, soit par rapport aux devoirs des magistrats, soit par rapport à l'intérêt de la société, soit enfin par rapport aux autres inculpés.

Des inculpés autres que Louvel.

Louvel a-t-il des complices ?

S'il en a, quels sont-ils ?

Dans tous les cas, quels ont été ses motifs ?

Enfin quels ont été ses instigateurs ?

Chacune de ces questions va être examinée successivement par le soussigné, et successivement résolue par lui, selon ses lumières et selon les documens qui sortent de la procédure.

Louvel a-t-il des complices?

Si on s'en rapportait à lui pour décider cette question, elle serait décidée négativement.

« Je suis tout seul, a-t-il répété sans cesse avec obstination. Je n'ai ni complices ni confidens. Je ne fréquente personne. Je savais que ma tête devait tomber. J'ai conspiré seul.

« A Fontainebleau je n'ai vu personne.

« A l'île d'Elbe, ni ailleurs, je n'ai confié mon projet à personne. Je craignais que mes idées d'effervescence ne se modifiassent à la longue. Je n'en parlais pas pour tâcher de les éteindre. Dans ce cas, des confidences m'auraient fait du tort.

« Napoléon ne m'a jamais parlé dans l'île d'Elbe.

« Je suis seul auteur et seul exécuteur de mon action. Cela peut paraître étonnant ; mais, encore une fois, je suis tout seul.

« Je n'ai pas de complices, et je tenais à n'avoir nulles relations, parce que j'ai voulu réussir, et que je n'ai pas voulu m'exposer au sort de tant de gens qui ont perdu la tête sans avoir réussi. Et en effet, peu s'en est fallu que je ne m'échappasse.

« Mon action est de moi seul. »

Il n'a pas varié un seul instant dans cette ferme résolution de dénier d'avoir des confidens et des complices.

La plus forte, la plus imposante de toutes les épreuves même a été tentée. Les nécessités de la procédure et du *constat* du corps du délit ont forcé la justice à mettre l'assassin en présence du corps de la victime, malgré l'espèce de profanation qu'entraînait un tel rapprochement.

On avait pu espérer du moins qu'à l'aspect de ce sang qui coulait encore pour crier vengeance au ciel, le remords se ferait entendre au fond de l'âme du bourreau. Le voile qui couvrait ce flanc déchiré a été levé pour livrer aux regards de Louvel tout le spectacle de son crime. « Reconnaissez-vous cette blessure ? lui dit le magistrat. — Oui, Monsieur, a répondu Louvel sans détourner les yeux. — Eh bien, a repris avec solennité le juge, au nom d'un Prince qui, jusqu'au dernier soupir, n'a cessé d'implorer du Roi la grâce de son meurtrier, je vous interpelle de déclarer quels sont vos complices. »

« Je n'en ai aucun, » a répliqué froidement et laconiquement Louvel. Ni alors ni depuis on n'a pu rien obtenir de plus de lui sur ce point.

A côté de Louvel, qui déniait d'avoir des complices, la clameur publique s'élevait de toutes parts pour affirmer qu'il en avait. Aussitôt après cette grande catastrophe, mille bruits circulèrent tendant tous à prouver que beaucoup de complices s'étaient décélés eux-mêmes. Si l'on devait ajouter foi à ces bruits, à Paris, dans les provinces, jusqu'au fond des villages, sur les routes et dans les voitures publiques, avant l'évènement, plusieurs bouches l'avaient proclamé. Souvent, disait-on, le Prince avait été averti. Plusieurs fois, avant le coup qui avait obtenu un si cruel succès, d'autres tentatives avaient échoué. De Bordeaux, de Rheims, d'autres villes encore, de Londres aussi, on avait écrit à Paris, bien antérieurement au funeste 13 février, pour savoir si le duc de Berry était tué. Sur les routes de Picardie, le bruit en était semé depuis long-temps. A Tours, à Mortagne, au Hâvre, à Orléans, à Lyon, à Cusset, à Bruxelles, à Châlons, à Avignon, à Vitry près Paris, à Gap, à Avranches, à Montpellier, à Hambourg, à Casaubon, à Mayenne, on disait, dans le courant de janvier, que le duc de Berry n'existait plus. On le disait aussi dans d'autres villes de France, après le 13 février, mais avant que le courrier le plus diligent eût pu y arriver. A Paris, le jour même du meurtre, avant qu'il fût commis, et dès le matin, des voix prophétiques avaient annoncé que la journée ne s'écoulerait pas sans qu'on eût répandu un sang auguste. Dans un spectacle, le soir, un inconnu s'était écrié qu'il y aurait une grande victime. Un autre confident du crime avait annoncé dans la journée, avec une atroce ironie, qu'il y aurait un beau bal à l'Opéra. Un troisième indiscret, toujours le dimanche, au bal de l'Odéon, avant l'heure fatale où le coup avait été porté, avait reproché, avec une joie mal dissimulée, qu'on dansait à l'Odéon pendant qu'on égorgeait à l'Opéra. En apprenant cette mort, à Paris, un portier en était devenu fou, apparemment de remords. Un autre homme, plusieurs mois auparavant, avait été trouvé mutilé au bois de Boulogne, et avant d'expirer, il avait déclaré qu'ainsi l'avaient traité ses complices, irrités de ce qu'après leur avoir promis de tuer M. le duc de Berry, il leur avait manqué de parole. D'autres personnes avaient été arrêtées dans Paris par des gens qu'avait trompés leur ressemblance avec l'assassin, et qui leur avaient demandé s'ils en finiraient bientôt avec le duc de Berry.

Bref, la commission de la Cour des Pairs n'é-
tait pas encore formée, et déjà les documens
affluaient de toutes parts pour éclairer sa justice
et provoquer ses recherches.

C'était son devoir de procéder avec scrupule à l'investigation de toutes les circonstances grandes ou petites, de tous les faits plus
ou moins vraisemblables qui parvenaient à sa
connaissance, de les approfondir et de les vérifier. Ce devoir lui était imposé, moins encore par son dévoûment à une auguste famille
dont les affections sont si douloureusement in-
téressées dans ce triste procès, quoique ce sentiment eût suffi à lui seul pour exciter son zèle,
que par le besoin de sauver la société entière
et toutes les familles de la catastrophe dont
les menacent toujours ces grands attentats
contre le trône, c'est-à-dire contre la première des bases de leur existence. Ce devoir,
la commission de la Cour des Pairs l'a rempli
sans appareil et sans bruit, mais avec une sollicitude infatigable.

Trois mois y ont été employés sans divertir
à d'autres travaux, si ce n'est ceux qui ont été
arrachés à l'affaire par quelque impérieuse nécessité, circonstanciellement plus urgente.

Plus de cinquante commissions ont été délivrées pour recueillir sur chaque point du royaume, quelque reculé qu'il fût, toutes les notions qu'on y annonçait.

La commission à entendu, par elle ou ses délégués, au-delà de douze cents témoins.

Dix-huit inculpés, dont cinq seulement sont restés dans les liens d'un mandat de dépôt, ont été interrogés.

Toutes ces instructions se sont faites sans une seule exception, ou, pour mieux dire, à une exception unique près, par MM. les deux Pairs commissaires, auxiliaires de M. le chancelier, simultanément; et M. le chancelier lui-même a été présent, toujours de sa personne, à tous les actes de ces instructions, à moins qu'il ne leur ait été enlevé, ce qui a été très-rare, par la première de ses fonctions, la présidence de la Chambre des Pairs.

Des séances de sept, huit et neuf heures y ont été fréquemment consacrées, et les journées tout entières y auraient été employées, si la commission n'avait eu besoin de remplir ses soirées par l'examen des documens survenant à toutes les heures, et par la méditation des voies à prendre le lendemain ou les jours suivans, pour en tirer le parti que demandait l'intérêt de la justice et de la vérité.

Ce n'est pas pour faire ressortir l'importance des travaux de la commission que le soussigné en indique ici sommairement la série. Mais le public a pu éprouver quelque impatience de voir retarder de quinze semaines le jugement d'un procès si clair quant à l'individu principal qui y figure. La Cour des Pairs aussi, dont c'est le droit de tout savoir, peut désirer qu'il lui soit rendu compte de l'emploi du temps consacré à compléter l'instruction.

Ce premier compte, le voilà rendu.

Le soussigné passe à présent au compte bien autrement essentiel de ce qu'a produit l'instruction sur chacun de ces bruits ou de ces faits sur lesquels a dû s'établir le travail de la commission, et qui tous, en en exceptant pourtant ceux que leur insignifiance absolue ou l'entier dénûment même d'indication rendaient impossibles à vérifier, ont été minutieusement scrutés, pour déterminer, avec une pleine sécurité, l'opinion définitive qu'on en doit prendre.

Ils doivent être divisés, pour plus d'ordre dans le compte rendu, en cinq classes.

Première classe. Les faits faux et détruits ou par l'instruction ou par le loyal démenti que se sont donné leurs propres auteurs lorsqu'ils ont été appelés en justice, ou enfin par leur palpable absurdité.

Seconde classe. Les faits vrais en partie, mais altérés, dénaturés, exagérés, tantôt par l'amour de l'extraordinaire, tantôt par le jeu d'une imagination active, et surtout par cette disposition naturelle à presque tous les esprits, d'ajouter de bouche en bouche un mot ou une circonstance aux récits qui circulent entre un grand nombre de personnes.

Troisième classe. Les faits qui se rattachent à des propos odieux, à des joies féroces, pour employer l'expression énergique d'un noble Pair, à d'exécrables approbations qui ont pu et dû mettre un instant en inquiétude la justice sur les criminels auteurs qu'on en a trouvé coupables (puisqu'en pareil cas, il est fort naturel d'aller chercher la complicité là où s'en trouve le détestable goût), mais qui pourtant n'ont pas constitué, en les examinant, la participation matérielle et légale à l'acte individuel de l'assassinat de M. le duc de Berry.

Quatrième classe. Les faits d'une grande gravité et analogues à ceux du procès, les faits qui se lient évidemment à une grande manœuvre, mais que le soussigné pourtant, en les appréciant, a cru être une autre manœuvre,

un autre crime que l'assassinat de M. le duc de
Berry, et qui ainsi ne tombaient pas sous l'autorité de son ministère, exclusivement appliqué à cette douloureuse affaire, ni même pour
le moment sous l'autorité de la Cour, formée
uniquement pour l'instruction de l'assassinat
de M. le duc de Berry.

Cinquième classe. Enfin les faits présentés
comme faits de complicité directe de cet assassinat.

C'est après que la Cour des Pairs aura prononcé sur la culpabilité de Louvel, que cette
dernière classe de faits devra fixer principalement son attention; mais les autres pourtant
doivent y être également soumises, soit parce
que la Cour des Pairs ne peut être tenue dans
l'ignorance du moindre détail de ce grand procès; soit parce que si le ministère public s'était
trompé, ou bien en passant trop légèrement
sur certaines imputations, ou bien en les ca-
ractérisant autrement qu'elles ne doivent être
caractérisées, elle aurait le droit de lui ordonner des supplémens d'instruction, et même de
rappeler à sa haute juridiction ce que personne
ne peut y soustraire; soit enfin parce qu'y ayant
eu sur certaines de ces imputations des mandats d'amener qui impliquent dans le procès

les individus qui en ont été atteints, il devient nécessaire de prononcer sur leur sort.

Le soussigné va donc commencer par faire passer rapidement sous les yeux de la Cour ceux de ces faits qui appartiennent à la première classe.

Il commence.

Un nommé Michel Gérard, ex-militaire, âgé de vingt-neuf ans, forçat détenu au bagne de Lorient, avait écrit, dans le courant de décembre dernier, à plusieurs fonctionnaires, et notamment au ministre de l'intérieur, pour solliciter d'être transféré à Paris, attendu qu'il avait à faire d'importantes révélations, *dont il n'annonçait pas l'espèce.*

C'est une adresse très-familière aux condamnés, et surtout aux forçats, d'annoncer des révélations importantes, et d'y chercher un prétexte pour un transfèrement momentané, à l'occasion duquel ils espèrent se sauver. Aussi l'autorité est-elle justement en garde, dans l'intérêt de la société, contre l'effort perpétuel que font des routiers de crimes pour recouvrer le pouvoir d'en commettre de nouveaux, et contre ces vieilles ruses qui ne sauraient plus en imposer à ceux qui ont l'expérience de ce qui se passé dans les bagnes et dans les maisons de détention. Il n'y a presque pas de semaine ou les prisonniers de Bicêtre ne demandent à révéler : et les révélations, qu'en trompant l'espoir des condamnés, on va recevoir dans leur prison, finissent presque toujours ou par un refus de rien déclarer ou par des fables.

Dans cette occasion, l'autorité dut donc être portée à croire que Gérard ne voulait pas déclarer, mais voulait avoir un prétexte de sortir du bagne et de s'enfuir.

Cependant le ministre de l'intérieur renvoya les lettres de Gérard au sous-préfet de Lorient, pour qu'il fît venir Gérard, et reçût ses révélations.

Le 10 février, Gérard fut mené devant le sous-préfet; il refusa de parler.

Le 16, il y fut amené une seconde fois; il refusa de parler. Il dit qu'il ne parlerait qu'à Paris; car c'était surtout le voyage de Paris qu'il fallait. Enfin, dans cette séance, le sous-préfet le pressa vivement d'écrire au moins au ministre ce qu'il voulait révéler.

Il se laissa vaincre, et écrivit; mais il écrivit pour piquer la curiosité du ministre, et non pour la satisfaire. Ainsi, en lui faisant trois révélations, dont l'une était, à ce qu'il assurait, un attentat médité contre la vie du ministre lui-même, il s'en réserva deux, qu'il déclara ne vouloir pas écrire, et qu'il ne dirait qu'à Paris.

Depuis, Gérard a confessé que cette révélation prétendue d'un complot contre le ministre, était un mensonge qu'il faisait pour obtenir plus sûrement son transfèrement, et pour venir à Paris en faire une bien plus importante.

Ce n'est que le 18 février que s'est répandue à Lorient la funeste nouvelle de la mort de M. le duc de Berry.

Aussitôt qu'elle y a été connue, Gérard n'a pas manqué de dire que c'était précisément la révélation qu'il voulait faire.

Il s'est donné la licence d'écrire à un personnage auguste, à qui il annonça qu'il pouvait donner des lumières, et sur le crime déjà commis et sur d'autres crimes médités.

L'ordre fut enfin donné d'amener Gérard devant la commission de la Cour.

Placé sous la surveillance d'un officier de gendarmerie (le capitaine Marie), qui ne le perdit pas de vue un seul instant, pendant la route, il lui tint les propos les plus extraordinaires. A l'en croire, « si on l'avait fait venir à Paris, le malheur ne serait pas arrivé; il sauverait du moins le reste de la famille. Il aurait dit au sous-préfet, dans l'audience que cet administrateur lui donnait, qu'il fallait qu'il le fît partir sur le champ en poste ; que s'il partait à l'instant, il arriverait à Paris le 13 février avant deux heures, et *qu'il serait encore temps ;* qu'il s'agissait pour lui, sous-préfet, en déférant de bonne grâce à l'impatience de Gérard, d'une préfecture, tandis qu'il serait destitué s'il refusait. Lui, Gérard, n'avait pas voulu révéler ce secret à Lorient, parce qu'il craignait d'être assassiné au bagne. Il aimait les buonapartistes, mais il n'aimait ni les assassins ni les traîtres. »

Gérard a paru devant MM. les Pairs commissaires, et il a déclaré qu'au bagne, il avait fait connaissance avec un autre forçat appelé Boutié, qui en était sorti libéré, le 14 janvier dernier ; qu'ils firent une liaison intime ; que Boutié prit confiance en lui parce qu'il le croyait buonapartiste ; qu'il lui dit qu'il était en correspondance avec trois hommes qui devaient tuer les deux Princes frères, en commençant par M. le duc de Berry ; qu'on laisserait sauver Monsieur et le Roi en Angleterre. « En effet, ajouta Gérard, j'ai vu entre les mains de Boutié une lettre dont j'ignore le contenu, mais qui était signée des lettres initiales A. L. ; et quand on apprit à Lorient que c'était Louvel qui était l'assassin, je n'ai plus douté que ce ne fût lui qui eût écrit cette lettre à Boutié. Je sais que l'auteur de la lettre disait à Boutié qu'il ferait son possible pour obtenir que ce dernier, quand il serait libéré, restât à Versailles ou bien à Paris. Cette libération, Boutié l'attendait impatiemment, parce que, me disait-il, le 8 ou le 9 janvier, il s'immortaliserait aussitôt. Je n'ai rien voulu dire au sous-préfet, parce qu'il est buonapartiste, et parce qu'on assassine au bagne les forçats qui font des révélations, même moins importantes. »

Du reste, Gérard, interrogé sur ce qu'il avait dit au sous-préfet dans l'audience du 10 février, a nié lui avoir dit qu'il fallait qu'on le fît partir sur le champ pour Paris, et que s'il arrivait le 13 avant deux heures, il serait encore temps.

A l'instant même lui a été confronté le capitaine Marie, officier plein d'honneur et de bons sentimens. Le capitaine Marie, en présence de M. le chancelier et de MM. les Pairs, a répété, avec force et simplicité, sa déposition. Le forçat a persisté à soutenir qu'il n'avait pas dit au capitaine qu'il eût ainsi parlé au sous-préfet. Gérard avait raison sans doute d'affirmer qu'il n'avait pas tenu ce langage au sous-préfet ; mais d'après l'affirmation d'un homme d'honneur, opposée à celle de ce galérien, il n'est pas permis de douter qu'il s'était vanté, au capitaine Marie, de l'avoir tenu. Et par ce premier trait, on peut juger et de la facilité avec laquelle Gérard fait des romans, et de la confiance qu'il mérite dans ses récits.

Boutié lui a été confronté. Boutié lui a donné le démenti le plus formel sur toutes les parties de sa déclaration. Il a expliqué comment Gérard avait pu être mené, indépendamment de son intérêt de se créer des occasions d'évasion, à le calomnier, par une vieille haine née de ce que Boutié, qui avait obtenu de ses gardiens quelque confiance, avait exercé sur lui même, en qualité de *paillot* (surveillant de salle), une espèce de police dont il avait été mécontent. Du reste, Boutié a affirmé que, depuis plus d'un an avant qu'il fût parti du bagne, Gérard était détenu dans la salle des grands suspects, ce qui rendait impossible toute communication intime avec les autres forçats et avec Boutié, comme avec leurs autres camarades.

MM. les pairs ont envoyé une commission

à Lorient. On a entendu les surveillans du bagne.

Ils ont attesté que Gérard était un misérable, toujours occupé d'artifices pour nuire ou pour voler de l'argent ; que c'était le plus impudent coquin du bagne (en se servant de leurs termes) ; qu'il prenait tous les noms, était capable de toutes les inventions ; qu'il portait une grande haine à Boutié, qui, de son côté, était un grand ivrogne et un grand libertin, mais dont pourtant on n'avait pas eu à se plaindre sous d'autres rapports, au bagne, pendant la durée de sa peine ; que Gérard en avait tant fait, que toute surveillance n'y pouvant plus rien, on avait fini par l'enfermer dans la salle des grands suspects ; que là, les communications avec Boutié auraient été tout à fait difficiles.

En ajoutant à ces documens les observations personnelles qu'a pu faire le soussigné dans l'audition de Gérard et de Boutié, sur leur contenance, l'accent de leur controverse, leur physionomie, leurs explications et le ton de ces explications, il est resté convaincu que Gérard était un scélérat effronté qui avait fabriqué un roman peut-être par haine pour un ancien camarade qu'il détestait ; peut-être aussi par l'espoir, s'il était assez habile pour en faire croire quelque chose, d'obtenir quelque commutation de peine; peut-être enfin par le désir de se procurer des moyens d'évasion, ou plutôt par tous ces motifs réunis.

D'ailleurs toutes les invraisemblances sont venues s'ajouter aux autres raisons de juger pour démontrer que Gérard en impose.

Il n'est pas vraisemblable que Louvel fût allé choisir, dans les bagnes de Lorient, un complice que sa détention même rendait inutile à ses projets.

Il n'est pas vraisemblable qu'il confiât à la poste des lettres adressées à un galérien, à qui il n'en parvenait pas une qui ne fût ouverte, et dans lesquelles pourtant il aurait expliqué son affreux dessein d'assassiner nos Princes; et cependant il n'a pas pu apprendre autrement son dessein à Boutié.

Il n'est pas vraisemblable qu'il eût signé de telles lettres des initiales de ses noms.

Il n'est pas vraisemblable que Gérard eût fait une grande attention à ces initiales.

Il n'est pas vraisemblable que Boutié ait choisi pour son confident d'une correspondance pareille, Gérard, qui le haïssait.

Il n'est pas vraisemblable que Boutié eût violé

la clôture de la salle des grands suspects pour
aller, sans intérêt aucun, faire des révélations
à Gérard, qui, haine à part, ne pouvait rendre aucun service à son projet.

Il n'est pas vraisemblable que Gérard, instruit d'un pareil projet, ne se fût pas empressé
de le communiquer à la première autorité la
plus prochaine, dans le légitime intérêt d'en
être récompensé, au moins par une améliora-
tion de situation.

Il est inutile de dire que Louvel, interrogé,
a déclaré ne pas connaître Boutié.

Gérard est donc visiblement un imposteur.

Le soussigné a cru que la raison, non moins
que la justice, lui interdisait de donner plus
de développement à une méprisable dénonciation.

Après Gérard, s'est présenté un autre forçat. C'est Georges Laurent Vatteville, ancien
épicier, condamné pour faux en récidive, aux
travaux forcés à perpétuité. Vatteville, qui n'é-
tait pas encore sorti de la Conciergerie de
Rouen, et qui ne devait en sortir que pour
être transféré au bagne, a écrit qu'il avait des
révélations à faire. Traduit devant le procureur-général de la Cour de Rouen, il raconte ce
qui suit :

« J'étais lié d'affaires avec Margot, serrurier et logeur de Rouen. J'ai vu chez lui le
nommé *Louvel*, en septembre 1816, à Rouen.
Ce dernier était un sellier de cinq pieds deux
pouces, ayant des yeux à fleur de tête, des
cheveux châtains en quantité ordinaire. Je les
voyais, Louvel et Margot, aller souvent ensemble au café, avec deux hommes à moi inconnus. Ils ne m'ont jamais invité à boire avec
eux. Margot est mon débiteur. Il s'est enfui
banqueroutier en janvier 1817. J'ai couru
après lui à Paris. Je l'ai rencontré. Il m'a mené
au café Montansier. Nous nous sommes retirés dans une chambre à l'écart. Louvel est survenu. Nous sommes entrés en arrangement.
Margot m'a payé 400 francs, sur lesquels
même, pour compléter la somme, Louvel lui
a fourni 120 à 150 francs. Je lui témoignai de
l'inquiétude sur le solde de ma créance : Margot me disait de me rassurer. Louvel et lui
buvaient beaucoup, mais je m'observais. Louvel eut besoin de sortir deux fois. Pendant ses
absences, Margot, à qui je demandais toujours quels étaient ses moyens de me solder,
finit par me dire qu'il en avait un immanqua-
ble ; que lui et Louvel étaient chargés, par une
personne *qu'il me nomma*, de tuer le Roi et

les Princes ; que cette personne leur avait promis 200,000 francs ; qu'incessamment elle leur
donnerait un à-compte de 12 à 15,000 francs ,
sur quoi il me paierait ; qu'ils avaient déjà
reçu 3,000 francs , d'où provenaient les 400 fr.
qu'il venait de me remettre. Louvel rentra.
Margot lui dit qu'il venait de me tout confier.
Ils burent encore, m'invitèrent à souper, ce
que je refusai, et s'en allèrent. Le lendemain,
ils étaient de très-grand matin dans ma chambre, très-consternés de la confidence qu'ils
m'avaient faite, et n'ayant pas dormi de la
nuit. Je les rassurai, et leur promis le secret
s'ils me payaient. Je ne les ai pas revus depuis.
J'ai été mis en prison pour mon affaire. Margot m'y a écrit trois lettres. Les deux premières
étaient vagues, et ne contenaient que des pro-
messes de me payer bientôt mon solde. La
troisième s'expliquait très-clairement sur le
projet. Ils y disaient que M. le duc d'Angoulême allait venir à Rouen ; que lui, Margot,
et son compagnon se trouveraient sur la route ;
et qu'ils croyaient bien réussir. Ces lettres
m'ont été prises, avec tout mon mobilier, par
Duclos, l'oncle de ma femme ; il me les retient. La dernière contenait aussi le nom du
personnage qui soudoyait Louvel et Margot. »

Il était tout simple que M. le procureur-
général de Rouen pressât Vatteville de déclarer
le nom de ce personnage qui soudoyait des assassins. C'était son secret, a dit Vatteville. Il ne
dirait le nom de ce personnage qu'à Paris, et
qu'au ministre de la justice. Quelque suspecte
que fût cette dénonciation, et quoiqu'il fût
facile de conjecturer que c'était probablement
un mensonge dont le but étoit de procurer à
son auteur, dans un voyage à Paris, avant d'aller au bagne, une chance d'évasion de plus,
la commission d'instruction a délégué un juge
de Rouen pour entendre Vatteville et tous témoins. Cette procédure a été faite. Vatteville a
répété son récit, mais en s'obstinant toujours à
ne dire qu'à Paris le nom du provocateur des
deux assassins. Sa femme, de qui il affirmait
avoir reçu, dans sa prison, les trois lettres de
Margot, a assuré qu'elle ne lui en avait apporté aucune. Duclos a représenté tous les
papiers qui étaient dans le mobilier apparte-
nant à Vatteville, et dont il avait pris possession, et les lettres ne s'y sont pas trouvées,
quoiqu'assurément Duclos n'eût nul intérêt de
les cacher, lorsque surtout il paraît être fort
irrité contre Vatteville.

Enfin Vatteville a été conduit à Paris, devant

la commission. Là, sous peine de se proclamer lui-même un faux témoin, il a bien fallu prononcer le nom mystérieux. C'est celui de M. Lepelletier de Saint-Fargeau, dont il ignore le prénom, mais qui a des possessions dans le pays de Caux. C'est de M. Lepelletier de Saint-Fargeau, que Margot et Louvel lui ont dit tenir et la promesse de 200,000 francs, sous la condition de tuer le Roi et les Princes, et l'à-compte de 3,000, dont partie avait servi à payer à Vatteville ses 400 francs, et la promesse d'un à-compte prochain de 12 à 15,000 f., dans lequel Margot trouverait les moyens de solder Vatteville. C'est le nom de Lepelletier de Saint-Fargeau qui était écrit dans la dernière lettre qu'on devait trouver chez Duclos. Margot a disparu depuis sa faillite; on n'a pas pu le retrouver. Le bon sens indique encore cette fois que le récit de Vatteville est un tissu de mensonges. L'indignité du dénonciateur en est déjà une première preuve. Son silence, pendant trois ans, en est une seconde. Lui-même, il serait bien criminel d'avoir connu un tel projet, de ne l'avoir pas révélé pendant trois ans, et de n'en avoir enfin parlé que quand ce projet avait été si cruellement exécuté. Le démenti que lui donne sa femme en est une troisième. Il assurait que c'était elle qui lui avait remis les trois lettres ; elle assure qu'elle ne lui en a remis aucune. Une quatrième se tire d'un autre démenti que lui donne Duclos relativement à ces trois lettres. Duclos assure qu'il ne les a pas, et il faut l'en croire ; Duclos n'a nul intérêt à les cacher, puisque ce n'est pas lui qui était dans la confidence ; Duclos aurait au contraire un intérêt de malveillance à les produire, puisqu'il n'aime pas Vateville, et que, dans la vérité, si elles existaient, elles pourraient compromettre celui-ci. Une cinquième preuve du mensonge de Vatteville, c'est l'impossibilité morale que Margot et Louvel lui aient fait une pareille confidence sans un autre intérêt que de lui donner de la confiance pour le recouvrement de sa créance, sur le paiement de laquelle, au contraire, une telle confidence était bien propre à l'alarmer, puisque les misérables qui la lui faisaient, offraient en perspective l'échafaud, auquel ils ne pouvaient échapper, comme une bonne caution. Ajoutez que le signalement de Louvel est tout le contraire du signalement réel. Vatteville dit que Louvel a les yeux à fleur de tête : Louvel les a très-caves. Vatteville dit que Louvel a une chevelure fournie comme tout le monde : Louvel au contraire est notablement chauve. Enfin Vatteville assure que Louvel a passé, en septembre 1816, un mois entier à Rouen, chez Margot. Ce fait est de toute fausseté. Tous les témoignages des gens d'écurie s'accordent à prouver que, depuis le 8 avril 1816 jusqu'au jour de l'assassinat, il n'y a eu nulle interruption de résidence de Louvel à Paris de plus de deux ou trois jours. Le livre des paiemens de La Bouzelle le prouve également. Vatteville ment; Vatteville ne peut être cru. Ce serait manquer de sens non moins que de justice, de poursuivre personne sur la parole d'un sujet aussi indigne de confiance. Le soussigné n'a pas cru devoir requérir d'ultérieures recherches.

Voici un troisième révélateur qui n'est pas plus digne de foi : c'est le galérien Papet. Papet, aussi forçat de Toulon, veut voyager. Il a écrit à M. le procureur-général de Grenoble pour lui faire des révélations importantes sur la mort de M. le duc de Berry. Il en connaissait, dit-il, le projet depuis juillet 1817. Il avait ouï prononcer des paroles fort inquiétantes par une personne élevée en dignité dans le département de l'Isère. Il avait, de plus, des révélations à faire sur un complot contre le Roi;

mais il exigeait, comme préalable nécessaire, qu'on le transférât du bagne. Il a été transféré à Grenoble par les ordres du ministre de la justice. La commission d'instruction a délégué le juge de Grenoble pour l'entendre. La procédure qui a dû y être faite n'est pas encore parvenue au soussigné : mais en considérant quel est le personnage qui annonce ces grandes révélations, et qu'il y a, selon toutes les probilités, peu de lumières à en espérer, la commission d'instruction a cru que le jugement du procès ne devait pas en être retardé, sauf à continuer cette branche de procédure à part, si, contre toute probabilité, on découvrait par la suite qu'elle en valût la peine.

Un autre homme à peu près de même espèce, Pierre Domaing, retenu dans les prisons d'Agen, pour accusation de vol, a annoncé au préfet qu'il voulait faire des révélations. Le préfet l'a fait venir dans son cabinet. Il y a dit en gros que des *seigneurs*, c'est le terme dont il s'est servi, lui avaient proposé à Montauban d'entrer dans un complot contre la vie de M. le duc de Berry, mais il ne veut rien dire qu'à Paris. Une commission a été adressée au juge d'instruction d'Agen. Ce prisonnier a paru devant lui. Il ne dira rien qu'à Paris, a été toute sa réponse aux questions qui lui ont été faites, sans daigner du reste expliquer au juge les motifs de son refus de répondre à Agen. Cet homme a été condamné déjà à trois ans d'emprisonnement pour propos séditieux. Cette fois il est dans les mains de la justice pour un vol d'église. Le soussigné est resté convaincu que Domaing ne dit rien, parce qu'il ne sait rien, et que ce qu'il veut, c'est faire le voyage d'Agen à Paris pour se sauver s'il le peut dans la route. Son transfèrement n'a été ni requis ni ordonné.

Un quatrième forçat, et celui-ci est de Brest, le nommé *André - Antoine Bardoux*, condamné aux travaux forcés à perpétuité, a demandé à être entendu. Le sous-préfet de Brest s'est transporté au bagne. Bardoux a paru devant lui, et n'a fait aucunes conditions. Il a raconté que pendant qu'il était dans la prison de Soissons, avec un nommé *Guillaume*, celui-ci lui avait dit, ainsi qu'à sa femme, qu'un milord anglais lui avait promis de faire sa fortune s'il voulait faire périr le Roi ; que lui, Guillaume, avait pour cela plusieurs moyens, comme une machine infernale ou une espingolle qu'on pourrait placer sous la loge de S. M. au spectacle ; que l'Anglais lui avait déjà donné de l'argent, et qu'il en donnerait aussi à Bardoux, s'il voulait se mettre du complot. On est allé aux informations : il est très-vrai qu'il y a eu, dans le même temps que Bardoux, un nommé *Guillaume*, dans les prisons de Soissons, et Guillaume a été même condamné à un an de prison. Depuis, il a disparu de son pays.

On a cherché la femme Bardoux, en présence de qui, disait-on, la conversation avait eu lieu, dans l'espérance que, plus honnête peut-être que son mari, elle pourrait fixer les incertitudes de la justice sur ce qu'on devait croire des assertions de celui-ci ; elle s'était retirée à Paris. On l'y a cherchée vainement. On ne sait ce qu'elle est devenue. Ce témoignage, au reste, est peu regrettable à ce qu'il paraît. Cette femme avait été mise en prison en même temps que son mari, ce qui n'est pas bien rassurant sur sa moralité. Le soussigné a pensé que, soit à cause de la disparution de Guillaume, contre qui, d'ailleurs, il ne s'éleverait aucune autre preuve que la déclaration d'un forçat, soit à cause de l'indignité du dénonciateur, soit à cause de l'invraisemblance de l'accusation, il n'y avait rien à faire sur les déclarations de Bardoux.

Les détenus de Bicêtre ont aussi voulu fixer

les regards de la Cour des Pairs. Cinq d'entre eux ont demandé à être entendus ; ce sont : Sylvain - François Reynaud, condamné à dix ans de réclusion, Denis Vaillant d'Hautcourt, Pierre-Denis Leraut, Auguste Viel, condamnés à la même peine ; et enfin Bernard-Philippe Baudouin, condamné pour faux à douze ans de travaux forcés.

Leraut n'a même point paru devant la commission d'instruction. Gérard et Boutié, l'un encore forçat, l'autre forçat libéré, mais trouvé hors des limites du lieu qui lui était assigné pour sa surveillance, avaient été déposés à Bicêtre. Bicêtre, très-probablement, est devenu le théâtre d'une intrigue nouvelle du premier contre le deuxième. Gérard a imaginé de s'entendre avec Leraut, que les surveillans de Bicêtre assurent être un des plus mauvais sujets de cette maison, pour faire écrire, par ce dernier, une lettre qui portait que Boutié lui avait confessé que ce qu'avait dit Gérard était vrai. La Cour se rappellera tout ce qui a été dit plus haut sur les impostures de Gérard, et sans doute elle sera convaincue, comme l'a été le soussigné, que c'est un nouvel artifice de Gérard.

Baudouin a été entendu. Il a fait des révélations, vraies ou fausses, sur plusieurs autres affaires. Il n'a rien dit qui fût relatif au procès actuel.

On a également entendu Levaillant. Levaillant, soit vérité, soit imposture, a déposé d'une conspiration que lui auraient confiée, pendant qu'il était en prison à la Force, trois autres prisonniers, et d'un propos atroce qui lui aurait été tenu à Sainte - Pélagie, aussi par un prisonnier, à propos de la mort de M. le duc d'Enghien. Tout condamnables que seraient ces actes divers, s'ils ont existé, et si l'on pouvait ajouter foi à la déclaration isolée de Levaillant, ils seraient étrangers au procès. Le soussigné n'a pas dû pousser, à cet égard, l'instruction plus avant.

Il en faut dire autant de la déclaration de Viel. Viel, en 1816, aurait vu tomber de la poche d'un individu qu'il ne connaît pas, un stylet, dans un couloir de l'Opéra, un jour que le Roi assistait à ce spectacle. Un renseignement si fugitif, fût-il vrai, et eût-il eu plus de connexité avec la présente affaire, n'eût pas engendré plus d'instruction qu'il n'en a été fait.

Enfin Reynaud seul a déposé des faits qui seraient directs au procès. Si on l'en croyait, en août 1815, il aurait rencontré au café Militaire, dans la société de deux ou trois officiers en retraite qu'il nomme, un certain Louvel, qu'il ne connaissait pas. Ce Louvel avait cinq pieds cinq pouces, des cheveux bruns, le verbe vif. Il était pâle, grêle et maigre. Il était ivre. Ce Louvel leur dit à tous que le duc de Berry lui passerait par les mains, ajoutant : *Je lui en veux ; je lui en veux.* Il a rencontré deux ou trois fois Louvel depuis. Il impute aussi à l'un des trois hommes dans la société desquels il l'avait vu, d'avoir dit un jour devant lui témoin, et en l'absence de Louvel, qu'il fallait s'emparer du boulanger de la Cour, et empoisonner le pain pour se défaire à la fois de toute la famille royale.

Tout respire le mensonge dans cette déclaration. Le signalement même ne se rapporte pas dans son trait principal à l'individu ; car Louvel est petit, et sa taille est à peine de cinq pieds un à deux pouces, tandis que Reynaud en donne une de cinq pieds cinq pouces à son Louvel. D'après tout ce qui est présentement connu, il y a une contradiction pareille dans le moral du Louvel du procès et du Louvel de Reynaud. Reynaud assure que le sien, en prononçant ces paroles si indiscrètes devant un étranger qu'il voyait pour la première fois, et qu'il ne connaissait pas ; *Le duc*

de Berry passera par mes mains ; ajoutait :
Je lui en veux ; je lui en veux. Louvel, au
contraire, s'est fait une gloire féroce de déclarer qu'il n'avait nulle raison d'en vouloir à
Mgr. le duc de Berry, et qu'il n'avait été mû
dans son abominable action par aucune cause
de haine. Reynaud ment donc comme tous les
autres dans ses déclarations.

La prison de Sainte-Pélagie a fourni aussi
son révélateur. Celui-ci ne s'est pas offert à
découvert pour déclarer. Il a eu recours à une
machine, que sa mauvaise cervelle lui a fait
considérer comme ingénieuse et comme propre
à donner plus de crédit à ce qu'il dirait. Mais
avant de parler de la machine, il faut donner
une idée de la moralité de son auteur.

Cet auteur, Louis Bergon, a long-temps
servi. Il fut fait prisonnier dans la campagne
de Russie.

Revenu en France dans le courant de 1816,
et n'ayant nulle ressource, sa route le conduisit
à Melun, où il séjourna un jour. De Melun, il
se rendit à Corbeil. Soit que la route l'eût fatigué, soit que pour obtenir un asile, il feignît
d'être incommodé dans cette dernière ville, il
fut reçu un jour ou deux à l'hôpital. Le sous-
préfet fut averti que Bergon avait quelque chose

d'important à lui dire. Il se transporta à l'hospice. Bergon lui fit une déclaration dont voici la substance.

« Arrivé à Melun le 19 décembre 1816 au soir, il avait été logé par billet à l'hôtel du Panier-Fleuri. Un gendarme y vint bientôt lui ordonner de le suivre. Bergon obéit. En mettant le pied dans la rue, il se trouva vis-à-vis d'un monsieur bien mis, qui lui prit la main en usant d'un toucher de ralliement. Il suivit le gendarme et le monsieur. Tous les deux le conduisirent dans une maison de Melun, où il y avait une tour. La tour l'effraya beaucoup. On le fit monter par un escalier en spirale dans une pièce où il trouva trente à trente-six hommes, la plupart militaires, plusieurs décorés, l'un d'eux même ayant une plaque et de grands cordons, l'un bleu et l'autre rouge. Il y avait bien cinq à six généraux. Bergon nommait l'un de ceux-là. C'était le seul dont il connût le nom. On l'aboucha avec un capitaine qui avait été condamné à mort; puis on le présenta à un homme qui ressemblait à Buonaparte, dont il paraissait vouloir jouer le rôle. Bergon fut interrogé sur ses projets. Il annonça l'intention d'entrer dans la garde du Roi. On l'en dissuada. On lui dit que Buonaparte était débarqué à Livourne; qu'il fallait le servir ; que s'il voulait faire ce qu'on lui dirait, on lui donnerait beaucoup d'argent. Il résistait : on lui fit boire des vins de Malaga , de Bordeaux, d'Alicante. Le lendemain , le même monsieur de la veille le conduisit une seconde fois dans le même lieu. Il y avait moins de monde. On lui renouvela les exhortations de la veille pour ne pas servir le Roi. Enfin ce monsieur lui donna cinq francs , et l'engagea à revenir à Melun avec ceux qu'il pourrait recruter. Bergon prit la plus mauvaise opinion de tous ces hommes , s'enfuit le lendemain matin de Melun , en regardant s'il n'était pas suivi , et entra de frayeur à l'hospice de Corbeil. »

Ce récit sentait le mensonge : néanmoins comme Bergon en affirmait avec force la vérité, indiquait le lieu de la réunion , et nommait une personne , l'autorité crut devoir approfondir cette affaire. Bergon revint à Melun, avec un gendarme déguisé. Il retourna dans la maison où , dit-il, il avait été. Le nommé *Parque* tenait cette maison. Bergon , dans un supplément de déclaration qu'il fit devant le préfet de Seine-et-Marne , prétendit que Parque lui avait dit qu'il se pressait trop de revenir ; que ces messieurs étaient contens de son zèle ; et qu'on lui écrirait à Versailles, où il disait devoir se rendre, une lettre pour l'aboucher avec un officier à demi-solde appelé *Grenier*.

Telle fut la version, toute la version que Bergon livra alors à ceux qui l'interrogèrent successivement.

Un trait n'échappera point à la Cour : c'est que dans cette version, Bergon se peint comme un homme tout-à-fait opposé d'opinions et de sentimens aux conspirateurs de la réunion, au point même qu'il s'enfuit de Melun de frayeur, et en se retournant pour voir si on le poursuivait.

Cette singulière déclaration fut renvoyée à la justice.

La cour prévôtale de Seine-et-Marne instruisit.

Bergon répéta ses déclarations, en y ajoutant seulement, et cela est remarquable, qu'il ne connaissait pas Grenier; qu'on ne lui avait pas dit d'aller le trouver ; qu'au contraire c'était lui, Bergon, qui avait donné son adresse, pour que Grenier pût venir le trouver à Versailles.

Beaucoup de témoins furent entendus.

Bref, il fut prouvé que Bergon en avait imposé ;

Que le jour où il prétendait que trente à
à trente-six personnes s'étaient réunies dans la
maison qu'il indiquait, il n'en était pas venu
une seule ;

Que l'officier-général qu'il avait nommé
comme ayant assisté à cette réunion, n'était
pas même à Melun ce jour-là ;

Et que c'était tout à la fois, et une petite
vengeance que Bergon avait voulu exercer contre cet officier-général, qui l'avait mal reçu, et
une ressource qu'il s'était créée pour se faire
nourrir quelque temps.

Sa dénonciation fut reconnue et déclarée ca-
lomnieuse par la Cour prévôtale.

Tous les inculpés furent renvoyés.

Bergon fut poursuivi à son tour pour avoir
semé des nouvelles alarmantes.

Il fut condamné à deux ans d'emprisonnement.

Bergon subit sa peine.

Elle expira. Il retourna à Versailles, lieu de
sa naissance.

Là, quinze jours seulement après être sorti
de prison, il fut arrêté une seconde fois. On
ne lui connaissait aucun moyen d'existence ;
cependant il faisait de la dépense. Toutes les

nuits, ainsi qu'en déposèrent des femmes de mauvaise vie avec lesquelles il les passait, il se relevait vers deux heures du matin, pour aller, leur disait-il, *à ses affaires sur la grande route*. De jour, dans ce court intervalle de temps, il avait déjà commis le vol d'une montre. Il fut poursuivi de nouveau pour ce crime, et il dut, sans doute, à l'évidence des preuves qui s'y rattachaient, d'être moins recherché sur l'emploi qu'il faisait des heures du milieu de la nuit, et sur ses promenades nocturnes.

Il fut condamné à cinq ans de prison.

C'était cette dernière peine qu'il subissait à Sainte-Pélagie, lorsque, dans l'espoir apparemment s'il réussissait à en imposer, d'obtenir sa liberté, il s'avisa de la machination dont le soussigné doit à présent rendre compte.

Un jeune et digne ecclésiastique s'est consacré dans cette prison, à porter des secours, des consolations et des conseils aux malheureux qui y sont renfermés. Bergon a été, comme les autres, l'objet de sa sollicitude charitable. Cet ecclésiastique, un jour, a trouvé, sous ses pas, une lettre sans cachet, avec cette inscription :

*A M. Blanchard , concierge de la Con-
ciergerie, à Paris.*

« M. Blanchard, je vous prie de remettre la
présente à Louvel, détenu chez vous.

« *Signé* BRANCHE D'OR. »

Cette lettre a été apportée à la Commission ;
voici ce qu'elle contenait :

« Je fais ce que je ne devrais pas faire, en
t'écrivant. Mon devoir m'y force cependant.
Rappelle-toi des misères que j'ai essuyées pour
toi et tes indignes complices, que tu tiens encore à couvert (son emprisonnement de deux
ans). Tu viens de faire ce que tu devais faire il
y a trois ans. Tu viens de tremper tes mains
dans le sang du meilleur des Princes. Je mau-
dis le jour que je vous ai dénoncés, tas de brigands que vous êtes tous ! Vous avez démontré à la justice que j'étais un calomniateur. Tu
ne peux plus jouer ce rôle. Je suis encore dans
la peine. La bonne conduite que je tiens depuis
que je suis séparé de toi (le vol de la montre
et les promenades nocturnes), me fait espérer
que j'obtiendrai ma grâce de mon Roi. (Voilà
le but de l'invention.) J'ai encore quatre ans
à subir : j'en sortirai. Je tâcherai de faire sau-

ter, à leur tour, tous ceux que tu veux cacher. Je te réponds que je n'en manquerai pas un. J'ai eu quinze jours de liberté. Pourquoi n'être pas venu me demander raison de la dénonciation que j'ai faite contre tes maudits camarades ? Ton fameux général, qui m'envoya droit à toi pour te seconder : je t'en conjure, dénonce-le tout de suite, ainsi que les autres. Je signe le nom que tu sais que je devais porter : signé *Branche d'or*. Tâche de mourir en bon chrétien. Reçois l'abbé A..., qui seul peut te réconcilier à Dieu. (C'était l'appât pour bien disposer l'estimable prêtre sur les pas de qui Bergon arrangeait de faire trouver la lettre.) Je prouve que je suis revenu des erreurs des opinions, mais pour le bonheur de mon Roi, que j'aimerai, ainsi que dans le temps Napoléon. Je suis, en espérant que tu ne pourras pas mourir comme un lâche, sans dénoncer la canaille. »

La commission, après avoir lu cette lettre, et malgré l'extrême défiance qu'elle en concevait, a fait chercher quel était ce Branche d'or. L'écriture, qui n'était pas du tout déguisée, en avait facilement fait connaître l'auteur. On a su tout de suite que c'était Bergon, et Bergon aurait été bien fâché qu'on ne le sût pas.

Bergon a donc été amené devant la commission. Déjà il avait été interrogé par un commissaire de police ; et en présence de ce commissaire, comme en celle de la commission, il s'est efforcé de rattacher sa lettre à son histoire de Melun , à l'aide de quelques variantes nouvellement inventées , et qu'il a cru pouvoir inventer sans danger, parce que, dans la grossièreté de son ignorance , il supposait apparemment que la commission ne connaîtrait ni la procédure de Melun ni les déclarations qu'il y avait consignées.

En reprenant tout son roman d'alors , il y a ajouté seulement qu'il était allé à la réunion de Melun, et qu'il en était sorti avec la résolution de servir le parti qui s'y rassemblait, sans se souvenir que dans ses dépositions de Melun, il avait dit, au contraire, qu'il était si loin de partager leurs avis et leurs sentimens, qu'il s'était enfui à Corbeil de frayeur , et en regardant derrière lui si on le poursuivait. Il y a ajouté encore (ce dont il n'avait pas dit un mot à Melun) qu'il avait formé le projet de tuer les Princes dans la forêt de Fontainebleau , mais qu'il y fallait des hommes déterminés comme lui : éloge qu'il méritait, continue-t-il , attendu *qu'il était décidé à tout faire.* Enfin, à

Melun, on lui avait dit qu'on l'aboucherait à Versailles, avec un officier à demi-solde qu'il ne connaissait pas, et qui s'appelait *Grenier*. Devant le commissaire Fleuriais et MM. les pairs, ce n'est plus cela : on lui avait dit qu'on l'aboucherait avec un individu auquel on donna un nom qu'il ne se rappelle plus, mais sous lequel il reconnut qu'on voulait lui parler de Louvel, quoiqu'on lui dît un autre nom. Or, comme on lui indiquait un attouchement de ralliement pour se faire reconnaître par lui, il dit : Oh ! si c'est Louvel, nous n'avons pas besoin de signe ensemble ; je le connais. Il finissait par dire que l'entrevue à Versailles n'avait pas eu lieu, et qu'il n'avait pas vu Louvel depuis. Quand il a été pressé de dire pourquoi il n'avait pas indiqué, à Melun, Louvel par son nom ; il se contenta de répondre qu'il l'avait indiqué par le nom qu'on lui avait alors donné ; misérable subterfuge qui, d'ailleurs, ne répondait pas à l'objection puisée dans sa déclaration formelle, faite devant la cour prévôtale, qu'il ne connaissait pas l'homme de Versailles avec qui on le mettait en rapport. Bergon a été jugé par la cour prévôtale, avoir menti alors. Il ment encore aujourd'hui, et le soussigné ose croire que la Cour des Pairs ne s'étonnera pas de ce que l'on n'a pas donné plus de développement à l'instruction de cette dénonciation marquée au coin de l'indignité et de l'imposture habituelle de son auteur.

Après les déclarations de tous ces condamnés, se présente assez naturellement la discussion de celle de la femme Courtiol, sœur d'un homme condamné aux travaux forcés à perpétuité pour meurtre. Sa fable n'en cède de guère à celle de Bergon.

La femme Courtiol est du pays des merveilles judiciaires, l'Aveyron. Elle aimait beaucoup ce frère, que ses crimes ont envoyé au bagne, et il paraît qu'elle était digne de l'aimer. On dit du mal de ses mœurs; on en dit aussi de sa tête, sujette à se détraquer. Enfin elle a été condamnée à un an d'emprisonnement pour vol.

En août 1819, elle vint à Paris, pour solliciter la grâce de son frère. Elle s'adressa à MM. de Bonald et de Coussergues, députés de son département, pour en être protégée dans son recours. M. de Coussergues avait été juge dans le pourvoi en cassation; il éconduisit la femme Courtiol. Il voyait même avec déplaisir qu'elle vînt souvent dans sa maison se faufiler parmi ses domestiques, parce qu'il n'avait pas bonne opinion d'elle. M. de

Bonald n'avait pas le motif de M. de Coussergues : on sait d'ailleurs que quand il s'agit de charité, il est toujours facile d'intéresser M. de Bonald. Néanmoins M. de Bonald éprouva beaucoup de répugnance à se mêler d'une affaire dans laquelle le frère lui paraissait être au moins un mauvais sujet. Une autre personne recommanda la femme Courtiol à M. Alibert, et cette femme alla deux ou trois fois chez ce savant médecin, qui ne la connaissait pas du tout, qui ne prenait nul intérêt à elle, et qui ne portait, dans ce qui la concernait, que son instinct habituel de bienfaisance. M. Alibert, comme premier médecin de S. M., a un appartement aux Tuileries, au-dessus du corridor noir. Il est très-possible que la femme Courtiol, quand elle l'importunait pour qu'il la recommandât à M. le garde des sceaux, soit allée à cet appartement, et cela est même probable.

Quoi qu'il en soit, la grâce fut refusée.

La femme Courtiol logeait ici, chez un bottier de son pays, appelé *Las Mayoux*. Elle y voyait quelquefois un porteur d'eau appelé *Crosse*. Tous deux disent que quand elle sut qu'elle n'obtiendrait rien, elle fit des scènes d'égarement d'esprit. Du reste, elle quitta Paris à la fin de 1819, sans avoir vu M. Alibert, et sans avoir dit ni à Las Mayoux ni à Crosse, qu'il lui fût arrivé rien d'extraordinaire.

Cependant a eu lieu le cruel évènement du 13 février dernier. La nouvelle en est arrivée dans l'Aveyron. Un des frères de la femme Courtiol est mort, lui laissant un legs de mille écus pour une de ses filles, et l'on assure que l'intention de la mère est de la conduire à Paris, pour l'y mettre en apprentissage.

La femme Courtiol a-t-elle pensé qu'en annonçant des révélations, elle pourrait être appelée pour le procès à la Cour des Pairs, et qu'ainsi elle ferait le voyage de Paris, sans qu'il lui en coutât rien ? Ou bien a-t-elle espéré qu'en faisant croire à sa découverte, elle obtiendrait peut-être la grâce de son frère ?

On n'en sait rien.

Ce qu'on sait, c'est qu'il a bientôt circulé dans l'Aveyron, à propos du malheur du 13 février, que lors de son voyage de Paris, la femme Courtiol avait ouï et vu dans le corridor noir aux Tuileries, en allant chez M. Alibert, des choses bien extraordinaires, et qui tenaient à l'assassinat de M. le duc de Berry.

Le bruit en est parvenu jusqu'au soussigné et jusqu'à MM. les Pairs.

On a dû s'enquérir de ce qu'avait vu la femme Courtiol.

On s'en est enquis.

Une commission a été adressée au juge d'Espalion, pour recevoir la déclaration de cette femme.

La femme Courtiol a parlé.

Voici ce qu'elle a dit.

Quand il fut décidé qu'elle n'obtiendrait pas la grâce de son frère, elle se disposa à partir de Paris. Avant son départ, elle voulut aller remercier M. Alibert des soins qu'il avait pris.

Un soir, à neuf heures, dans les premiers jours de décembre 1819, elle se rendit aux Tuileries. Elle demanda M. Alibert au suisse, qui lui dit qu'il rentrerait tard. Elle monta dans le corridor où est son appartement, et s'y promena en l'attendant. Elle avait déjà vu passer beaucoup de monde dans ce corridor, lorsque tout à coup un individu maigre, brun, de taille ordinaire, et vêtu de bleu, parut à l'extrémité de la galerie du côté de la Seine. Il vint droit à elle, lui demanda ce qu'elle faisait là, et lui ordonna de sortir. Elle eut l'air d'obéir, mais ce fut pour faire le tour, et rentrer dans le corridor par le côté par lequel lui-même il était venu. Il y avait à peu près un quart d'heure qu'elle était de retour , lorsqu'elle vit monter , par l'escalier par lequel elle avait feint de se retirer , deux personnes ; une troisième arriva du fond du corridor par l'escalier par lequel elle était rentrée. Alors elle se tapit sur les troisième et quatrième marches de l'escalier , en recouvrant sa coëffe de son tablier , pour être moins remarquée. Les trois personnes s'arrêtèrent vis-à-vis de l'escalier , et un colloque commença entre elles , à peu près en ces termes : « Je viens de chez toi ; je ne t'y ai pas trouvé. — Ce n'est pas un miracle , puisque je n'y étais pas. » (On parla bas et interruption.) Alors d'un ton plus haut : « Es-tu un homme de parole ? — Oui, jusqu'au péril de ma vie. » (La conversation devint un peu brouillée.) On parla d'un surnuméraire mis aux arrêts , puis on reprit plus distinctement : « Il faut que dans quatre mois tout soit renversé, et la famille royale anéantie. » En parlant, on nomma MONSIEUR, MADAME, en ajoutant à son nom une épithète que le respect ne permet pas de répéter, M. le duc d'Angoulême, M. le duc de Berry , et Madame la duchesse de Berry. On ne parla du Roi que pour dire qu'il s'était blessé à la jambe. On parla aussi d'un coup de canon ; puis la conversation redevint moins vague.

« On est sûr de M. Decazes : on peut compter sur lui , je t'assure ; dit l'un ; je donne ma parole de m'acquitter de ce dont je suis chargé , dit l'autre ; enfin une troisième ajouta : notre fortune est faite si le coup réussit ; dans le cas contraire, il faudra miner. » La femme Courtiol raconte encore qu'elle entendit prononcer le nom de Louvel. « Louvel, écoute : » elle retint même ce nom, à cause de sa similitude avec celui de Bellouvel, un homme de son village. Elle croit qu'il lui serait possible de reconnaître Louvel, parce qu'elle a la presque certitude que le maigre , brun , vêtu de bleu , est lui-même. Après cette conversation , les interlocuteurs s'en allèrent. Elle s'en alla aussi sans voir le docteur Alibert. Elle raconta le lendemain , à Las Mayoux , ce qu'elle avait vu et entendu.

Las Mayoux a été appelé : il donne un démenti à la femme Courtiol, et assure qu'elle ne lui a jamais parlé de rien de pareil.

La femme Courtiol a continué d'aller voir jusqu'à son départ les domestiques de M. Clausel de Coussergues. Elle n'en a rien dit non plus, ni aux maîtres , ni aux domestiques : M. Clausel de Coussergues l'assure.

Du reste , cette femme , qui , à neuf heures

du soir, va se promener dans le corridor de
M. Alibert, une heure entière, et qui, après
tout ce temps, s'en va sans le voir;

Cette femme, qu'un inconnu chasse du corridor sans motif; car si c'était pour venir y parler tout haut d'une conspiration, il était plus
simple d'en aller parler ailleurs;

Cette femme, qu'on chasse par un côté, et
qui revient par l'autre;

Cette femme, qui se tapit sur un escalier
sans savoir ni pourquoi, ni ce qu'on va dire;

Ces trois conspirateurs, qui, dans un corridor ouvert de deux côtés, desservi par deux
escaliers, et dans lequel tant de gens passent et
surviennent, sans même qu'on puisse les apercevoir avant qu'ils aient fini de monter l'un ou
l'autre escalier, vont s'entretenir à haute voix
de complot et de meurtre;

Ces trois conspirateurs, qui s'arrêtent précisément, pour qu'elle entende mieux, devant
l'escalier où elle est tapie;

Cette femme, qui entend prononcer le nom
de Louvel et qui le retient;

Cette femme, qui, à neuf heures du soir,
couverte de son tablier, et blotie sur une troisième ou quatrième marche de l'escalier, voit
pourtant assez distinctement les personnages

pour être bien sûre qu'elle les reconnaîtrait ;

Cette singulière affectation d'appeler Louvel tout haut par son nom , par suite d'une conversation périlleuse ;

Ce garçon sellier qui monte dans la maison du Roi même , pour aller y parler de son projet de tuer les Princes.

Toutes ces circonstances sont si extraordinaires , si merveilleuses , qu'il est permis à des hommes de bon sens de n'y pas croire.

Le soussigné n'y a pas cru.

Quelle qu'ait été au reste l'opinion du soussigné sur les diverses dénonciations qui précèdent , il ne doit pas négliger d'avoir l'honneur de faire observer à la Cour, en finissant cette partie de l'exposé, qu'une opinion autre n'aurait pas pu donner une autre direction à la conduite de la commission. Il n'aura point échappé à l'attention des nobles Pairs , que les individus dont on y parle n'y sont signalés en général ni par leurs noms , ni par leurs demeures, ni par nulle indication précise : en telle sorte que toutes les recherches, quand, au risque de rendre l'instruction inextricable, et sans terme, on eût voulu s'y livrer, n'auraient ni procuré plus de lumières ni donné de résultats.

A côté de tous ces romans de forçats et de voleurs, est assez digne de figurer une autre déclaration d'un sieur Malpel, espèce d'être mystérieux fort suspect, sans ressources et sans domicile; promenant ses confidences de personne en personne, et sollicitant sur le champ des secours de ceux qui les reçoivent; cherchant à prendre au dépourvu les magistrats pour étaler un grand zèle qui le fait leur porter leurs révélations de tous côtés, au moment où il est sûr de ne pas les rencontrer, et se refusant obstinément à paraître quand on lui assigne des lieux, des jours et des heures fixes; cachant même son adresse, et se cachant lui-même pour n'être ni trouvé ni amené; voulant faire des déclarations secrètes tant qu'on voudra, mais ne faisant que de force des déclarations judiciaires; ayant enfin été condamné deux fois à l'emprisonnement pour escroqueries, et à qui l'on en a reproché beaucoup d'autres pour lesquelles il n'a pas été poursuivi. Cet homme, tel que le voilà, s'est adressé à plusieurs personnages recommandables, pour les assurer qu'il savait beaucoup de choses. A l'une d'elles, de qui il sollicita et obtint immédiatement une petite somme, il annonçait que, quinze jours avant le crime, il avait prévenu l'autorité qu'il se commettrait, et que cinq têtes marquantes étaient menacées. Il n'avait, disait-il, cessé d'insister pour être entendu, et l'on n'avait tenu compte de ses instances. En preuve de la vérité de ce dernier fait, il promenait un billet écrit par M. Azaïs à M. Ichon, secrétaire de M. le ministre de l'intérieur. Ce billet, que Malpel produisait le lendemain même du crime, portait une date effrayante, celle-ci : *Paris, dimanche, cinq heures du soir.* Le billet, du reste, était ainsi conçu : « La personne que j'ai l'honneur de vous adresser, vient à l'instant de me faire des confidences d'une importance extrême, je vous prie de l'écouter. » Rien de plus propre que ce billet à donner une haute importance au récit de Malpel. On était au lundi et au mardi, lendemain et surlendemain de l'assassinat. Malpel disait qu'il en avait prévenu à l'avance. Il présentait un billet qui prouvait, sans contestation, qu'il en avait parlé le dimanche à M. Azaïs. M. Azaïs avait attaché une si haute importance à ce qui lui avait été dit, et il trouvait si urgent que l'autorité en prît connaissance, qu'il donnait un billet très-pressant au révélateur, pour que le secrétaire du principal ministre l'entendît sur le champ, et qu'il datait même ce billet avec précision : *Ce dimanche, cinq heures du soir.* Quel était ce dimanche cinq heures du soir ? Le billet était écrit avec vivacité. Il parlait d'une révélation urgente et d'une importance extrême. On le montrait le lundi. La veille, dimanche, à onze heures du soir, avait été commis un crime affreux. L'idée qui naissait naturellement, c'est que ce billet était de ce dimanche même, et que ce même dimanche, Malpel, à cinq heures du soir, six heures avant le crime, en donnait avis à M. Azaïs, et avait voulu presser l'autorité de le prévenir. Cette idée se présenta en effet à tous ceux qui virent le billet. Malpel, s'il ne faisait rien pour la confirmer, ne faisait rien, du moins certainement, pour la détruire. La commission en fut frappée. Elle ne voulait pas perdre un instant pour entendre Malpel. Mais Malpel échappait comme une ombre impalpable. Il apparaissait un moment chez l'homme charitable qui l'avait déjà secouru, promettait de revenir ou d'aller, et n'allait ni ne revenait. Dans l'impuissance de mettre la main sur Malpel, il fallut se borner à entendre M. Ichon et M. Azaïs. M. Ichon n'avait pas même vu Malpel : mais il avait su de M. Azaïs, vers la mi-janvier, que les faits dont l'avait entretenu Malpel, concernaient

sur-tout le principal ministre, qui en faisait fort
peu de cas. M. Azaïs avait reçu, au commencement de janvier, la visite de Malpel, qu'il ne
connaissait pas du tout, et qui prit le prétexte
d'être du même pays que lui pour le consulter
sur une brochure. Le 16 du même mois, Malpel revint. Il lui dit qu'il avait été secrétaire
de Carnot; que cette circonstance lui donnait
des facilités pour pénétrer dans de mauvais con-
ciliabules; qu'on préparait un coup à la Mal-
let; qu'on l'avait pressé d'y entrer; qu'il avait
fait une réponse équivoque; que le principal
ministre et un autre seraient les premières victimes. M. Azaïs, très-frappé de cet avis, écrivit sur le champ (le dimanche 16 janvier) le
billet en question à M. Ichon. Malpel lui demanda de l'argent. M. Azaïs lui donna cinq fr.
Malpel s'en alla. Depuis l'attentat commis sur la
personne du Prince, Malpel écrivit à M. Azaïs,
une lettre dans laquelle il disait que M. Ichon
avait eu tort de ne pas le recevoir, et que quand
il annonçait la chute de cinq têtes, il ne parlait
pas au hasard. Il est trop évident que Malpel,
qui, dans ses premières confidences, parlait
de deux ministres comme les têtes les plus importantes qu'on menaçait à l'en croire, n'entendait aucunement insinuer qu'il était ques-

tion d'un complot contre les Princes. Après l'évènement, pour se rendre important , il s'emparait de son silence et du vague même de ses premiers discours , pour leur donner une valeur telle qu'il pût espérer d'en tirer quelque profit.

On va voir tout à l'heure jusqu'à quel point cette réflexion est juste.

Après ces premières instructions , on fut obligé de s'arrêter , faute de pouvoir trouver Malpel.

On le trouva enfin.

Il écrivit alors pour obtenir de n'être pas entendu.

Il n'était ni raisonnable ni possible qu'il ne le fût pas.

Cité plusieurs fois , il finit par paraître.

Les premières lignes de sa déposition contiennent la déclaration formelle qu'il ne savait rien sur l'assassinat de M. le duc de Berry. Mais il développa ensuite quelques conjectures desquelles il induisait avec plus ou moins de justesse, que ce crime était le résultat nécessaire d'un complot formé dès long temps contre le bonheur de la France.

A l'appui de ses conjectures, il cita deux ou trois mauvais propos qu'il prétendit avoir entendus à plusieurs époques dans des cafés. Il prétendit même que Jacquier, maître d'un de ces cafés, en avait entendu quelques-uns, et les avait blâmés.

Jacquier fut cité. Jacquier affirma n'en avoir entendu aucun.

Malpel d'ailleurs n'indiquait aucun témoin. Restait donc sa seule déclaration.

L'instruction de cet incident n'a pu être portée plus loin.

D'autres récits encore, quoique partis de moins bas, et quoi qu'il n'y eût ni indignité ni immoralité dans leurs auteurs, mais également marqués au coin d'une invraisemblance palpable, n'ont pas dû subjuguer davantage la foi de la commission.

Dans ce nombre il faut ranger ce qu'est venue dire, devant la commission, une demoiselle Françoise-Frisque-Rosalie Lorrain, âgée de vingt-un ans, fille d'un des concierges du ministre de la guerre.

Voici ce qu'elle a d'abord écrit au soussigné, et ce qu'ensuite elle a répété *mot à mot* dans le même ordre de paroles et d'idées devant MM. les Pairs.

Elle était, assure-t-elle, le 20 février, à onze heures du matin, dans l'église de Saint-Roch, occupée à prier Dieu. Elle se trouva près de deux individus décorés. Leurs figures sinistres et quelques indécences qu'ils dirent et qui se trouvèrent mêlées de propos contre la famille royale, les lui firent remarquer.

Elle les écouta.

Ils partirent.

Elle les suivit dans le passage de Saint-Roch. Ils parlèrent trop bas pour qu'elle pût les entendre. Mais arrivés à la rue des Moulins, ils furent abordés par un troisième homme qui dit à l'un d'eux, en lui donnant la main : Eh bien ! mon général, tout va bien. Au même moment il tira de sa poche un certain nombre de papiers et un portrait. Le portrait était celui du fils de Buonaparte. La demoiselle le reconnut. Celui qui le montrait aux autres leur dit : Voilà celui qui, un jour, régira ou maîtrisera (la demoiselle Rosalie ne sait au juste de laquelle de ces deux expressions se servait le porteur du portrait) Decazes. Ce même homme vint à la demoiselle et lui demanda si elle avait quelque chose à leur dire. La demoiselle ne répondit pas. L'homme alors insista : Etes-vous muette ou sourde ? Elle se mit à proférer quelques mots, ou plutôt quelques sons qui n'étaient d'aucun idiôme, pour leur donner à croire qu'elle ne parlait pas français. La ruse réussit. Le général tira de sa poche une écharpe verte entourée d'un liséré rouge, et dit : « Avant quinze jours, nous serons les maîtres ; la famille d'Orléans n'existera pas plus que celle des Bourbons. Une fois débarrassés de Latour-Maubourg, Roy et Reggio, nous n'aurons plus rien à craindre. Cependant je vous prie de ne rien dire devant ma femme ; car elle est si royaliste, qu'elle pourrait bien nous dénoncer. » Les deux autres lui répondirent : Ne craignez rien, mon général. La demoiselle les quitta sur le boulevard Italien.

Une jeune fille de vingt-ans ;

Qui écoute deux militaires dans une église ;

Qui continue de les écouter, quoique, de son propre aveu, ils tinssent des discours indécens ;

Qui les suit, elle-même, pendant plusieurs rues, quoique, de son aveu encore, ils portassent des figures sinistres ;

Qui les suit de très-près, puisqu'elle entend tout ce qu'ils disent, et voit tout ce qu'ils font ;

Qui est tellement près d'eux, qu'elle reconnaît, pour le portrait du fils de Napoléon, un portrait que leur montre un survenant ;

Qui ne perd pas une de leurs paroles ;

Qui ne se laisse nullement intimider, lors-qu'un de ces hommes sinistres vient à elle pour lui demander ce qu'elle leur veut ; ce qui, pour l'observer en passant, paraissait naturel ;

Qui, d'abord, ne lui répond pas un mot, quoiqu'elle s'obstine à rester sur la place ;

Qui, pressée de nouveau et assez impoliment de répondre, ne se déconcerte pas, et se met à jargonner un patois de sa façon, pour leur persuader qu'elle n'entend pas le Français ;

Qui continue de rester près d'eux ;

Devant qui ils continuent à parler de leurs projets en pleine rue, et quoiqu'elle les écoute toujours ;

Devant qui l'un d'eux déploie une écharpe de ralliement ;

Devant qui, et en pleine rue, ils disent qu'ils se déferont de la famille des Bourbons et de celle d'Orléans, de manière que la jeune fille les en-tend, et que, par conséquent, tous les autres passans peuvent les entendre également ;

Qui les poursuit enfin encore jusqu'au bou-levard Italien :

Peut sans doute être très-estimable, très-véridique.

Mais tout ce qu'elle raconte est si étrange, si contraire à l'ordre commun des choses, à la pudeur, comme à la timidité ordinaire des jeunes personnes, à la prudence des conspirateurs, qu'à moins que toutes les lois de la nature ne soient changées, il faut croire que la jeune fille a pris son imagination pour sa mémoire, et qu'elle a rêvé, au lieu d'avoir entendu.

Il faut en dire autant d'un récit du jeune Jean-Baptiste-Emery Genty, âgé de treize ans, élève du petit séminaire de Versailles.

C'est aussi dans une église que la scène se passe. Genty était à vêpres à Versailles dans l'église Notre-Dame, le jour de la Passion. De son banc, auquel il était adossé, il entendit deux hommes qui étaient hors du banc, derrière lui, tenir la conversation suivante : « Comment se porte Pierre ? — Bien, excepté quand sa camisole le gêne. — Quand fera-t-on l'affaire de l'autre ? — Le 25. — Combien sont-ils ? — Quinze, et nous deux, dix-sept. — L'instrument est-il prêt ? — Oui : il a trois tranchans. — Est-on sûr de favoriser sa fuite ? — On a une chaise de poste qui sera prête. »

Cette conversation, selon l'enfant, a duré toutes les vêpres. Il a même poussé son camarade Bardonnet, pour qu'il l'écoutât. Au *Magnificat*, il s'est levé, et a vu que les deux interlocuteurs étaient deux hommes vieux et assez mal mis.

Le jeune Bardonnet a déclaré qu'en effet son camarade l'a poussé sans lui dire pourquoi. Il a écouté. Il a entendu parler de poste, et rien de plus.

Tous deux ont répété leurs dépositions devant la commission.

Le jeune Genty est un enfant plein d'innocence, de bons sentimens et de candeur. Il a paru évident à la commission qu'il n'en imposait pas volontairement.

Cependant, il n'a pas paru non plus à la commission qu'elle dût croire ce qu'il disait.

Dans ce siècle, les hommes qui assistent aux solennités de la religion, ne conspirent pas.

Si ceux qui conspirent se résolvaient à y assister, ils ne s'y entretiendraient pas du moins de leurs homicides projets, de manière à être entendus de tous ceux qui les entourent, surtout quand ils veulent s'enfuir et préparent des chaises de poste pour se dérober aux recherches. Le meilleur de tous les moyens pour se cacher, est de ne pas se dénoncer inutilement soi-même, et de ne pas aller proclamer à voix haute dans les rues et dans les églises les crimes que l'on veut commettre.

Si ce qu'a dit le jeune Genty ne s'est pas tout à fait passé dans sa tête, on ne pourrait expliquer ce singulier dialogue tenu tout haut derrière lui, que par un plan de mystification qui n'aurait ni sel, ni but, ni motif, appliqué à un enfant.

La commission a désiré d'entendre l'un des instituteurs de l'enfant. Cet instituteur en a fait l'éloge. Il le croit véridique et pas conteur. Il sait que cet enfant professe les meilleurs principes, comme il est animé des plus honorables sentimens. Il en est animé au point même que la nouvelle de la mort de M. le duc de Berry lui a fait une impression profonde. Aussitôt il a cessé de jouer. Il a fallu le renvoyer à ses parens. Il est resté chez eux quinze jours. L'enfant, rappelé devant la commission, en est convenu. Il a ajouté que, chez ses parens, il lisait les journaux, qui lui ont appris les détails relatifs à Louvel. Initié dans le secret de l'organisation de cet enfant, le soussigné a cru y trouver la clef de sa déposition, sur laquelle a dû influer beaucoup une imagination si facile à ébranler : et en adoptant cette opinion, il n'en a rien perdu de son estime pour le caractère du jeune Emery.

Une tête forte, une raison inébranlable ne

sont pas des attributs de son âge. Un cœur sensible aux maux de son Roi et de son pays, une grande horreur pour le crime, sont d'honorables préjugés de ce qu'il sera un jour pour la société. Emery lui promet un bon citoyen qui saura chérir son Prince, aimer la vertu, s'indigner des forfaits. Ce genre d'hommes vaut bien, pour le bonheur et la gloire de la patrie, ces âmes fortes et stoïques qui, dans leurs inflexibles conceptions, regarderaient comme une faiblesse la trop vive émotion que leur feraient éprouver les larmes et les malheurs des victimes des troubles civils.

On serait aussi tenté de placer au rang des rêves sortis, sans volonté d'en imposer à personne, d'une imagination trop frappée des périls publics, la déclaration de la demoiselle Vieille Chaise, rentière de Nantes. Cette demoiselle, le 2 mars dernier, à sept heures du soir, en descendant les marches de l'allée transversale de la rue de Georges à la rue de Lapeyrouse, a cru entendre parler deux hommes arrêtés en face de cette allée, dans la rue de Lapeyrouse, et qui ne la voyaient pas. L'un disait à l'autre : « Avant un mois, le coup « sera porté. Le canon donnera le signal. Le « Roi, MADAME, Mme la duchesse de Berry se-

« ront renfermés dans une tour. Les Princes
« périront. Déjà plusieurs individus se sont
« rendus à Paris pour cette affaire. D'autres
« s'y rendront. Le coup n'échouera pas cette
« fois. »

On a déjà eu occasion de faire observer qu'il
n'est pas naturel que l'on se confie, à voix
haute, de tels secrets.

Cette observation s'applique à un rapport
de Jean-Louis Queru, jardinier de Neuilly.
Queru revenait, dans les derniers jours de février, à neuf heures du soir, de Paris à Neuilly.
Il portait un sac de graines. Il eut besoin de
s'arrêter derrière un arbre. A quelques pas de
là étaient groupés sept à huit hommes qui cau-
saient entr'eux. L'un dit, si l'on en croit Queru :
Il faut commencer par le Roi. Un autre : Non,
par le duc d'Angoulême. Un troisième : Il faut
renvoyer cela au jour de sa fête. Un quatrième
enfin : Ce sera trop long. A cet instant, Queru,
malgré lui, fit un peu de bruit. Un de ces
hommes accourut à lui, le maltraita de paroles, lui dit que, s'il ne s'en allait pas, il lui
donnerait de sa canne dans le ventre. Le jardinier s'enfuit. Une grosse voiture passait sur
la grande route. Il l'atteignit. Rassuré alors, il
se tourna vers les hommes, et leur cria qu'ils

étaient des scélérats. Ils se dispersèrent. Quant à lui, il continua son chemin, et conta son aventure à la barrière.

Une autre déclaration a beaucoup de traits de ressemblance avec celle-là. C'est la déclaration d'Ignacius Zwincke, marchand d'oiseaux à Paris, Allée-des-Veuves. Le 19 février, vers huit heures du soir, il était sorti avec trois de ses chiens. En longeant une palissade de planches placée comme clôture d'un jardin près l'Elysée-Bourbon, il aperçut trois hommes dans un fossé. L'un disait : C'est un bonnet blanc. L'autre : Non, ce n'en est pas un. Le premier, en parlant de la sentinelle suisse, dit : Il faut sauter sur l'écrevisse. Zwincke alla vers le factionnaire français et vers le suisse, pour leur dire de prendre garde à eux. Il se rendit ensuite au poste, où il raconta ce qu'il avait vu. Il crut même, à ce qu'il assure, sentir, en fuyant, des coups de pierres, ce qui lui fit croire qu'ils avaient des fusils à vent.

Il est très-certain que, non pas le 19 février, mais le 14 (car dans sa déclaration devant la commission il a confondu les dates), Zwincke est entré au poste des gardes suisses à l'Elysée-Bourbon. Mais ses récits d'alors ne se sont pas entièrement accordés avec ses dépositions judiciaires. Il a dit au poste que ses chiens aboyèrent ; que les hommes étaient accroupis derrière la palissade ; qu'ils lui parlèrent et lui ordonnèrent de s'éloigner ; qu'il alla vers la sentinelle française, qui refusa de le laisser approcher ; qu'il courut vers la sentinelle suisse, qui en fit autant. Aucune de ces circonstances ne s'est retrouvée dans la déposition de Zwincke ; mais il y a ajouté celle des fusils à vent.

Ces variantes ne sont pas propres à donner plus de confiance dans le récit de Zwincke. Son aventure et la précédente sont deux aventures de nuit. Il était soir. Les hommes à qui elles sont arrivées sont deux hommes du peuple. C'est l'heure où les hommes qui ont travaillé ont la tête plus fatiguée, et aussi quelquefois, pour d'autres causes, plus échauffée. C'est l'heure encore où leur imagination peut s'émouvoir davantage dans des lieux retirés. Un mouvement, un cri, la peur qui en est la suite, les erreurs du cerveau, que la peur produit, le besoin qu'éprouve ensuite l'amour-propre de se garantir du soupçon d'avoir eu peur, peuvent devenir la source de certaines assertions qui ne sont pas toujours du mensonge, mais qui en approchent.

Il est permis de porter un jugement plus

sévère sur la dénonciation qui va suivre, et dans laquelle il est difficile de ne pas trouver tous les caractères d'un mensonge très-complet.

Cette dénonciation a été faite à la commission d'instruction, en anglais, et par une lettre anonyme.

L'écrivain assure qu'il a quitté Londres le 4 avril avec deux Français long-temps au service de Buonaparte, long-temps prisonniers en Angleterre, revenus dans cette île brusquement après le 13 février. L'Anglais a passé avec eux le paquebot de Douvres à Calais. Tous trois, ils prirent à Calais la même voiture pour Paris : tous trois, ils occupèrent les trois places du cabriolet de cette voiture. Ils causèrent en anglais avec l'Anglais, à qui ils demandèrent s'il savait le français. Il leur répondit qu'il ne le savait pas, quoique dans la vérité il le comprît fort bien. Il feignit même de dormir. Les deux Français l'interrogèrent pour savoir s'il dormait. Il ne répondit pas. Alors ils ne se gênèrent plus. Chacun tira de sa poche une paire de pistolets qu'il chargea, puis il les replaça dans sa poche. Ils conversèrent ensuite entr'eux. Ils parlèrent de Louvel, leur ami ; d'un complot qu'ils allaient mettre à exécution ; de leur résolution de vendre leur vie cher ; de la nécessité où ils étaient d'aller consulter un abbé qu'ils ne nommèrent pas, et qui était l'âme de leur parti; de la résolution bien arrêtée par Louvel de ne pas nommer ses complices; de l'avis qu'ils avaient reçu en Angleterre de cet abbé de venir à Paris. Tous deux avaient des cannes qui s'ouvraient et qui contenaient des dards d'un demi-pied. Ils avaient aussi dans un portefeuille beaucoup de billets, et beaucoup d'or dans leur bourse. L'auteur de la lettre dit qu'il n'a pas osé les suivre à la descente de la voiture.

Enfin, et le soussigné termine cette longue énumération de romans probables, mais pourtant non confessés tels par ceux qui les ont faits, en rapprochant du récit précédent un autre tout à fait pareil, et où c'est encore une langue étrangère qui compose toute l'intrigue.

Un sieur de Saint-Géniès est tombé comme du ciel, il y a trois mois à peu près, dans la commune de l'Ile-Adam, près Paris. Personne ne l'y connaît. Il s'y est établi maréchal ferrant avec une femme qu'il dit être la sienne, quoique jusqu'à présent il ait refusé de représenter aux autorités locales son acte de mariage, tout aussi bien que les autres papiers qui pourraient l'accréditer. Le sieur de Saint-

Géniès se dit fils d'un général de ce nom, et prétend être lui-même un ancien capitaine de cavalerie. Depuis long-temps il sollicite des secours à ce double titre. Serait-ce pour se donner un titre de plus à les obtenir, qu'il aurait imaginé ce qu'il dit ? On n'en sait rien. Quoï qu'il en soit, ce qu'il dit, le voici :

Le 30 mars, il était allé se promener dans la forêt de l'Ile-Adam, au poteau du capitaine. Là, et dans le fourré du bois, il rencontra trois particuliers fort bien vêtus, qui parlaient italien. Lui-même, il sait la langue, et il comprit fort bien tout ce que disaient ces trois individus. Ils parlaient des Altesses Royales, en se plaignant de ne pouvoir les avoir toutes deux le même jour. N'importe, dit l'un, nous les aurons toujours; et quant au Roi, il n'a pas long-temps à vivre. A cet endroit de l'entretien, ils aperçurent le sieur de Saint-Géniès. Ils vinrent tous trois à lui, et lui parlèrent italien. Le sieur de Saint-Géniès eut la présence d'esprit de leur répondre en français qu'il ne savait pas leur langue. Tant pis, lui dit le plus petit des trois; si tu savais notre langue, nous t'emmènerions, et ta fortune serait faite. En même temps, ils lui présentèrent une bourse dans laquelle il y avait bien cinq à six cents louis. Il les remercia et partit. Ces trois hommes étaient bien mis ; beaucoup d'honnêteté ; beaucoup d'éducation.

On reconnaît, dans ces deux derniers récits, un air de similitude, un air de famille, si l'on peut s'exprimer ainsi, qui est propre à leur faire refuser également toute confiance. L'invraisemblance en tout y domine également. Des lieux mal choisis pour parler haut ; l'indiscrétion de se faire, entre conjurés à qui il serait si facile de s'enfermer dans une chambre bien retirée, des confidences de conspiration en plein air, dans des voitures publiques, dans des lieux de toutes parts ouverts ; des langues étrangères que savent ceux qui écoutent, et qu'ils feignent de ne pas savoir ; des tas d'or que portent avec eux les conspirateurs ; de leur part, une crédulité niaise à supposer qu'on ne les a pas compris, et une bénignité toute extraordinaire à laisser vivre ceux à qui ils viennent de confier le secret de leur propre vie : voilà les absurdités, pour trancher le mot, qu'offrent les deux récits, et qu'offrent aussi avec profusion ceux qui précèdent. La justice ne serait pas la justice, si elle repoussait aucune vérité qui peut la mettre sur la voie de la découverte du crime. Elle ne serait pas la jus-

tice non plus, si elle admettait tout ce qui accuse, sans examen, sans critique, et sans le
soin préalable de soumettre à l'analyse du bon
sens les prétendues révélations qu'on lui ap-
porte.

Au surplus, à ces révélations, dans tous les
cas, s'applique une réflexion déjà présentée
plus haut par rapport à celles qui les précèdent.,

On en eût conçu une toute autre idée, qu'on
n'eût pas pu donner plus de développement à
l'instruction. Les déclarations pêchent surtout
par un défaut d'indications précises tellement
absolu, que, quand on y croirait, on ne saurait comment établir ses explorations.

Ce qu'a dû le soussigné, c'est rendre compte
de tout à la Cour des Pairs, afin qu'elle couronne par son suffrage l'espèce de négligence
équitable avec laquelle le ministère public a
cru devoir traiter ce qui était indigne d'être
recherché, ou qu'elle ordonne, dans sa sagesse,
les mesures, s'il en est, qu'elle croirait avoir
été omises.

Après ces déclarations très-suspectes de ne
porter que sur des faits imaginaires, quoique
ceux qui les ont faites n'en conviennent pas,
arrivent pour ainsi dire d'elles-mêmes celles

dont leurs propres auteurs ont fini par confesser la fausseté. Comme pourtant quelques-uns des bruits dont elles se sont composées ont pu se répandre, il est indispensable d'en dire un mot, afin que le public et ceux qui auraient pu en être instruits, sachent pourquoi ils disparaissent de la procédure.

On a ouï parler, par exemple, d'une jeune fille de onze ans, appelée *Henriette Normand,* qui avait dit qu'elle connaissait Louvel; que Louvel avait des complices; que Louvel avait confié ses complots à son propre père; et que son père recevait chez lui beaucoup de militaires amis de Louvel. Il était vrai que cette jeune fille avait dit tout cela. Elle l'avait dit à une autre jeune fille appelée *Louise Berton ,* plus âgée qu'elle de deux ans. Ces deux jeunes personnes allaient au même catéchisme. Elles étaient placées à côté l'une de l'autre. Toutes deux , ainsi que MM. les Pairs commissaires ont pu s'en convaincre, en les entendant, ont beaucoup de mouvement dans l'imagination, et ce penchant naturel de leur sexe et de leur âge à parler. Louise Breton, après l'instruction religieuse reçue , s'en allait avec Henriette Normand. Louise voulait avoir des nouvelles. Henriette lui en faisait. Elle lui en faisait sur

les journaux qu'elle entendait lire , et sur quelques faits vrais auxquels elle mêlait tout ce
qui passait par sa petite tête. Elle et son
père avaient demeuré à Fontainebleau. Normand père , pendant qu'il y demeurait , avait
même logé pendant trois à quatre mois, un
Adrien Louvel , jeune homme aujourd'hui de
vingt-deux à vingt-trois ans , cousin germain
de l'assassin, garçon sellier, comme l'assassin,
employé, pendant qu'il était à Fontainebleau,
dans la sellerie des hussards , aujourd'hui garde
royal en garnison à Vincennes , et étant dans
des sentimens et des opinions si diamétralement
opposés à ceux de son cousin, qu'il avait eu chez
un de ses maîtres , uniquement par attachement
pour le Roi , une querelle grave avec un de ses
camarades. La petite avait imaginé de méta-
morphoser ce Louvel , qu'elle avait connu, en
Louvel l'assassin, parce que cela figurait mieux
dans ses histoires; et elle l'avait ainsi rendu le
héros d'une multitude d'anecdotes toutes éclo-
ses de sa tête. De quelques-unes d'entr'elles ,
il résultait que le père d'Henriette avait su
d'Adrien Louvel qu'il voulait tuer les Princes;
que son père l'avait gourmandé; mais que pourtant il avait fini par se réconcilier avec Louvel;
et que Louvel amenait des hussards chez son

père. Louise, élevée aussi en bonne française, et plus raisonnable que sa petite amie, trouvait très-mal que le père d'Henriette fût resté l'ami d'un homme qui lui avait fait confidence qu'il méditait des crimes. Elle trouvait très-mal qu'il reçût encore chez lui des hussards. Louise racontait tout cela à sa mère, qui, de son côté, en était fort indignée. Les conversations et les contes de cette nature se multiplièrent entre Henriette et Louise : Louise rendant toujours compte de tout à sa mère. Le ministère public en fut averti. Henriette et son père, Louise et sa mère furent cités et entendus. Tout s'éclaircit. Il fut constaté que jamais Normand père n'avait connu Pierre-Louis Louvel ; qu'il ne connaissait qu'Adrien Louvel le garde royal ; que jamais Adrien ne lui avait fait de confidences pareilles à celles dont parlait la petite. Il fut constaté qu'Adrien Louvel était connu pour ses bons principes. Il fut constaté qu'il ne venait chez Normand, ni hussard, ni autres soldats pour y être endoctrinés. Il fut constaté enfin que la petite Henriette avait menti sur tout, excepté sur le fait qu'elle et son père connaissaient Adrien Louvel. Elle a confessé, en pleurant devant M. le chancelier et devant MM. les Pairs, que tout ce qu'elle avait dit de plus était un tas de mensonges; que Louise voulait avoir des nouvelles, et que, pour se débarrasser d'elle, elle en avait inventé. La rétractation toute seule d'Henriette n'aurait pas suffi sans doute pour inspirer une pleine confiance à la commission; car enfin, le père, effrayé du péril où le mettait l'indiscrétion avec laquelle sa malheureuse enfant aurait livré à sa petite camarade des vérités dangereuses, eût pu lui commander de mentir pour le sauver. Aussi la commission a-t-elle dû redoubler, et a-t-elle redoublé en effet de scrupule et d'attention, pour ne pas s'en laisser imposer sur un point aussi important. La sévérité de l'examen auquel on a dû soumettre le père et l'enfant; la franchise et la simplicité du père dans tous les éclaircissemens qu'on lui a demandés; la naïveté de l'enfant; ses protestations avec larmes qu'elle avait menti, et, plus que tout cela, la concordance parfaite des discours de la fille revenue à la vérité, et du père, avec toutes les informations recueillies d'ailleurs, et dont aucune n'a révélé qu'en effet Normand eût connu Louvel l'assassin, ont profondément convaincu le soussigné que l'enfant avait raconté à sa jeune camarade de fausses anecdotes qu'elle avait brodées sur la base vraie de la connaissance de son père avec un Louvel.

Et comment les enfans ne se laisseraient-ils pas aller à la tentation d'imaginer, pour fournir à la conversation, lorsque des femmes, elles-mêmes, ont pu y succomber?

C'est ce qui est arrivé à Angers.

A Angers s'était répandu le double bruit, que, dès le 13 au matin, une dame infiniment respectable avait appris, par sa couturière, la nouvelle de l'assassinat du Prince, et que, dans une autre maison, on l'avait également su avant l'arrivée du courrier.

Cette dame avait dit, en effet, dans une société, ce qu'annonçait le premier de ces deux bruits. Quant au second, le maître de la maison où l'on disait que l'on avait assuré avoir tout su avant le courrier, en convenait.

Ces faits étaient d'une grande gravité, puisque la conséquence qu'il fallait en tirer était qu'il y avait à Angers quelqu'un qui avait connu le crime avant qu'il pût être connu : ce qui, dès-lors, pouvait jeter sur les circonstances de ce crime et sur les complices auxquels il serait si désirable d'arriver, s'il y en a, de grandes lumières.

La commission d'instruction délégua le juge d'Angers, pour rechercher ces faits.

Les couturières de la dame furent entendues. Elles nièrent lui avoir rien dit de pareil.

La dame fut entendue à son tour. Assez noble pour s'élever au - dessus de la petitesse de craindre de se donner un démenti à elle-même, plutôt que de trahir la vérité dans une occasion aussi grave, elle convint que; dans la chaleur de la controverse, elle *avait laissé échapper* une assertion qui n'était pas vraie : digne d'estime sans doute en confessant avec franchise qu'elle avait failli, tandis qu'elle fût devenue tout à fait l'objet d'un juste mépris, si elle s'était entêtée à soutenir sa supposition, ou à l'expliquer d'une manière inintelligible, au hasard de compromettre de pauvres ouvrières, que sa supposition confirmée aurait pu faire inquiéter.

La même chose est arrivée pour la maîtresse de la maison où l'on avait dit aussi avoir su la nouvelle de la mort de M. le duc de Berry, le jour même de l'arrivée du courrier, mais avant qu'il arrivât. C'était encore la maîtresse de la maison qui avait donné naissance à ce bruit, par un malentendu. Elle l'a confessé. Ce double point est éclairci.

Si, au reste, on doit de l'indulgence aux enfans, pour cette facilité avec laquelle ils laissent aller leur imagination, parce que les femmes ne maîtrisent pas la leur , il en faut beaucoup aussi pour les femmes , puisque les hommes tombent eux-mêmes dans cette faute.

C'est encore l'instruction qui en fournit un exemple.

Peu de jours après le malheur du 13 février, on sut qu'un littérateur fort recommandable par son caractère, le jour même du malheur, avait rencontré, au coin des rues des Colonnes et des Filles-St.-Thomas , trois hommes de fort mauvaise mine, dont l'un l'avait constamment suivi dans toutes ses allées et venues , jusqu'à sa porte, et que l'un de ces trois hommes avait dit : *Il ira ce soir à l'Opéra.*

Ce littérateur avait ainsi raconté l'anecdote.

Ce qu'on y remarquait de fort important , c'étaient ces paroles : *Il ira ce soir à l'Opéra ,* qui annonçaient que Louvel n'avait pas été tout seul dans la confidence de son crime.

L'homme de lettres fut appelé devant la commission.

Voici sa déposition.

C'est pour honorer la franchise avec laquelle il l'a faite , que le soussigné la fait connaître toute entière.

« Le dimanche gras , sur les neuf heures du soir , je rencontrai trois hommes au coin des

rues des Colonnes et des Filles-St.-Thomas.
L'un d'eux, homme de fort mauvaise mine, me
suivit dans toutes mes allées et venues jusqu'à
ma porte. J'ai raconté ce fait, qui m'est per-
sonnel. Il est vrai que j'y ai ajouté que j'avais
entendu l'un des trois hommes dire : Il est ce
soir à l'Opéra. Mais malgré le petit embarras
qu'il y a pour moi à dire que j'avais un peu
brodé sur la vérité, je dois à ma conscience,
à mon amour et à mon respect pour S. A. R.
M. le duc de Berry, d'affirmer sur ma parole
d'honneur, que je n'entendis pas les paroles
que j'ai prêtées à l'un de ces trois hommes. »

Quelque respect que l'on doive porter à la
vérité, il y aurait de l'exagération sans doute
à traiter sur le même pied, et les déclarations
que l'on doit à la justice, et les effusions du
babil dans les salons. Il peut y avoir quelque
légèreté à s'en écarter en narrant. Toutefois,
c'est une disposition qu'il n'est pas rare de rencontrer dans les imaginations incandescentes,
comme l'est, en général, l'imagination des
femmes et celle des hommes qui cultivent les
lettres. Mais ce qu'un homme d'honneur
fait, et ce qu'a fait l'auteur de la déposition
précédente, c'est que, quand la vérité a été
altérée dans une causerie familière, cette alté-

ration doit y expirer, et que la conscience défend de la reproduire dans les actes de la justice. L'homme dont il s'agit en ce moment n'a
donc fait rien autre chose, en se rétractant,
qu'acquérir plus de droits à la confiance de
tous ceux qui sont en état d'apprécier la véritable loyauté.

Il en est un autre encore qui a suivi cet
exemple : c'est Morice, adjoint du maire de
Saint-Loup, arrondissement de Château-Gonthier, département de la Mayenne.

Quand la nouvelle de la mort de M. le duc
de Berry arriva à Saint-Loup, et même quelques jours après (car c'était au commencement
de mars), Morice dit au sieur Le Séyeux, son
maire, qu'il y avait long-temps qu'il le savait;
que lui-même, plus de quinze jours avant le
13 février, avait dit à plusieurs habitans de
Saint-Loup ce qui lui avait été dit à cet égard;
qu'il lui avait été dit qu'il arriverait les plus grands
malheurs pendant les jours gras; que M. le
duc de Berry serait assassiné; que le Roi ava-
lerait un bouillon; et que MONSIEUR et M. le
duc d'Angoulême recevraient chacun un coup
de fusil; que tout cela lui avait été dit par Bergère, marchand d'étoffes à Sablé, qui le tenait lui-même de son beau-frère, l'abbé Tru-

meau, vicaire de la paroisse du même lieu.

Le sieur Le Séyeux, et il eut bien raison, crut devoir instruire le préfet de la Mayenne de ce qui lui avait été dit par Morice.

La commission l'apprit du préfet.

La commission délégua le juge de Château-Gonthier pour informer sur tous ces faits.

Ce qui les rendait plus graves, c'est la moralité parfaite de tous ceux qu'ils concernaient.

Morice, Bergère et l'abbé Trumeau sont trois hommes renommés dans le canton pour leurs vertus publiques et privées.

Morice, selon le témoignage du maire Le Séyeux, était un homme tout à fait incapable d'inventer une histoire pareille.

Bergère et l'abbé Trumeau étaient incapables de leur côté d'avoir tenu de tels propos dans un sens contraire à l'intérêt du Roi.

Il y avait seulement ceci d'extraordinaire, que Morice n'en aurait parlé au sieur Le-Séyeux que bien des jours après le funeste évènement connu.

Quoi qu'il en soit, l'information fut faite.

Le Séyeux fut entendu. Il répéta tout ce que lui avait dit Morice.

Morice vint à son tour. Il confirma ce qu'avait dit Le Séyeux, et persista à soutenir que c'était Bergère qui lui avait raconté tout ce qu'il avait communiqué à Le Séyeux, et que même Bergère lui avait dit depuis qu'il soutiendrait en justice ce qu'il avait raconté.

Bergère fut donc appelé. Il déclara que tout ce qu'avait dit Morice était vrai comme vague et conjectural, mais faux comme précis et historique. Morice était venu chez lui, Bergère, en janvier. On causa politique. Morice demanda s'il y avait du nouveau : « Non, répondit Bergère; mais l'autre jour, j'étais chez « l'abbé Trumeau, il lisait les journaux, et « me dit qu'à en juger par tout ce qu'ils disaient, il y avait de grands malheurs à « craindre. » Dans le reste de la conversation, il ne fut plus du tout question de l'abbé Trumeau. Mais on continua à raisonner ou à déraisonner sur les partis, sur ce qu'ils voulaient, sur ce qu'ils feraient; et Bergère dit en effet que l'un d'eux en voulait à la dynastie, et qu'il tuerait bien le Roi et les Princes. C'était un raisonnement, et non un fait : et surtout il ne dit pas que M. le duc de Berry serait tué les jours gras, ni tout le reste, que l'imagination de Morice, depuis le malheur connu, a brodé sur leur conversation. Du reste, il affirme qu'il était de toute fausseté que depuis il eût dit à Morice qu'il répéterait en justice ce qu'il lui avait raconté.

On a confronté ces deux témoins.

Bergère a persisté avec la plus grande énergie dans ses explications.

Morice a rendu hommage à la moralité de Bergère, et a dit qu'en effet, depuis l'assassinat de son frère, qui a péri au milieu de la guerre civile, sa tête était bien fatiguée; qu'il avait pu imaginer à tort que Bergère lui avait dit que M. le duc de Berry serait tué aux jours gras; qu'il était bien possible aussi qu'il eût confondu une question qui lui avait été faite à lui-même chez l'abbé de Nacé, pour savoir s'il soutiendrait en justice ce qu'il avait dit, et la réponse affirmative qu'il y avait donnée, avec la possibilité d'une réponse pareille de la part de Bergère.

L'abbé Trumeau a été également ouï. Il a formellement nié avoir rien dit à Bergère d'analogue à ce que Morice dit avoir recueilli.

Plusieurs autres témoins ont été entendus encore : et l'un d'eux, Vincent, a expliqué tout ce quiproquo, en disant que Morice est un très-brave homme; que pourtant son esprit et son imagination travaillent au point de lui faire croire et dire des choses sans nul fondement.

Ce jugement, rapproché de la circonstance que Morice n'a parlé à personne des faits ainsi précisés qu'après la nouvelle de la mort du Prince, et surtout rapproché de la confession faite par Morice lui-même qu'il a brouillé plusieurs idées dans sa tête fatiguée, retire au document toute son importance primitive.

Il a été encore d'autres nouvellistes téméraires et menteurs, qui ont confessé leur mensonge, mais qui ne doivent pourtant pas être confondus avec les précédens, à cause de leurs motifs, dans lesquels, au lieu de la simplicité et d'un peu de légèreté, seules causes de l'altération dans la vérité reprochée aux premiers, on retrouve une fourberie raisonnée un peu suspecte de mauvaises intentions, ou puisée du moins dans des opinions blâmables.

A la tête de ceux-là, il faut placer Saignes de Lacombe, commissaire de police de Troyes.

La nouvelle de la mort de M. le duc de Berry fut connue à Troyes le mardi 15, à deux heures après-midi.

Saignes de Lacombe, le même jour, se rencontra avec le sieur Jeanson, autre commissaire de police de Troyes. On parla de l'évènement. Saignes de Lacombe dit qu'il le savait de la veille. Le sieur Jeanson lui témoigna de l'étonnement qu'il eût pu le savoir sitôt, et lui demanda qui donc le lui avait appris. Lacombe répondit que c'était à la comédie.

Le même soir à minuit, Lacombe se trouva réuni, pour le service encore, avec le sieur Jeanson, et, de plus, avec les sieurs Legras et Cocheux. On le remit sur la nouvelle. Il persista à soutenir qu'il la savait de la veille. A l'un, il dit qu'il la tenait d'un comédien; à l'autre, d'un Parisien.

La prescience de Lacombe était fort extraordinaire.

Les magistrats de Troyes en furent avertis et étonnés.

On entendit tous les comédiens. Tous nièrent avoir rien dit de pareil à Lacombe. Lacombe n'en reconnut aucun, et dit qu'il ne croyait pas que, quand on lui représenterait celui qui lui avait parlé, et qui s'appelait *Lambert*, il pût le reconnaître. Puis il finit par se comporter très-insolemment et par refuser de répondre.

On fit une visite chez lui. On y trouva des gravures séditieuses.

Il fut interrogé de nouveau. Il déclara n'avoir appris la nouvelle que le mardi à deux heures. Il nia d'avoir dit à personne qu'il la sût la veille à sept heures du soir. Il avait réellement dit au sieur Jeanson, si on l'en croit, que, le lundi, en sortant du spectacle, un inconnu l'avait abordé pour lui dire qu'il y aurait un coup, ou qu'on parlait d'un coup. S'il avait dit la veille qu'il tenait la nouvelle d'un comédien appelé *Lambert,* c'était un acte d'irréflexion de sa part. Il avait la tête tournée de se voir interrogé et soupçonné.

Au reste, ce qui résulte de cet interrogatoire, c'est que Lacombe avait tenu les propos les plus singuliers, et que sa conduite était aussi extraordinaire que ses propos. Il voyait la plus mauvaise compagnie de Troyes. Ce jour même, quoique ce fût et le mercredi des Cendres, et le lendemain du jour où était parvenue à Troyes la nouvelle de la mort de M. le duc de Berry, double circonstance qui devait inspirer une grande réserve à un commissaire de police, il avait fait une espèce d'orgie avec des hommes mal famés, au nombre desquels même se trouvait un certain Chaltas, condamné à mort pour conspiration, et grâcié par le Roi.

Les témoins lui soutinrent ce qu'il leur avait dit.

Lacombe a été envoyé devant la commission d'instruction. Là il commença par vouloir expliquer sur le comédien Lambert, sur l'inconnu qui lui avait parlé en sortant du spectacle, sur la nouvelle d'un coup dont on était menacé, sur ce qu'il avait dit le mardi 15, à sept heures du soir et à minuit, toutes les nombreuses contradictions dans lesquelles il était tombé. Mais, fatigué de toutes les absurdités dans lesquelles il s'égarait, de manière à ne pouvoir plus lui-même s'y retrouver, il finit par supplier, avec larmes, MM. les Pairs commissaires de recevoir la déclaration suivante :

« Tout ce que j'ai dit sur le comédien Lam-
« bert, sur l'inconnu qui m'a parlé le lundi
« en sortant du spectacle, et dans toutes mes
« réponses relatives aux interpellations qui
« m'ont été faites à propos de mes discours à
« ce sujet, sont autant de mensonges. Je n'ai,
« le lundi, ni vu ni entendu personne qui m'ait
« parlé, soit de l'assassinat de M. le duc de
« Berry, soit de la loi des élections, soit d'un
« mouvement quelconque. Ce que j'ai dit à
« M. Jeanson, je l'ai dit par mauvaise inspi-
« ration, et pour faire l'avantageux, en don-
« nant à croire que je savais ce que ne savait
« pas tout le monde. »

13

Cette déclaration a paru au soussigné l'expression de la vérité. Déjà, avant qu'elle fût faite, on avait pu pressentir, à travers toutes les réponses sottes et discordantes de Lacombe, qu'il ne quittait un mensonge que pour tomber dans un autre. La confession de ce fonctionnaire indiscret a confirmé cette opinion.

Cette prétention de savoir *avant les autres* s'est encore retrouvée dans un tailleur de Ceret (Basses-Pyrénées). On débitait la nouvelle devant le tailleur. Il s'empressa de dire qu'il la savait depuis trois jours. Pressé d'expliquer la source de sa prescience, il a balbutié. Il a nié qu'il l'eût dit, quoique beaucoup de témoins l'assurassent. Il a raconté ensuite que, peu de jours auparavant, des ménestriers avaient dit devant lui que dans les jours gras, un bal avait été interrompu par la mort d'un homme qui s'était jeté par la fenêtre. Bref, il était constant qu'après la nouvelle reçue, mais *après seulement*, il avait dit qu'il la savait, mais il ne l'avait pas débitée auparavant. Les magistrats du lieu le regardent comme un homme bavard et jactancieux, qui ne s'était ainsi avancé que pour se faire valoir. Le soussigné a partagé cette opinion.

On va voir cette même disposition d'esprit

se reproduire encore dans un cardeur de laines de Draguignan, appelé *Isnard*. Cet Isnard se trouvait sur la place de ville avec les nommés *Brunet* et *Sery*, qui parlaient de la mort de M. le duc de Berry, qu'on venait d'apprendre. Isnard leur dit : « Il ne faut pas vous en étonner. Il y a trois mois que nous le savions. »

Ces témoins et divers autres ont été entendus. Ils ont déposé de la certitude du propos. Isnard lui-même n'a pas nié précisément qu'il l'eût tenu. Il s'est rejeté sur la faiblesse de sa tête. Deux témoins, en effet, ont déclaré que, pour rendre hommage à la vérité, ils devaient attester que c'était un pauvre homme exproprié, et à qui le chagrin avait à peu près tourné la tête, imbécille dans certains momens, vivant seul avec sa famille, et incapable de penser ou faire mal. La commission n'a pas décerné de mandat contre lui.

Elle en a donné un contre un autre individu qui avait commis une inconséquence bien plus grave. Cet individu est Jean-François Hacqueville, âgé de trente-deux ans, demeurant à Gentilly. Hacqueville est jardinier ; sa femme est blanchisseuse. Ils n'ont pas de chevaux. La femme Hacqueville loue une voiture dans le pays chaque fois qu'elle rapporte son linge à

Paris. Le samedi, veille du dimanche gras, elle loua celle de Guilles, nourrisseur. Ce Guilles a une fille appelée *Toinette*, âgée de dix-huit ans. Toinette fut chargée de la conduite de la voiture. Hacqueville accompagnait sa femme pour l'aider à charger et à porter les paquets de linge. Arrivés à Paris, ils firent leurs affaires, et distribuèrent le linge toute la journée. Le soir ils retournèrent chez eux dans la voiture vide. Toinette, sur le devant de la voiture, faisait un tablier de bergère, pour aller danser au carnaval. Hacqueville folâtrait avec elle, et la harcelait. « Vous ne danserez pas, » lui disait-il ; et il lui tirait son tablier pour l'empêcher de travailler. Il vint à pleuvoir. « Vous ne danserez pas : vous le voyez bien, car il pleuvra. » La pluie cessa. La jeune fille se moqua de lui, en disant qu'elle danserait. — « Non, non, vous ne danserez pas, car il y a une conspiration contre la famille royale de découverte. J'ai vu cela affiché dans les rues. » Le badinage finit avec la route. Hacqueville, sa femme et Toinette rentrèrent chacun chez eux. Le soussigné ne se fait nul scrupule de soumettre ces détails, tout vulgaires qu'ils sont, aux nobles Pairs. Quand il s'agit de prononcer sur le sort d'un homme, cette Cour, quelqu'auguste qu'elle soit, ne pense pas qu'il y ait de détails au-dessous d'elle. L'intention du soussigné, en ayant l'honneur de les lui transmettre, est de faire remarquer la progression du badinage et des idées, qui a conduit le jeune homme à parler à la jeune fille, de la conspiration découverte et affichée.

Cependant le lundi matin, on apprit à Gentilly le malheur qui mettait en deuil toute la France. Hacqueville entendait si peu malice à son indiscrétion du samedi, qu'entendant une de ses voisines, la femme Nijay, parler dans sa cour avec un nommé *Argant,* il arriva, et dit : « Voyez, madame Nijay, quelle prédestinée j'ai eu de dire à Toinette, samedi, qu'il y avait une conspiration contre la famille royale, et qu'on ne se déguiserait pas mardi : c'est comme un pressentiment que j'ai eu. » Comme il disait ces mots, Toinette vint à passer ; il l'appela, et lui dit : « N'est-ce pas, Toinette, que je vous ai dit qu'on ne se déguiserait pas, et qu'il y avait une conspiration. » Toinette répondit que cela était vrai. Sur quoi la femme Nijay dit en colère à Hacqueville, que c'était fort mal de l'avoir dit, et plus mal de le répéter. Ces réflexions de la femme Nijay firent rentrer Hacqueville en lui-même. Il commença à comprendre sa sottise de se vanter de cette prédiction comme d'un trait de génie; et loin de s'en vanter désormais, il ne fit plus que se lamenter de la sotte idée qui lui était tombée dans la tête pour faire enrager Toinette, et qu'un évènement si horrible convertissait en prophétie. Tout ce chagrin d'Hacqueville ne fut pas connu d'abord. On ne connut rien que le bruit qui se répandit bientôt qu'un jardinier de Gentilly était initié dans le secret de l'assassinat de M. le duc de Berry. L'exagération ne tarda pas à corrompre la vérité. Ce ne fut plus le samedi que Hacqueville avait tenu ce propos, c'était quelques jours auparavant; et le samedi, il avait répété, non pas en badinant, mais très-sérieusement à plusieurs femmes de Gentilly, qu'elles ne danseraient pas, et qu'il y aurait un prince de tué. La commission d'instruction lança un mandat d'amener contre Hacqueville. Des témoins furent entendus. Il résulta de l'information, que c'était le samedi que Hacqueville avait tenu ce propos à Toinette, dans sa voiture; que ce propos avait été tenu à la suite d'un long badinage, roulant tout entier sur une multitude de raisons qui empêcheraient la jeune fille de se servir de son tablier de bergère auquel elle travaillait, et de danser; que

Hacqueville lui avait dit qu'il avait vu la conspiration affichée ; que Hacqueville n'avait répété ni sérieusement, ni par forme de badinage, ce propos, comme on l'avait dit, à aucune des ouvrières de la femme Nijay, qui toutes furent appelées en témoignage ; que ce fut Hacqueville qui, lui-même, et lorsque personne encore ne savait qu'il avait tenu ce propos, s'approcha de la femme Nijay, et de ceux avec qui elle causait, pour le leur apprendre ; que Toinette venant à passer, il l'appela pour lui faire certifier qu'elle l'avait entendu ; qu'enfin, quand on lui eut fait sentir l'extrême bêtise de se vanter d'avoir eu une telle pensée, dont l'expression pouvait le mettre dans l'embarras, il déplorait, même avant d'avoir été traduit devant la justice, le malheur qu'il avait eu de le concevoir. Hacqueville a été interrogé. Il a fondu en larmes. Il a protesté de son ignorance parfaite de l'évènement que la France déplore. Il a juré qu'il n'avait eu le malheur de produire cette idée, que par ce qu'il donnait à Toinette, pour la contrarier, cent prétextes pour l'empêcher de danser. Nul autre indice, quelque peu considérable qu'il fût, n'est venu grossir celui qui semblait résulter du propos. Hacqueville a dû paraître à la commission un homme très-simple et très-borné. Son désespoir de se trouver soupçonné d'avoir pu tremper dans un si horrible crime a semblé n'être pas joué. Ce n'est pas au milieu d'un badinage avec une jeune fille, qu'une révélation aussi monstrueuse devait trouver place. Il n'était pas naturel, si Hacqueville eût su quelque chose, de se trahir sans nul intérêt et sans nul motif. La circonstance qu'il disait avoir vu la conspiration affichée, ajoute encore à la conviction que c'était une plaisanterie de mauvais goût. S'il avait été réellement initié alors dans la confidence du crime, il n'était pas naturel non plus que le lundi, et après le crime, il dît à la femme Nijay : Voyez quel pressentiment j'ai eu! Il n'était pas naturel qu'il fît même des efforts pour prouver qu'il l'avait eu ; et cependant, en voyant passer Toinette, pour être cru, il l'appelait en témoignage. Toute cette naïveté prouvait que Hacqueville, avant qu'on le lui eût fait remarquer, n'apercevait pas même le danger d'avoir laissé échapper une telle indiscrétion. Et certainement, s'il eût été l'un des complices ou un des confidens, on n'eût pas eu besoin de l'en avertir. Le soussigné a donc dû croire que c'était un hasard, bizarre il est vrai, mais réel, qui avait produit le rapprochement du discours de Hacqueville et du fait ; et c'est dans cette conviction qu'il a l'honneur d'annoncer à la Cour qu'il concluera à la mise hors de prévention de Hacqueville.

Beaucoup d'autres faits de pareille nature ont été également approfondis par la commission, et détruits entièrement par l'instruction.

Le soussigné va les parcourir avec une grande rapidité.

A l'Odéon, disait-on, un masque, le jour du malheur, s'était adressé, avant l'heure du meurtre, à M. Atale de Montaigu, et lui avait dit : «Vous dansez ici ; ailleurs on assassine un Prince.» M. Atale de Montaigu a été entendu. Le fait est faux.

On disait encore que le matin du meurtre, un agent de police avait dit à deux lingères qu'on nommait : Il y aura ce soir un beau bal à l'Opéra. Les lingères indiquées ont expliqué le fait, qui ne s'applique pas à un agent de police, qui ne contenait aucune allusion à ce qui se passerait à l'Opéra, et qui est tout à fait étranger à l'affaire.

A l'Ambigu-Comique, ce même dimanche gras, on articulait un autre bruit. Comme on y donnait la pièce des *Mendians vénitiens*, à l'instant où les mendians délibèrent sur le sort de leur chef, et que l'un d'eux dit : Il faut l'assassiner, une voix d'homme avait, dit-on, répondu des loges : Dans une heure et demie cela sera fait. De bouche en bouche on est remonté à la première, de laquelle pouvait être sortie la phrase qui avait donné naissance au bruit. C'était une dame qui pretend que, quand l'acteur a prononcé la phrase : *Il faut l'assassiner,* une voix a répondu : *Certainement.* Le bruit, par cette substitution de mots, était déjà bien dénaturé ; mais, de plus, cette dame est la seule qui ait déposé du fait, quoiqu'il dût avoir beaucoup de témoins, puisqu'il se passait aux oreilles d'un public entier ; et ensuite tous les agens de police et tous les gendarmes qui étaient de service ce jour-là à l'Ambigu-Comique, ont été questionnés à ce sujet : tous ils ont répondu n'avoir aucune connaissance du fait.

Autre fait grave. Une dame Rack, pâtissière, avait reçu de son fils, demeurant à Reims, une lettre. Selon cette lettre, un sellier de cette ville avait annoncé que M. le duc de Berry n'avait pas long-temps à vivre. Il y avait même beaucoup de versions de ce bruit. La dame Rack les a fait taire toutes dans sa déposition. La dame Rack n'a pas de fils à Reims ;

son fils, ni de Reims, ni d'ailleurs, ne lui avait écrit, tout à l'heure, que la vie de M. le duc de Berry était menacée. Dernièrement, en déplorant sa mort avec une de ses amies qui partageait sa douleur, elle avait dit : Qu'il y avait quatre ou cinq ans que son fils lui avait écrit de Metz, qu'à Metz, un officier avait tenu des propos de fureur contre M. le duc de Berry : c'était ce discours qui avait été si étrangement travesti.

On avait encore parlé de lettres adressées de Bordeaux avant l'évènement à un marchand de toile de la rue des Déchargeurs, qui étaient pleines d'inquiétudes sur la vie du même Prince. Nul des marchands de toiles de cette rue n'a reçu de lettres pareilles.

De plus, on affirmait que le dimanche gras, à l'heure du dîner, chez un marchand de vin, rue de Babylone, appelé *Bolet*, on avait laissé échapper une menace contre la sûreté de la personne des Princes. Bolet est venu. Il n'a pas de garçons ; son fils et lui font seuls le service de sa maison ; ni l'un ni l'autre n'a entendu la menace.

On assurait qu'à Metz, un habitant qu'on désignait avait eu l'indiscrétion de dire devant un de ses fermiers qui lui apportait une lettre contenant la nouvelle de la mort de M. le duc de Berry, tout aussitôt que la nouvelle en était arrivée : *Bah! il y a long-temps que nous le savions.* Une commision a été envoyée à Metz. Tous les fermiers de cet habitant ont paru en témoignage; lui-même et sa belle-sœur ont été interrogés : on n'a trouvé nulle preuve du fait.

A Paris, un jeune apprenti menuisier, dont le nom était indiqué, la nuit du dimanche au lundi, une heure avant le meurtre, avait entendu des discours qui l'annonçaient, à la porte d'un bal donné dans le quartier de l'Opéra : l'apprenti a été trouvé : il a déposé : il n'a rien entendu.

On s'était servi d'un nom bien autrement respectable, de celui de M. de Maillardoz, maréchal-de-camp, pour accréditer un bruit pareil. On disait que cet estimable officier avait été accosté, vers les dix heures, sur le boulevard, par un individu qui lui était inconnu, et qui lui dit que M. le duc de Berry avait été tué. Il est vrai, selon le témoignage de M. de Maillardoz, que cette nuit il traversa le boulevard; qu'il y remarqua, de distance en distance, des groupes où l'on prononçait le nom du Prince, et où on avait l'air de recueillir une nouvelle; qu'inquiété par cette espèce de mouvement, il entra au café Tortoni, où il apprit cette nouvelle funeste : mais il était alors au moins minuit ; car M. de Maillardoz était sorti à plus d'onze heures et demie de la maison Rougemont, où il avait passé la soirée.

Un autre nom également respectable se rattachait à un fait bien marquant. Mme la comtesse d'Erlach savait qu'une de ses femmes, dans la rue, peu de jours auparavant l'assassinat, avait ouï dire par un homme à plusieurs autres : *Qui de vous assassinera le duc de Berry ?* Mme d'Erlach n'a pas même su ce dont on voulait lui parler, ni ses femmes non plus.

M. de Sainte-Fère, à en croire un document, avait un domestique apparemment très-ressemblant à Louvel ; car une fois il avait été arrêté par un passant qui lui avait dit : *Eh bien ! en finiras-tu donc avec ton duc de Berry ?* M. de Sainte-Fère est venu, son domestique aussi : ce domestique ne ressemble guère à Louvel, car il a cinq à six pouces plus que lui : ni le maître, ni le domestique, n'ont su ce que l'on voulait leur dire.

A Châlons-sur-Saône, un mois avant l'évènement, un M. de Beligny, connu par ses bons sentimens, avait reçu, dit-on, une lettre qui lui annonçait un complot contre la famille royale et le massacre de deux mille personnes. On creusa ce bruit. Une commission fut envoyée à Châlons. M. de Beligny comparut. Il est très-vrai qu'après l'évènement, dans un café où l'on agitait la question de savoir si Louvel avait des complices, M. de Beligny, qui soutenait l'affirmative, dit, dans la chaleur de la discussion, qu'il y avait des faits, et que, par exemple, il avait tenu lui-même une lettre où il était question d'une conspiration contre la famille royale. Interpellé depuis sur ce fait, M. de Beligny a constamment refusé de représenter la lettre, de dire de qui elle était signée, et même de qui il la tenait. Il a assuré, au surplus, qu'on avait forcé, ou qu'il avait forcé lui-même ses expressions ; que la lettre était très-vague, et qu'elle ne contenait rien qui eût trait à l'assassinat de M. le duc de Berry, et qu'elle n'existait plus. On pourrait aller plus loin, et il ne serait pas bien téméraire de supposer qu'elle n'a jamais existé, en songeant à la circonstance que M. de Beligny était poussé de discussion, et que c'était à l'appui de son opinion que, dans l'entraînement de la controverse, il avait parlé de cette lettre, que personne n'avait vue que lui.

A Vitry, près Paris, aussi circula une histoire qui dut fixer l'attention de la commission d'une manière toute particulière. Une jeune femme de ce pays, qui nourrit la fille du sieur Zimmermann, marchand de musique, était venue passer chez lui, avec son nourrisson, la journée du dimanche gras. Elle en partit le lundi matin, sans savoir l'affreuse nouvelle de la nuit. C'était le lundi gras. Elle ne trouva pas son mari chez elle. Il ne rentra qu'assez avant dans la nuit. Sa femme l'avait attendu ; mais cette femme était triste de ce que, après un petit voyage d'un jour, elle ne trouvait pas son mari plus empressé de venir la retrouver. De plus, le mari avait usé de la liberté du carnaval. Il était un peu pris de vin, quoique, assure sa femme, qui semble l'aimer beaucoup, et en être aimée, cela ne lui arrive guère. La femme bouda. Les deux époux ne se parlèrent pas avant de se coucher. En se couchant encore, et même après s'être couchés, ils ne se parlèrent pas davantage. Cependant, vers le milieu de la nuit, la femme se lassa la première de cette espèce de brouillerie. Elle était tourmentée d'ailleurs de la funeste nouvelle qu'elle avait apprise en arrivant à Vitry, et cette nouvelle, en l'agitant, l'avait fait veiller

pendant que son mari, appesanti par les fu-
mées de la boisson, s'était assoupi. Dans un
moment où il se réveilla, elle ne put s'empêcher de lui dire : Eh bien ! Génève, tu sais
l'affreux évènement. Son mari lui répondit
qu'il l'avait appris la veille en dînant. La femme
saisit mal la réponse de son mari. Quelque
heure qu'il fût déjà dans la nuit, comme elle
n'avait pas dormi, il n'était encore pour elle
que lundi, tandis que pour le mari, qui s'était
livré au sommeil, et qui se réveillait, il était
mardi. Sa réponse signifiait donc pour lui le
dîner de *lundi*, tandis que pour elle il signifiait le dîner de *dimanche*. Le mardi matin,
elle parla à ses voisines dans ce sens. Elle ins-
pira à quelques personnes des inquiétudes fort
raisonnables, nées de ce qu'on ne concevait
pas comment Génève avait pu apprendre le dimanche, en dînant, un évènement qui n'était
arrivé que la nuit du dimanche à onze heures.
La commission d'instruction jugea ce fait digne
d'être éclairci. Sans s'être rien communiqué,
et quoique séparés l'un de l'autre avant leurs
dépositions, les deux époux s'accordèrent sur
les détails les plus minutieux de la bouderie
du soir et de la conversation de la nuit, et il
fût démontré à la commission qu'il y avait eu

une simple équivoque de langage dans le mari,
qui d'ailleurs jouit d'une bonne réputation, et
contre lequel il ne s'élève aucun autre indice.

La commission dut également examiner quelques autres bruits qui se rattachaient à la personne de Louvel, mais dont l'éclaircissement
pouvait être utile pour la question de complicité. Ils se sont trouvés faux pour la plupart.

Ainsi l'on avait dit qu'il avait autrefois vécu
à Laon, et qu'il y avait même subi une condamnation pour cris séditieux. On a fait venir
le jugement; il n'intéresse pas Louvel. C'est un
nommé Pierre-François Louvet, garçon tan-
neur, qui a été condamné. Il est d'ailleurs certain que Louvel ne pouvait alors être à Laon.

L'on avait dit aussi que quatre mois environ
avant son crime, il s'était trouvé à boire avec
deux ou trois ouvriers, devant lesquels il s'était
vanté de son projet. L'un de ces témoins l'avait
ainsi rapporté. On a entendu toutes les personnes indiquées, et de leurs témoignages réunis, il est résulté que c'était une fable.

Un ecclésiastique, d'ailleurs fort respectable,
avait cru un moment reconnaître dans Louvel
un homme de qui il avait eu à redouter quelques violences. Il s'était même écrié en l'apercevant : Voilà mon assassin ! Il a été entendu.

Il a perdu la première conviction qu'il avait.
Il n'assure plus rien, et toutes les circonstances
recueillies dans les autres documens, font
croire, comme il le croit lui-même, qu'il s'é-
tait trompé.

Le bruit avait couru qu'au commencement
de janvier de cette année, on avait vu Louvel
à Lyon, chez le sellier Majesté. Le fait est
faux. Tout prouve que depuis 1816, Louvel n'a
pas quitté Paris pour une absence de plusieurs
jours. D'ailleurs l'instruction faite à Lyon,
par suite de délégation, établit que c'est un
autre individu (qui n'a rien de commun avec
Louvel), qu'on a vu dans ces derniers temps
chez Majesté.

On répandait encore que Louvel avait été
au service d'un personnage qui a été dans l'intime familiarité de Buonaparte. Ce fait s'est
trouvé faux comme les précédens. Louvel n'a
jamais été qu'ouvrier. Toute sa vie est connue.
Il n'a jamais servi personne.

On ajoutait qu'on l'avait vu suivre, à cheval, la chasse des Princes ; qu'entr'autres
courses de ce genre, il avait été aperçu, lui
troisième, à une chasse dans la forêt de Saint-
Germain ; qu'un piqueur même lui avait parlé.
Ce fait avait peu d'importance quant à la cul-

pabilité de Louvel, à laquelle assurément il est difficile de rien ajouter. Mais il en avait beaucoup, s'il était vrai, pour la question de complicité. Elle ne serait plus douteuse.

Le piqueur a été entendu. Il a été confronté. Il est sûr que Louvel n'était pas un de ces hommes.

L'on parlait également d'une réunion qui avait eu lieu au café Philibert, et où Louvel se serait trouvé le vendredi qui a précédé son crime, au matin. Il a été vérifié qu'il n'y avait eu de réunion d'aucune espèce, ce matin-là, au café Philibert. Nul indice non plus n'a montré Louvel comme s'étant trouvé jamais à aucune réunion, quelle qu'elle fût.

On avait cité surtout comme un fait très-extraordinaire que, peu de jours avant le crime, Louvel eût été rencontré, à trois heures du matin, du côté de la porte Saint-Martin, allant à Vincennes, par un nommé Loiseau, éperonnier. Loiseau, à ce qu'on assurait, l'avait dit.

Loiseau a été entendu.

Louvel aussi s'est expliqué sur ce point dans ses interrogatoires.

Il est resté constant que Loiseau avait renrencontré Louvel, non pas à trois heures du matin, mais à trois heures de l'après dîner.

On disait, de plus, que Louvel avait été signalé, par le commissaire du théâtre Feydeau, au magistrat qui administre la police, il y avait plus d'un mois, lors du crime. On donnait même ce fait comme très certain. Le commissaire de police du théâtre Feydeau est venu attester qu'il ne savait pas même ce qu'on voulait dire. Un autre témoin très-respectable est aussi venu déposer qu'on avait eu tort de présenter le fait comme incontestable; que c'était un simple *on dit.*

D'autres racontaient, encore, qu'un autre officier de la police, qu'on nommait, avait déclaré avoir vu Louvel dans l'Opéra. Cet officier est venu dire le contraire.

Louvel, disaient d'autres personnes, avait été aperçu, durant les quinze jours qui ont précédé son crime, rôdant autour de l'Élysée-Bourbon. Il avait même été conduit devant le commissaire de police de ce quartier, qui l'avait fait arrêter. Depuis, on l'avait relâché. Le commissaire Bruzelin a été entendu. Il a donné un démenti formel à cette assertion.

En passant de ces faits, qui concernaient Louvel, à d'autres qu'on regardait comme se rattachant à son crime, et qui ont aussi disparu dans l'instruction, on arrive à un bruit assez généralement répandu, qu'il y avait eu une première tentative d'assassinat qui avait été déjouée. Voici ce qui avait donné lieu à ce bruit.

Dans le cours de l'été dernier, le Prince revenait de faire une promenade matinale à Bagatelle, en cabriolet et suivi d'un seul domestique. Il était descendu quelques pas avant la barrière, et le domestique de confiance Lecene s'était avancé, conduisant toujours le cabriolet.

A la barrière, Lecene s'était arrêté pour attendre le Prince. Deux hommes d'assez mauvaise mine, regardant dans le cabriolet, dirent : *Il n'y est pas*, et s'avancèrent sur la route. Ils s'approchèrent du Prince. Lecene, frappé de leur extérieur délâbré, s'élança du cabriolet, et courut sur l'un. L'autre se mit à fuir. Lecene amena, au Prince, le premier, qui n'avait pas de papiers sur lui, et qui disait qu'il voulait présenter une pétition au Prince. M. le duc de Berry se contenta de lui observer que ce n'en était ni l'occasion, ni l'heure, ni le lieu, et lui dit de la lui apporter à l'Élysée.

Cet homme y est en effet venu. On lui a même donné des secours.

L'affaire a été éclaircie.

Il y avait eu indiscrétion de la part du pétitionnaire, curiosité de la part de l'ouvrier qui l'accompagnait, excès très-louable de sollicitude de la part de Lecene.

Mais aucun des deux hommes n'avait eu mauvaise intention.

Appelés devant la commission, ils ont rendu bon compte de leur conduite.

Lecene a même reconnu qu'étaient vrais tous les faits tels qu'ils les racontaient. Il ne reste rien de la première supposition.

Il ne reste rien non plus de la supposition que la nuit du crime il y avait eu de grands rassemblemens d'hommes armés autour de l'Élysée-Bourbon et dans l'allée de Marigny.

Il n'a été fourni ni un seul indice ni un seul témoignage qui donnât créance à ce bruit, et tous les rapports de police y ont été contraires.

Il n'est resté rien encore des propos très-horribles attribués à un jeune musicien appelé *François Labbé*, arrêté à Troyes. Ce jeune homme, en parlant de l'assassin, dont il venait de lire dans les journaux les réponses vraies ou fausses qu'on disait faites par lui dans ses interrogatoires, avait dit : *C'est un gaillard bien décidé. Il dit que son crime est un mal pour un bien*. Les sieur et dame Hentz, qui l'avaient entendu s'exprimer ainsi, répétèrent ce qu'il avait dit devant des gens inattentifs. Ceux-ci attribuèrent au musicien ee qu'il rapportait seulement de Louvel. Les sieur et dame Hentz, et le musicien, ont rétabli la vérité.

La dame des Vallées l'a rétablie aussi à propos d'un discours qu'on lui avait prêté. On assurait tenir d'elle que vers les noces de M. le duc de Berry, elle avait entendu, dans un café, deux ou trois hommes de la plus mauvaise tournure, s'entretenir sur les moyens d'empêcher le mariage, et dire qu'ils avaient au moins pour eux un cocher et un sellier.

Mme des Vallées a déposé. Elle affirme n'avoir jamais ni entendu ni répété rien de pareil.

Un autre mot non moins criminel avait été tenu, disait-on, à la connaissance de M. le marquis d'Agrain, à Châlons-sur-Saône, par un homme qui, ayant poussé des cris séditieux dans cette ville, et ayant été arrêté pour ce fait, avait dit : « Louvel a été chargé du duc « de Berry, et moi j'ai été chargé de Monsieur. »

La commission, très-justement alarmée d'un propos aussi sinistre, a délégué le juge de Châlons pour en informer.

M. le marquis d'Agrain a comparu.

M. le marquis d'Agrain est convenu qu'il avait été trompé.

L'homme dont il parlait est un très-mauvais sujet, qui même, en ce moment, est devant la justice, pour d'autres faits criminels. Mais cet odieux discours n'a du moins pas été tenu.

Enfin, pour terminer cette fastidieuse énumération des suppositions reconnues telles, le soussigné arrive à une dernière révélation qui avait commencé par paraître très-grave, et qui a fini par n'être rien autre chose qu'un piége que se sont mutuellement tendu deux hommes étrangers à la police, mais n'en ayant pas moins résolu d'évoquer, à force de mauvais sentimens qu'ils afficheraient, les mauvais sentimens, les mauvais projets, peut-être les complots secrets qu'ils trouveraient sur leur route, et de rendre à eux-mêmes bien plutôt qu'à la société, le service de les dénoncer à l'autorité et à la justice, dans l'espérance d'en tirer quelque avantage.

Pendant que chacun de son côté, sans se connaître, ils allaient à la recherche des conspirations, ils se sont rencontrés. Ils se sont liés par l'intermédiaire d'un nommé *Beths,* qui paraissait être d'abord le plastron et l'objet commun de leurs observations, et qui paraît être aussi la dupe principale des deux intrigans. Ils se sont abouchés. Ils se sont observés. L'un d'eux, plus impatient que l'autre, lui a parlé d'un complot qui était en action, pour arracher à celui-ci son secret, s'il en avait un. Il lui a tenu les propos les plus exécrables; il lui a fait part des projets les plus atroces. Le soussigné craindrait de manquer à la dignité de la Cour, en l'entraînant dans le détail minutieux de tous les bas et vils moyens employés par ces deux sycophantes pour se tromper et se perdre mutuellement. Il suffira de savoir qu'il a été démontré que cette méprisable comédie n'offrait rien de réel que la turpitude de ceux qui la jouaient. Un moment l'autorité a pu s'inquiéter des apparences et chercher à approfondir des menées qui pouvaient se rattacher à la douloureuse affaire dont la Cour est occupée. Mais aussitôt qu'elle a eu reconnu qu'il n'y avait, dans ces menées, que de la bassesse et pas de danger pour la société, elle a dû abandonner l'intrigue et les intrigans au mépris qu'ils méritent. Le soussigné se bornera à dire à la Cour que le trait principal qui avait éveillé l'attention de la police sur ces hommes mystérieux, c'est que l'un d'eux, celui qui voulait inspirer une grande confiance à l'autre, par le rôle décidé qu'il s'attribuait, se présentait comme complice de Louvel.

A l'en croire, Chenou, car c'est ainsi qu'il s'appelle, avait été condamné à mort en 1815 pour crime politique, et grâcié par le Roi. Cet acte de miséricorde l'avait humilié et non conquis. Il n'en avait pas moins conservé toute sa haine contre les Bourbons. Il ne parlait en effet que de détruire ceux qui restaient encore, à commencer par le Roi. Au reste, il avait déjà rendu de grands services au parti. Il était l'un des complices de Louvel. Les complices principaux étaient au nombre de cinq. et il en était un. Un nommé *Rocourt* en était un autre. C'était même Rocourt qui avait frappé le Prince ; mais il avait eu la présence d'esprit de se découvrir ensuite et de rester en place, tandis que Louvel, saisi d'une terreur panique, s'était enfui, ce qui l'avait fait poursuivre et arrêter. Rocourt était parti dans la nuit. Chenou devait partir aussi, mais il changea de résolution. Il rentra chez lui. Les gendarmes y vinrent. Il brava la visite. On le laissa tranquille. La dernière voiture des conspirateurs était partie le matin. Il n'était pas

pour cela dégoûté de conspirer, et il cherchait
à grossir son parti.

Rousseau, l'autre observateur, ancienne-
ment attaché à la police, renvoyé par elle, et
ayant, à ce qu'il paraît, le désir de mériter
par quelque service signalé d'y être rattaché,
ne répondait à ces avances qu'autant qu'il le
fallait pour ne pas alarmer et repousser la confiance. Il entrait dans les sentimens. Il interrogeait sur les projets. Il laissait entrevoir
qu'il pouvait être grandement utile, et connaissait un homme qui, depuis long-temps,
ne demandait pas mieux que de consacrer
500,000 francs à la chute de la dynastie. Mais
pour livrer un homme aussi précieux, il fallait
autre chose que des paroles. Chenou parlait
beaucoup de moyens de crédit, de projets,
d'associés. Mais où était la garantie de ses discours ? On ne connaissait que lui et Beths. Ni
pièces ni preuves à l'appui de ses discours.
S'il y avait moyen de procurer à Rousseau
quelque pièce propre à démontrer l'existence
d'une partie bien liée, alors il la montrerait à
l'homme aux 500,000 francs, et l'homme aux
500,000 francs paraîtrait. Une pièce donc,
voilà ce que demandait Rousseau ; il lui fallait
la pièce.

Chenou trouvait la demande de Rousseau juste. Il n'était nullement embarrassé de lui fournir la pièce désirée. Mais, à son tour, il exigeait que lorsqu'il l'aurait fournie, on l'abouchât avec l'homme : il lui fallait l'homme.

On voit quel était le plan des deux intrigans, dont chacun avait la conviction que l'autre était un vrai conspirateur, qui avait Beths pour complice. L'un voulait obtenir la pièce pour livrer, quand il l'aurait en sa possession, Chenou et Beths; et l'autre voulait connaître l'homme pour dénoncer, aussitôt qu'il aurait cette importante révélation, l'homme aux 500,000 fr., Beths et Rousseau.

Rousseau seulement fut le plus prudent des deux; car en s'enfonçant dans cette intrigue, il avait commencé par avertir l'autorité qu'il était à la piste d'un complot, tandis que Chenou explorait celui qu'il avait cru découvrir, sans en avoir prévenu personne.

Pour en finir de ce dégoûtant récit, Chenou avait fabriqué la pièce, et il n'était guère possible de consommer un acte d'ineptie plus complet, soit pour le choix de l'honorable personnage auquel il l'attribuait, soit pour l'absurdité de la supposition qu'il en faisait sortir, soit enfin pour la grossièreté des formes.

C'est en cet instant que la police crut qu'il était temps d'éclairer cette œuvre ténébreuse, et que Beths et Chenou furent arrêtés; puis son premier soin fut de donner connaissance du tout à la commission.

La commission entendit tous les acteurs de cette manœuvre.

Le soussigné est resté convaincu que les deux principaux d'entr'eux ne faisaient que jouer un faux rôle de conspirateurs pour se tromper mutuellement. Ils ont eux - mêmes fourni toutes les lumières qu'on pouvait désirer pour bien démontrer qu'il en était ainsi. Sous ce rapport, ils n'appartiennent donc ni l'un ni l'autre au procès actuel, sauf à la justice ordinaire à apprécier la conduite de Chenou, et à examiner quelle loi est applicable à ceux qui vont réveiller par la tentation d'une conspiration qu'ils disent être en pleine activité, le goût du mal dans des âmes aigries, où fermentent l'ambition, la haine et la cupidité.

Quant à Beths, malheureux jouet des tentatives faites par ses deux faux amis pour obtenir de lui l'explosion de ses mauvais sentimens et pour le perdre, c'est encore à la justice ordinaire à examiner jusqu'à quel point est coupable un homme qui, portant dans son cœur tout ce qu'il faut pour bouléverser l'Etat, est assez heureux pour ne se lier qu'à des conspirations factices, et échappe ainsi sans innocence au crime déjà commis dans son cœur et dans son intention. Heureux, Beths, sans doute, en de pareilles circonstances, de n'avoir à être jugé que par la justice extérieure, au lieu de l'être par la morale !

Ainsi, cette affaire qu'on a pu craindre un moment de voir se rattacher à l'affaire de Louvel, y est tout à fait étrangère, ou, pour mieux dire, elle n'a que des apparences : et en la creusant, on n'y trouve pas heureusement la réalité du crime. C'est bien assez d'y trouver la réalité de la perfidie en plus d'un genre.

Après avoir enfin épuisé la première classe des faits du procès, c'est-à-dire ceux que l'instruction a détruits, il reste au soussigné à scruter ceux de la deuxième classe ; c'est-à-dire les faits vrais au fond, mais altérés en grande partie.

Quelques-uns de ceux-ci se rapprochent de ceux dont il vient d'être rendu compte dans la première classe, et qui contenaient une sorte de prédiction du malheureux évènement.

Ainsi la commission fut avertie qu'avant le meurtre, on avait écrit sur la maison du sieur

Mouchy, à la Croix, ces mots : *Il y aura un beau dimanche gras.*

Il est très-vrai qu'on traça sur les murailles de la maison de ce propriétaire, avec de la craie, ces mots : *Quel jour pour la France que dimanche !* Mais cette inscription n'y fut mise que le mardi, 15 février. Lui-même, il est venu l'attester dans sa déposition.

La différence de la date dénature le fait. Le 15 février, c'était un regret. Le 13, c'eût été une prédiction.

Une autre prescience fut encore dénoncée à la commission.

Chez le relieur Bonet, disait-on, était en qualité d'apprenti un jeune Juif appelé *Samuel.* Le matin, 14 février, la dame Bonet, qui a la réputation de professer les meilleures opinions, parlait devant lui, avec une vive douleur, de l'évènement de la nuit. Je le savais dès hier, dit le Juif. Ces mots frappèrent au dernier point la dame Bonet, qui comprit que le jeune Juif l'avait appris la veille dans la soirée, c'est-à-dire avant qu'il fût arrivé. Elle en parla dans ce sens, le jour même, avec un peu d'humeur contre le Juif, à sa voisine Bertrand. La voisine le redit. On assurait même que la dame Bonet avait à l'instant interrogé son apprenti, qui avait répondu niaisement, mais pourtant d'un ton mystérieux.

La commission a appelé la dame Bonet.

Le mot du Juif, la surprise de la dame Bonet au premier moment, la confidence de cette surprise, pendant qu'elle n'en était pas encore revenue, à la dame Bertrand, tout était vrai; tout : excepté le ton mystérieux du jeune Juif, quand un peu après il fut interrogé par sa maîtresse sur l'heure à laquelle il l'avait appris la veille. Il répondit naturellement que c'était fort tard.

Le Juif Samuel est venu s'expliquer à son tour. Il a vingt-deux ans. Il paraît très-laborieux, et après sa journée finie, il travaille assez avant dans la nuit avec son père, qui est rabbin, à copier les livres de leur religion. Il est aussi chargé de faire les provisions du ménage. Un peu par goût, un peu aussi peut-être par vanité, il ne va faire chaque soir, ses emplètes pour le lendemain, qu'à la fin de ses veillées; c'est-à-dire, à dix ou onze heures. Le dimanche gras, il sortit, en effet, comme à l'ordinaire, vers cette heure. Il alla chez l'épicier pour avoir de l'huile à quinquet, chez la fruitière, et ailleurs. Toutes ses courses le conduisirent jusqu'à minuit. En rentrant

enfin chez lui, il vit un groupe dans la rue. Il
entendit parler haut; il approcha. On y disait
que M. le duc de Berry venait d'être assassiné.
Il fut, dit-il, saisi. C'est ce qui lui fit répondre
le lendemain à la dame Bonet qu'il le savait.

Ce jeune homme s'expliquait avec beaucoup
de simplicité, et paraissait naïf. Il n'y avait
d'ailleurs aucun indice, aucune circonstance
matérielle qui démentît ses récits.

La commission n'est point allée plus loin.

Et quand même ces récits lui eussent laissé
des soupçons, il lui eût été difficile de faire
plus qu'elle n'a fait; car enfin tout ce que dit
Samuel est possible, et aucun témoin ne contredit sa version. De plus, quand il mentirait,
d'autres exemples fournis par cette procédure
même, prouvent assez que la tentation de faire
le savant en pareil cas est une disposition d'esprit fort commune parmi les orateurs du peuple; et si c'est le devoir des magistrats, quand
ces actes de prescience se produisent, de scruter avec sévérité ceux qui les ont laissé échapper, pour découvrir si, par hasard, ils ne dé-
céleraient pas un confident criminel, c'est
leur devoir de les apprécier et de les dédai-
gner quand ils décèlent un bavard avantageux.

Ces réflexions s'appliquent encore au fait

qui va suivre. Il s'agit d'une prescience pareille annoncée par un paysan de Casaubon, appelé *Bruman*.

Le premier dimanche de carême, Bruman était allé chez M. Laborde-Lanselot, juge au tribunal de Mont-de-Marsan. On y parla de la mort de M. le duc de Berry. Bruman dit : *Il y a huit jours que je le savais.* Le gendre de ce dernier l'interrompit, en disant : *C'est du Roi que mon beau-père voulait parler.* Il paraît en effet que, dans ces déserts, s'était répandu un bruit plus funeste encore, s'il est possible, que celui de la mort du Prince.

Une commission a été délivrée au juge de paix de Nogaro pour approfondir le fait.

Il est résulté des informations qu'un tonnelier du voisinage avait parlé à Bruman de la mort de M. le duc de Berry après l'évènement; qu'auparavant il avait été question de l'autre bruit; que Bruman est un homme très-simple, et à qui il est facile de confondre des idées différentes; et qu'enfin Bruman et le tonnelier ne sont connus dans le pays que sous de bons rapports.

A Béziers aussi s'était passée une aventure qui, un moment, présenta des caractères inquiétans.

Le 17 février, avant que le malheur fût encore connu dans ces contrées, vint loger chez Domange, à Corneilhan, arrondissement de Béziers, un nommé *Paulmier*, habitant de Cruzy, lequel paraît n'avoir pas une très-bonne opinion politique. La mort de M. le duc de Berry fut connue le lendemain ; mais le bruit se répandit que, dès ce jour-là même, Paulmier l'avait annoncée à la femme Domange. Il paraît qu'en effet, quelque légèreté d'esprit de la part de celle-ci avait donné lieu à ce bruit : car, appelée devant le maire de Corneilhan, elle signa un procès-verbal qui portait que Paulmier lui avait dit, le 17, que M. le duc de Berry était tué. Le maire, comme cela était simple, l'avait répété.

La justice informa.

Un mandat fut décerné contre Paulmier, et Paulmier nia formellement avoir tenu ce propos.

La femme Domange fut appelée. Elle dit que, le 17 février, Paulmier avait en effet couché chez elle ; qu'il y avait soupé avec un marchand et un fondeur de cuillers ; qu'il dit qu'un Prince, *qu'il ne nomma pas*, avait perdu un grand nombre d'onces de sang, et qu'on désespérait de sa vie ; que quand son mari fut rentré chez lui, elle lui raconta la nouvelle de Paulmier; que le lendemain, son mari et elle étant dans la barque de poste, où était aussi le maire Levére, ils y apprirent la mort de M. le duc de Berry; qu'alors le propos de Paulmier, de la veille, leur revint dans la mémoire; qu'ils l'appliquèrent à la nouvelle qu'on leur apprenait; qu'ils s'étonnèrent de ce que Paulmier la savait d'avance; qu'ils en parlèrent dans ce sens; et que si le maire a fait dire autre chose à la femme Domange dans le procès-verbal, il s'est trompé. La femme Domange pouvait ajouter que, de son côté, elle avait eu tort de signer ce procès-verbal, s'il contenait autre chose.

Domange confirma tout ce qu'avait dit sa femme.

Le marchand, avec qui Paulmier avait soupé le 17 février dernier, et avec qui il avait plus causé qu'avec la femme Domange, en parlant dans le même sens, ajouta que Paulmier s'étendant sur sa nouvelle, avait dit qu'il avait lu, la veille, dans un journal, que le roi d'Angleterre était mort; que le prince de Galles avait perdu 80 onces de sang, et qu'on désespérait de sa vie. Il est très-vrai que les journaux de cette époque avaient ainsi parlé d'un accident de santé du roi Georges IV.

Ainsi il devint clair que la prescience était toute entière de la création de la femme Domange, qui avait fait une méprise. La veille, sans le nommer, on lui parlait d'un prince qui avait perdu 80 onces de sang; le lendemain elle apprenait la mort de M. le duc de Berry. Elle n'avait pas douté que c'était de lui que Paulmier parlait la veille. Ce qu'elle disait reposait sur une base vraie. Tout ce qu'elle disait était vrai même à son sens et dans son intention. Elle avait tiré, sans le savoir, une fausse conséquence , et cette fausse conséquence était devenue la source d'un faux bruit.

Ce fut un faux bruit, encore parti d'une autre méprise, que celui qui donnait à croire qu'un jeune homme s'était trouvé dans une société où l'on tira au sort à qui tuerait M. le duc de Berry. Ce jeune homme avait dit à son père qu'il avait ouï raconter que quatre ou cinq scélérats s'étaient associés pour égorger M. le duc de Berry, et que celui qui en avait été chargé par ses complices ayant reculé, avait été assassiné. Cette anecdote en effet a circulé. Elle est même devenue la matière d'une instruction très-sérieuse de la part de la commission; il en sera rendu compte dans une autre partie du réquisitoire. Leguenet, père du jeune homme, l'avait racontée à un de ses amis, qui avait tout embrouillé dans sa tête, et qui avait compris que le père Leguenet lui disait que c'était son fils même qui avait assisté à ce conciliabule d'assassins. Il en parla ainsi dans le monde.

Il fut appelé devant la commission. Il lui répéta l'histoire telle qu'il l'avait comprise, et telle qu'il croyait que Leguenet père la lui avait racontée.

Leguenet père fut également cité. Il ne revenait pas de sa surprise en entendant ce qu'on l'accusait d'avoir dit de son fils.

Il fut confronté avec son ami Lavergne, auteur de cette version. Il lui soutint qu'il ne lui avait rien dit de pareil. Lavergne convint qu'il était très-possible qu'il eût mal compris.

Le jeune homme lui-même enfin fut cité. Il rétablit la vérité de son récit, conformément à ce qu'en avait dit son père. Il avait quatorze ans, était très-délicat et très-peu avancé. Si le soussigné, déjà disposé, par les vacillations du témoin, à croire que l'enfant n'avait pu dire avoir assisté au conciliabule, parce qu'il n'y avait pas assisté, avait eu besoin d'un élément nouveau de conviction, il l'eût trouvé dans le physique même grêle et non développé de cet enfant. Il n'était pas permis de croire que des scélérats qui s'associent à l'horrible dessein d'égorger un Prince, fussent allés chercher un complice ou même un confident dans un tel avorton.

Un autre bruit, assez répandu encore, était que, le jour de la mort du Prince, on avait entendu des explosions extraordinaires. On citait même un commissionnaire de la rue Philippeaux comme en ayant été effrayé. Cet homme est venu. Il a déclaré qu'il n'avait rien entendu du tout le 13 février; mais que le lendemain 14, vers huit heures du soir, ses oreilles et celles de sa femme avaient été frappées d'une détonnation, comme celle d'un pétard, venant du côté du boulevard du Temple. La commission n'a pas paru croire qu'un tel évènement fût ni assez remarquable ni assez significatif pour mériter d'être plus approfondi.

Elle en a approfondi un autre qui n'a pas eu de grands résultats pour l'instruction. On a su que, le jour même de l'assassinat, un individu pâle, petit, les yeux enfoncés, vêtu de bleu, était allé louer, chez un costumier, deux dominos noirs. Il avait laissé son adresse sous le nom de *Louvet*, rue Saint-Roch, n° 14, avait emporté les deux dominos, et n'avait plus reparu ni pour rapporter les dominos ni pour payer le prix de la location. On avait su que l'adresse laissée avait conduit le costumier chez un sellier. Etait-ce Louvel? Si c'était lui, il avait donc des complices?

On chercha.

On ne trouva rien.

Le costumier, sa fille, Mlle Ponele, une demoiselle Pringé, qui avaient connaissance de l'homme et de la location des dominos, furent entendus en témoignage.

Ils racontèrent le fait.

Ils ne connaissaient pas l'homme.

Ils l'avaient cherché le lendemain dans les deux rues Saint-Roch, au n° par lui donné, et sous le nom qu'il avait indiqué.

Dans l'une de ces deux rues, à ce n° même demeurait un sellier; mais ni là ni dans l'autre rue Saint-Roch, au même n°, on ne connaissait pas l'homme.

Louvel leur fut confronté; ils assurèrent que ce n'était pas lui qui avait loué les dominos.

Cette lueur échappa.

Dans le même temps, on disait qu'avant la catastrophe du 13 février, un portier de la Vieille rue du Temple était devenu fou, et que, dans ses accès, il ne cessait de s'écrier que M. le duc de Berry serait assassiné. En apprenant la mort du Prince, ajoutait-on, il était retombé dans sa démence, et il avait fallu lui retirer ses rasoirs, qu'il voulait employer à se punir apparemment de sa participation au crime.

On trouva le portier qui, dans la Vieille rue du Temple, avait eu des accès de folie.

On l'entendit.

On entendit son médecin.

Le portier avait bien eu des accès de folie dans le mois de janvier; mais il était bien certain que dans aucun de ses accès, il n'avait articulé le nom de M. le duc de Berry.

Il était bien certain aussi que, depuis ses accès du mois de janvier, il n'en avait pas eu d'autres; qu'ainsi il n'était pas retombé en apprenant la mort du Prince, et qu'on n'avait pas eu besoin de lui ôter ses rasoirs.

Dans le même temps encore, un malheureux se suicida chez un négociant. On répandit de tous côtés la version que c'était un homme qui s'était tué de regret de n'avoir pas pu réussir à commettre un autre attentat pareil à celui qui couvrait la France de deuil.

La cause de la mort de cet homme était

autre. Il avait reçu de son négociant 1500 fr. pour une destination. Il avait abusé de la confiance qu'on avait eue en lui. Il avait perdu. Il s'était tué. En mourant, il avait laissé une lettre qui expliquait que lui-même, le jour où il avait disposé de son honneur par une infidélité, il avait aussi arrêté de disposer de sa vie pour s'en punir. Il est vrai que d'ailleurs sa lettre contenait l'expression de fort mauvais sentimens, quoiqu'ils ne fussent réellement pour rien dans son immorale résolution. Et au reste, cela ne doit pas surprendre ceux qui réfléchissent. On a dit que les vertus étaient sœurs : les crimes aussi sont frères; et celui qui viole les devoirs envers la famille, sait rarement respecter ses devoirs envers la société.

Cependant, comme il faut être juste, même envers les criminels, on doit convenir qu'en cette occasion le Suicide se bornait à exprimer de mauvais sentimens, et qu'il ne s'accusait ni d'avoir médité ni de regretter un grand_attentat.

C'est aussi la justice qui veut qu'on ne laisse pas planer sur la réputation d'un jeune infortuné assez maltraité par la nature, pour que la légèreté du monde n'y joigne pas ses jugemens téméraires, le soupçon d'avoir médité un crime atroce.

Le soussigné veut parler du jeune étudiant en médecine arrêté à Saint-Denis le 20 mars dernier pour des actes de démence. La crédulité publique s'était emparée de sa conduite pour la présenter comme criminelle, tandis qu'elle n'était que digne de pitié. Il convient, par bien des motifs, de rétablir ici la vérité.

Le 20 mars précisément, une grande et auguste douleur, presque à l'insu de tout le monde, s'épanchait à Saint - Denis sur une cendre bien chère. Ce jour-là même, on vit un jeune étudiant en médecine paraître dans une des rues de cette ville, le pistolet à la main. Il sortait de chez une marchande de vin à laquelle il avait demandé le chemin du cimetière. La marchande de vin le lui avait montré avec beaucoup de complaisance. Elle était même sortie sur le seuil de sa porte pour lui donner plus d'indications. Il lui proposa de l'y conduire. Elle le refusa poliment. Il fit quelques pas, puis se retournant vers elle brusquement, il tira un pistolet de sa poche et la mira. Très-effrayée, elle rentra précipitamment chez elle. Quant au jeune homme, il remit son pistolet dans sa poche, continua son chemin avec calme, et alla se reposer près d'un pont où il se mit à lire, assis dans un fossé, comme s'il eût été dans sa chambre, un tome de Sterne en anglais.

A l'instant où il avait fait la démonstration de tirer sur la marchande de vin, plusieurs passans s'étaient mis sur ses traces. L'un d'eux arriva le premier vers l'étudiant. Celui-ci le voyant approcher, l'ajusta avec son pistolet, et le mit à peu près en fuite.

D'autres survinrent, et avec eux le mari de la marchande de vin, très-effrayé de ce qu'on avait voulu tuer, croyait-il, sa femme. On se jeta sur l'étudiant. Il fut terrassé, désarmé, arrêté, et livré à la justice. On trouva sur lui une montre, quelque argent, un Sterne, un Horace, et des certificats de ses maîtres d'é-tudes qui lui rendent les plus excellens té-moignages.

Depuis il a été examiné en justice et par des médecins. On s'est trop convaincu qu'il était atteint, auparavant déjà, d'accès de démence; et sa famille, en ce moment d'accord avec le ministère public, s'occupe des moyens de le sequestrer de la société, momentanément au moins, et de lui faire rendre dans une maison de santé les soins qu'exige son état.

Avant que toutes ces circonstances qui ré-
vèlent le secret de la malheureuse organisation
de ce jeune homme fussent connues, on s'était
effrayé de la coïncidence d'un grand Prince allant pleurer sur un tombeau, et d'un jeune
homme arrêté non loin d'un cimetière en ma-
nifestant des intentions homicides. La sollicitude est honorable pour ceux qui s'y sont
laissés aller. Hélas ! elle n'est que trop expliquée ! Mais heureusement cette fois, elle est
sans application.

Vers le même temps, la sollicitude de la surveillance publique eut un autre aliment qui,
par bonheur aussi, se trouva être tout à fait
innocent.

Un sieur Constant, maître serrurier au Gros-
Caillou, avait conçu des inquiétudes à propos
d'une commande fort singulière qui lui avait
été faite. On était venu lui demander s'il voudrait fabriquer quatre mille broches d'acier
très-aiguës, portant quatre quarts et formant
à la base un losange. C'était, disait-on, pour
une mécanique dont celui qui commandait les
broches ne connaissait pas l'usage. On lui en
demanda trois pour essai, conformes au modèle qu'on lui remettait. Il devait les fournir
brutes et forgées seulement.

La forme de ces instrumens, leur nombre, leur qualité offensive, enfin l'ignorance de l'usage auquel on les destinait, donnèrent des soupçons à Constant. La police veillait; elle savait qu'il avait reçu la commande. Mais il est vrai de dire qu'il alla s'offrir à son examen à l'instant même où elle allait le provoquer pour le subir.

Il indiqua sans hésiter celui qui lui avait proposé l'affaire. C'était le sieur Richelot, horloger, à qui déjà il avait remis forgés les essais demandés.

On se transporta chez Richelot.

On lui demanda les essais que lui avait fournis Constant.

Il les représenta à l'instant. Ils étaient même sur son établi, tout prêts d'être aiguisés par lui pour être remis à la personne qui les lui avait commandés. Cette personne était la dame Droz, quincaillière fort connue. Du reste, il ne savait ce qu'on en voulait faire.

On alla chez la dame Droz : la dame Droz convint qu'elle avait donné à Richelot un modèle, et qu'elle lui avait commandé les essais. Ce modèle lui avait été remis, et cette demande lui avait été faite par un inconnu, qui destinait, disait-il, ces broches à une mécanique.

L'inconnu était venu deux fois déjà : on lui avait demandé son adresse; il avait dit qu'il demeurait à la campagne. Il devait revenir le dimanche suivant, et elle promit d'avertir quand il reviendrait.

Il revint en effet. C'était le sieur Dautry, contre-maître et mécanicien, employé à la manufacture de M. Ternaux, à Saint-Ouen. Il convint d'avoir donné le modèle et commandé les essais. Il convint d'avoir annoncé que s'ils étaient bien faits, et s'il réussissait dans son entreprise, il en commanderait trois mille chez la dame Droz. Les broches étaient des dents qu'il voulait adapter à une machine circulaire imaginée par lui pour peigner la laine.

La justice se saisit de cette affaire pour l'approfondir avec soin.

Il a été reconnu,

Que le sieur Dautry était réellement contre-maître chez M. Ternaux, à Saint-Ouen ;

Qu'il était mécanicien, et même M. Christian, directeur du Conservatoire des arts et métiers, lui rendit un témoignage avantageux, sous le double rapport de ses talens et de ses principes ;

Qu'il faisait beaucoup d'essais mécaniques, et travaillait surtout à inventer ou à perfection-

ner des machines analogues à celle dont il s'occupait dans ce moment, propres au peignage
de la laine ;

Qu'il avait fait déjà des peignes *existans*,
auxquelles étaient adaptées des broches longues et aiguës ;

Qu'on devait en effet considérer les broches
par lui commandées, comme des moyens de
perfectionnement, et qu'ainsi sa commande
ne pouvait avoir rien d'inquiétant.

Elle n'avait rien surtout qui se rattachât à
l'affaire présente.

Le soussigné a dû cesser de s'en occuper.

Il a dû ne pas s'occuper non plus d'un grand
nombre d'autres affaires beaucoup moins inno-
centes que celle du sieur Dautry, mais qui
n'ont, avec l'instruction dont la Cour est saisie, d'autres rapports que ceux qui résultent
des mauvais sentimens témoignés souvent à
l'occasion même du malheur que nous déplo-
rons, par quelques misérables dont l'organisation ne rêve que désordres et bouleversement, parce que c'est uniquement là qu'est
tout leur espoir et toute leur fortune. Le soussigné veut parler de la troisième classe de faits
qu'il a indiqués, c'est-à-dire des faits qui, dénoncés à la commission comme devant être

examinés par elle, ont dû paraître criminels, très-criminels, mais ne pas appartenir à la compétence de la Cour.

Toutefois, en croyant que toutes ces affaires doivent être délaissées à la justice ordinaire, le soussigné se fait un devoir d'en entretenir sommairement les nobles Pairs, ne fût-ce que pour leur donner une idée des abominables manœuvres par lesquelles la malveillance, sur tous les points de la France, cherche à égarer les esprits faibles et crédules; et aussi parce que, si dans leur nombre il en était que la Cour crût avoir de la connexité avec celle qui l'occupe, elle pût en ordonner la réunion.

Faits criminels, mais étrangers à la complicité matérielle.

Le sang du Prince que nous avons perdu fumait encore, et d'une prison où il était détenu, Lucet écrivait au magistrat même qui préside à la police de la capitale, cette lettre infâme que tout le monde connaît, qui a été lue à la tribune de la Chambre des Députés, et dont, à cause de cette publicité, le soussigné peut s'épargner la douleur de rappeler les termes.

Le 16 février, à Charonne, un malheureux forgeron appelé *Duclos*, voulait forcer un de ses camarades à applaudir publiquement au crime de Louvel. *Brigand de royaliste*, lui disait-il, *il faut que tu dises comme moi : on a tué le duc de Berry, on a bien fait.*

Le 14 février, chez Thibaud, marchand de vin à la barrière des Trois-Couronnes, un bandit reprochait vivement au maître de la maison de l'empêcher de chanter une chanson en l'honneur de Napoléon ; et sur son refus prononcé, il lui dit : *Tu es en colère rapport à celui qui a été tué cette nuit ; l'autre le sera avant peu.*

Le 27 février, à neuf heures du soir, dans la rue des Filles-Saint-Thomas, un nommé *Bourrieux*, tailleur, criait à un passant : *Vous n'êtes pas un homme ; un homme, c'est celui qui a assassiné le duc de Berry.*

Dans le même temps, à Montmédy, un Louis Robas disait que celui qui avait tué le duc de Berry avait bien fait.

La nuit, à Saint-Étienne en Forêtz, un propagateur de désordres criait : *Vive Louvel !*

A Aubenas, un nommé *Féris*, maçon, disait en public : *En voilà un de tué, il faut espérer qu'on tuera bientôt les trois autres.*

A Avignon, on criait également la nuit, dans les rues : *Vive Louvel !* et on envoyait des lettres affreuses aux citoyens connus par leur attachement au gouvernement.

Au Pont-Saint-Esprit, un garçon boulanger exprimait en public le regret que le duc de Berry n'eût pas été assassiné dix ans plutôt.

A Strasbourg, Solis, officier démissionnaire, ne craignait pas de dire en plein cabaret, après avoir chanté *Ça ira*, et en parlant de la mort de M. le duc de Berry : *Eh bien ! quel malheur ! un homme de moins.*

A Vouziers, un cordier s'écriait qu'*il en aurait fait autant que Louvel.*

A Mericourt, on distribuait un écrit exécrable qui finissait par cette phrase : *Un Bourbon a eu la témérité de mettre le pied sur notre sol, il a été puni par le brave Louvel. Armez-vous du même fer, et frappez les royalistes, aux cris de vive la république !*

A Muret, un teinturier appelé *Jouvenel,* applaudissait au meurtre de M. le duc de Berry, provoquait à l'assassinat des autres Princes, et disait que s'il ne se trouvait personne, il s'offrait.

A l'Isle-sur-le-Doubs, un sieur Roy, capitaine en retraite, disait : *S'il est mort, il est bien. Il serait à souhaiter que l'autre le fût aussi.*

Au Vigan, on a affiché pendant la nuit un placard où, après une approbation impie du parricide de Louvel, on appelait cet assassin *l'ami du peuple et le disciple des droits de l'homme.* Puis on invitait les amis de la liberté et de l'égalité à s'armer pour se partager les biens des riches et chasser le fanatisme de ses temples.

A Sèvres, des misérables, le mardi gras, affectaient de chanter avec une cruelle ironie : *Nous l'enterrerons demain.*

A Beauvais, on affichait un placard de même genre, où l'on disait : *Comme on a fait au duc de Berry, il faut faire au Roi.*

A Nancy, en plein marché, un sieur Bernard, ancien agent de police, disait : *En voilà un, dans quinze jours le reste.*

A Mulhausen, pour insulter à la douleur publique, on lançait la nuit, dans les rues, des chiens portant un crêpe au cou.

A Alençon, la veille de la nuit même qui précédait le jour marqué pour les honneurs funèbres que l'on voulait rendre à la mémoire d'un Prince qui ne fit jamais que du bien, on placardait contre lui les plus dégoûtantes injures.

A Paris enfin, un commis de roulage osait bien dire en présence de plusieurs personnes, le matin même qui suivit le crime, en parlant du Prince et en se frottant les mains : *Est-il mort? Je ne voudrais pas, pour une pinte de mon sang, que cela ne fût pas.* A quoi un enfant de quatorze ans, tout à fait digne d'une telle leçon, répondait : *Si l'on me donnait cent mille francs, je tirerais bien dans le carrosse du Roi.*

A Dieu ne plaise qu'en traçant avec rapidité ce tableau funeste des écarts d'un petit nombre de Français indignes de ce nom, le soussigné ait eu la pensée coupable de vouloir faire croire que c'est là le tableau de la France. Non : les Français, cette noble nation renommée en Europe pour l'urbanité de ses mœurs, la loyauté de ses sentimens, l'éminente générosité de son caractère, n'ont pas mérité, pour le crime de quelques Cannibales, d'être confondus en masse avec eux. Les descendans de ces Gaulois, dont la franchise a fait proverbe dans l'histoire, n'ont pas dégénéré de leurs ancêtres, au point d'être devenus en quelques années une peuplade d'assassins, d'incendiaires et de parricides. Les Français savent se servir de l'épée. Ils ont horreur du poignard. Toujours les Français seront prompts, vifs et mobiles, un peu vains peut-être, jamais changeans dans leurs sentimens, jamais surtout infidèles à cet instinct national d'amour pour ses Rois, si nécessaire à leurs cœurs, qu'après trente années de compression, il a fait explosion de toutes parts à la première étincelle de l'espérance de les recouvrer. Non, ce ne sont pas les Français qui hurlent avec les meurtriers, qui célèbrent les régicides, qui font éclater dans les ténèbres des machines infernales, et qui frappent par derrière les sujets fidèles.

Grâces au ciel, ces mœurs ne sont pas devenues les leurs encore. Mais c'est la loi de la nature ; c'est aussi là loi de la politique : toute matière et toute nation a ses scories qui, mises en mouvement par une longue ébullition, apparaissent tout à coup sur la surface, au grand étonnement de l'observateur, bien éloigné de supposer qu'une masse pure recélât de si hideux molécules. Tout est bon dans la masse française et dans sa spontanéité ; mais le crime a l'habileté d'en extraire, par des provoçations obstinées, le petit nombre d'élémens corrompus qu'elle contient ; et quand, au jour de l'agitation, ces élémens surgissent à la fois, et ne craignent plus de paraître, c'est un avis à la puissance publique de les veiller et de les rejeter dans la vase dont ils sont sortis, pour restituer à la masse son homogénéité et sa pureté primitive.

C'est aussi le devoir de tous les fonctionnaires de lui donner cet avis salutaire, lorsqu'à l'occasion de leurs fonctions, ils acquièrent la triste certitude de cette périlleuse fermentation.

Ce devoir, le soussigné le remplit en ce moment. Il ne s'agit point ici de phrases sonores et de vains discours. Les faits sont là. Ils y arrivent d'eux-mêmes, naturellement, par des témoignages univoques et impartiaux. Ils parlent. Ils éclairent la justice. Ils éclairent aussi l'autorité. Ils conseillent : et surtout ils indiquent combien serait coupable envers la patrie toute résistance aux sages moyens que doit prendre un gouvernement paternel pour empêcher une corruption, qui n'a rien d'alarmant encore pourvu qu'on l'arrête et qu'on l'empêche de faire des progrès capables, à la fin, de perdre la société entière.

Au milieu de ce déluge d'infamies dont le soussigné a dû rendre compte, il appellera plus particulièrement l'attention des nobles Pairs sur quelques actes du même genre qui, ayant motivé de la part de la commission des mandats divers, provoquent aujourd'hui des délibérations de la Cour relativement à ceux qui en ont été frappés.

Le soussigné commencera par le sieur Hamelot, de Tours.

Le sieur Hamelot, vieillard, à qui les années n'ont pas apporté la sagesse, et propriétaire à Tours, deux jours avant la mort de M. le duc de Berry, avait dit, dans une maison de cette ville, qu'il y aurait sous peu de jours un coup qui surprendrait.

Une information fut faite à Tours. La preuve de l'inculpation fut acquise.

La procédure fut envoyée à la commission.

Elle décerna un mandat d'amener contre Hamelot.

Il ne s'est nullement disculpé du fait.

Mais on pourrait dire qu'à force de sa perversité même, il s'est lavé du soupçon d'avoir eu une connaissance suspecte et anticipée du crime de Louvel.

Hamelot, pour se servir de la dénomination par laquelle on le signale dans le pays, est un vieux radoteur de mauvais aloi.

Il est mal pensant.

Il est mal disant.

Chaque semaine il a quelque nouvelle coupable à débiter, ou quelque acte de démence politique à faire. Tantôt il ne veut pas recevoir de monnaie à l'effigie du Roi, parce que ce serait une malédiction dans sa maison. Tantôt il tire la langue dans les rues à ceux qu'il appelle *les Gouïns*, par allusion à l'honorable député de ce nom, qui a le malheur de déplaire, par sa loyauté, à son compatriote Hamelot. Une autre fois, il sait qu'avant deux mois les Bourbons ne seront plus en France. Une autre fois, il a la certitude que Buonaparte est débarqué en France, et que sous peu son règne sera rétabli. Bref, son imagination corrompue ne se repose jamais; et pour tromper sa douleur de ne plus vivre sous le sceptre débonnaire de Buonaparte, le bienfaiteur du genre humain, il a l'habitude d'aller toujours semant ses espérances et même sa conviction du prochain retour de son héros. Il y a toujours avec lui quelque évènement politique en l'air, quelque retour qui menace, quelque chute de gouvernement qui est prochaine, quelque coup enfin qui arrivera bientôt, sous peu de temps, sous peu de jours. C'est son idée favorite, sa manie; et l'imbécillité de l'âge qui rend plus rêvasseur et plus crédule, n'a fait qu'ajouter à cette disposition anti-sociale dans laquelle il puisa ses mauvais contes de quelque grand malheur imminent. Voilà ce que prouve sur lui et contre lui l'information; ce qu'il a démenti, et ce qui, malgré ses dénégations perpétuelles et hypocrites dans son interrogatoire subi devant MM. les Pairs, est resté constant. Ce qui est resté constant également, c'est que deux jours avant le 13 février, il avait dit qu'il y aurait sous peu de jours un coup qui surprendrait. Cette fois, ses habituelles prédictions de grands malheurs se sont trouvées justes. Mais comme elles sont habituelles, elles n'ont rien prouvé quant à une connaissance plus particulière qu'il aurait eue du terrible évènement qui a rendu cette journée trop célèbre. Il obéissait à sa routine de faire des prophéties sinistres. Ainsi le pensèrent sur le moment même les personnes qui l'ouïrent, et dont l'une d'elles marchant sur le pied de l'autre, lui dit tout bas : *C'est une vieille bête qui vient souvent nous régaler ainsi de ses mauvais propos.* La justice exige même que l'on dise que, dans cette information, qui contient la preuve du fait, se trouve aussi la preuve que quand on apprit à Tours la triste nouvelle, il eut l'air d'en être consterné lui-même, et se défendit bien d'y avoir fait allusion par sa prophétie.

La commission s'est rendue en effet à l'opinion que ce mauvais citoyen avait plus obéi à son instinct malfaisant, qu'il n'avait révélé un fait à sa connaissance. Elle ne l'a pas regardé comme ayant connu par avance le projet de Louvel, ni comme s'y étant associé; elle l'a renvoyé à la justice ordinaire.

Le soussigné partage absolument cette opinion. Il a l'honneur de proposer à la Cour de déclarer qu'il n'y a lieu à suivre dans la présente instruction contre Hamelot, sauf le renvoi devant le juge commun pour la poursuite, s'il y a lieu, des faits qui lui sont imputés.

Il a l'honneur de faire à la Cour une proposition pareille relativement à Marin, boucher de Mantes, et à Emery-Pinat, cabaretier de Pacy-sur-Eure, qui ont été décrétés également de mandat d'amener.

Voici dans quelles circonstances.

Le 2 mars dernier, entre cinq et six heures du soir, le gendarme Aubert et un de ses parens buvaient une bouteille de vin ensemble chez Pinat, cabaretier à Pacy-sur-Eure. Tout à coup un nommé *Marin*, boucher de Mantes, pris déjà de vin, parut au bout de leur table, et là, élevant la voix, il dit *que celui qui avait tué le duc Berry avait bien fait; que si Louis XVIII n'avait pas accepté la Charte, il aurait été poignardé tout de même.* Il tint encore d'autres propos pareils. Le devoir du gendarme était d'arrêter Marin. Il s'est mis en mesure de le faire. Marin a résisté. Il s'est roulé par terre dans la rue. Bref, il a fui, et Pinat, survenu, est accusé d'avoir protégé sa résistance et sa fuite. Le brigadier Malivoir, à qui, comme à son chef, le gendarme Aubert avait rendu compte du fait, et qui a su que Marin et Pinat étaient ensemble dans un café, s'y est rendu. Pinat est tombé sur lui, l'a renversé sur une table et l'a maltraité. Durant cette rixe, Marin a disparu. Des mandats d'amener ont été décernés par la commission contre l'un et l'autre. Celui dont a été frappé Marin n'a pu être mis à exécution. Marin n'a plus été vu depuis dans son domicile. Quant à Pinat, il a subi un interrogatoire. Il a prouvé qu'il n'était pas présent aux infâmes propos tenus par Marin, et qu'il ne les avait pas approuvés. Il s'est mal disculpé des violences exercées par lui contre un agent de la force publique. Sous ce dernier rapport, il est justiciable des tribunaux ordinaires, comme l'est Marin pour les exécrables discours qu'il a tenus.

Telles sont les circonstances pour lesquelles le soussigné propose de les y renvoyer.

Il a l'honneur de proposer à la Cour d'appliquer la même mesure au nommé *François Thomas*, fourrier dans la légion des Vosges, présentement dans les liens d'un mandat de dépôt. Ce jeune militaire, le 3 mars, a pris à la municipalité de Châlons un billet de logement qui lui a assigné la maison du sieur Petit, menuisier à Châlons-sur-Marne. Il s'y est rendu. Après avoir fait une légère connaissance avec son hôte, Thomas se répandit en invectives contre la famille royale, applaudissant à l'assassinat de M. le duc de Berry, soutenant qu'il était dû à des vengeances particulières, et appelant de tous ses vœux le retour de Buonaparte. Thomas a été arrêté. Il a été traduit devant la commission, en vertu d'un mandat d'amener lancé contre lui par elle. Il a subi interrogatoire. Il n'a pas osé nier les propos ; mais il a assuré qu'il ne savait pas s'il les avait tenus, les rejetant, dans ce cas, sur son état de complète ivresse. Les tribunaux ordinaires jugeront cette explication, qui disparaîtra probablement devant d'autres renseignemens, desquels il résulte qu'il professe habituellement les plus mauvais sentimens. Cette assertion de Thomas, que l'infortuné Prince est tombé victime d'une vengeance particulière, est d'autant plus coupable, qu'elle dénonce un système de diffamation contre sa mémoire, qui paraît faire partie des trames odieuses dont se sont avisés, à propos de ce cruel évènement, les ennemis de la morale et de la paix publique.

Ils ont bien senti que chez un peuple loyal et généreux, l'assassinat d'un de ses Princes, exécuté par les inspirations de l'odieux parti qui, depuis cinq ans, s'agite pour nous rendre la guerre civile, produirait l'effet nécessaire d'avertir la France de ses dangers, si elle plaçait sa confiance dans ce parti féroce non moins qu'hypocrite; de fortifier son amour pour ses Rois de toute son horreur pour le crime; et de mettre bien à découvert les redoutables projets de ces libellistes affreux, qui, les mots de *Charte*, de *liberté publique*, de *gloire nationale*, d'*indépendance* et d'*intéréts du peuple*, sans cesse à la bouche, ne rêvent que destruction de la société, pour s'élever, s'ils le peuvent, sur ses débris : préludant, ainsi, au retour des massacres de septembre par l'assassinat de nos Princes, et à l'universelle conflagration de la France par l'anéantissement de la royale maison qui, depuis huit siècles, l'avait maintenue dans le rang de la première nation de l'Europe.

Il ne fallait donc pas laisser les bons cœurs se nourrir de la douleur si naturelle dont les pénétrait la mort d'un Bourbon. Un système presque aussi odieux que le meurtre lui-même a été organisé. Ce système a consisté à faire calomnier la mémoire du Prince qu'avait égorgé le fanatisme politique, et à le rendre lui-même la cause première de sa mort, en y assignant pour motif, les uns, un déportement secret dont une famille outragée aurait tiré vengeance; les autres, un acte de vivacité déplacée envers un ancien militaire; tous, une action enfin qui avait provoqué un ressentiment particulier, et qui écartait toute idée qu'y fussent pour rien ces doctrines homicides par lesquelles des assassins en chef se consument d'efforts pour former des assassins subalternes.

Il n'est pas possible assurément de douter de ce système, quand la fureur de le propager est telle, qu'à Soleure même, de vils affidés débitaient que Louvel avait une sœur que le Prince avait abandonnée, ainsi que son enfant, après l'avoir rendue mère, la laissant ainsi aux prises avec le déshonneur et la faim; et que le malheureux frère, tout éperdu du désespoir de sa sœur, avait voulu punir l'auteur de ses maux. A Amsterdam , la rage avait franchi toutes les bornes. Un de ces ouvrages périodiques qui ne vivent que de scandales et d'atrocités, et qui, pour prix de l'opulence que leur verse la curiosité des oisifs et des indifférens, soufflent chaque jour l'incendie dans lequel à la fin viendront se consumer empoisonneurs, empoisonnés, oisifs, indifférens , victimes et bourreaux, osait bien ressasser toutes ces horreurs de Soleure, en ajoutant à l'infamie du fond , l'infamie des formes ironiques, et en assaisonnant le tout de principes capables de faire dresser les cheveux à tout révolutionnaire même, pourvu qu'il porte encore des entrailles d'homme. Ils sont tels que la plume du soussigné se refuse à les tracer.

Pendant le temps que ces infamies circulaient en pays étranger, le parti n'avait garde de ne pas les faire circuler en France.

Thomas, comme on le voit, les colportait à Châlons-sur-Marne.

Un autre voyageur, dont le nom est inconnu, débitait sur la route de Limoges, que le duc de Berry avait péri de la main d'un soldat à qui il avait fait l'intolérable injure de lui arracher ses épaulettes.

Un autre misérable, appelé *Robas*, disait à Montmédy que le duc de Berry ne faisait que dégrader des militaires, et que c'était un de ceux qu'il avait ainsi dégradés qui l'avait tué.

Un opticien appelé *Bardin*, assurait qu'il s'entendait avec les étrangers.

Varinois, bourrelier, disait à Surennes, près Paris, que Louvel avait tué le Prince, parce que le Prince lui avait arraché sa croix.

A Paris, un nommé Leroy, employé au trésor royal, disait en plein corps de garde, que M. le duc de Berry avait abusé d'une femme, ce qui avait replacé la famille, dont était l'assassin dans ses droits naturels.

Dans les Vosges, une mauvaise créature appelée *Andrée*, simple ouvrière, la tête échauffée des calomnies dont on l'avait nourrie, composait des chansons dans lesquelles elle disait que Louvel avait bien fait de venger l'injure faite à sa famille.

Enfin, on mettait un tel soin à répandre ces bruits, que certains hommes, selon la plus grande vraisemblance, ne prenaient des places dans des voitures publiques, ne parcouraient des routes et ne feignaient des affaires, dans plusieurs lieux, que pour avoir des prétextes et plus de moyens de les distribuer et d'en infester jusqu'aux chaumières des villages les plus reculés dans les terres.

C'est à cette condamnable tactique qu'il faut attribuer toute la conduite tenue par un certain Bourdin, tailleur de Rouen, aujourd'hui encore détenu en vertu d'un mandat de dépôt lancé par la commission, et qu'il n'a assurément que trop mérité.

Voici ce qui l'a motivé.

Un sieur Nouché a établi une voiture qui dessert la route de Rouen à Pont-Audemer et de Pont-Audemer à Rouen.

Le 24 février dernier, cette voiture venait de Rouen. Elle arriva déjà chargée de plusieurs personnes, au haut de la côte de Bouille, à l'auberge de Poulard. Là, un sieur Bourdin, tailleur à Rouen, la rejoignit et y prit place. Il ne connaissait aucun des voyageurs. Aucun des voyageurs ne le connaissait. Mais il était fort bien mis, avait l'air bien élevé, était surtout très-enclin à parler. Il eut bientôt fait connaissance avec ses compagnons de voiture. Il se mit sur le champ à parler de nouvelles.

La mort de M. le duc de Berry devint immédiatement le texte de ses discours. Il était au courant, disait-il, de toute cette affaire. Il connaissait Louvel. Il avait même couché avec lui, à peu près six mois de suite, tandis qu'ils étaient tous deux dans les chasseurs de l'ex-garde. C'était un caractère dur et féroce. *Mais, après tout, le duc de Berry n'avait que ce qu'il méritait. Il avait grièvement maltraité cet ancien militaire.* Un jour qu'aux Tuileries, dans la salle des maréchaux, Louvel poliment et humblement le suppliait de s'intéresser à lui pour lui faire obtenir sa pension de retraite, le Prince, importuné de ses prières, s'était jeté sur lui comme un furieux, et lui avait arraché sa croix d'honneur. Lui, narrateur, il était assigné pour le lendemain à la Chambre des Pairs. Un de leurs anciens camarades des chasseurs, Loutrel, de Bourneville, près Pont-Audemer, était assigné comme lui. C'était même le sujet de son voyage, à lui Bourdin; car comme il savait que Loutrel avait refusé de se rendre à l'assignation, en disant qu'il se moquait de la mort du duc de Berry, il allait le presser de venir avec lui, parce qu'il l'aimait et qu'il voulait l'empêcher de se perdre. Bourdin tint beaucoup d'autres propos de la même nature, qui scandalisèrent toute la voiture.

Arrivé au chemin de Bourneville, il descendit en effet de la voiture, s'enfonça dans les terres et disparut.

Il gagna ce village, et entra dans la maison d'un sieur Berthelot, arpenteur, avec qui, dans l'été dernier, il avait eu une relation si fugitive, que personne de la maison ne le reconnut. Berthelot n'y était pas. Bourdin prit prétexte d'un papier qu'il voulait, disait-il, lui remettre, pour parler à la femme Berthelot. Avec la femme Berthelot, en était une autre appelée *Vigreux*, la cabaretière du lieu. Il entra en conversation avec ces femmes; et là, sans perte de temps, il leur redébita toutes les histoires de la voiture sur Louvel; sur M. le duc de Berry; sur les violences du Prince envers Louvel; sur ce que Louvel, transporté par la vengeance, avait juré que le Prince ne périrait que de sa main; sur sa citation à la Chambre des Pairs, etc. Quand il eut fini tout ce bavardage, il se retira par une traverse et par des hameaux, où apparemment il alla semer les mêmes fables, mais où l'instruction ne l'a pas suivi.

Cependant il n'y avait pas plus de vérité dans les accessoires du récit de Bourdin, que dans la partie capitale. Il n'avait pas été cité à la Cour des Pairs. Loutrel n'y avait pas été cité.

Loutrel n'avait pas refusé d'y venir. Loutrel n'avait donc pas besoin d'être ramené de son refus, par son ancien ami Bourdin. Loutrel n'était pas l'ami de Bourdin; il était, au contraire, son débiteur, qui ne le payait pas, et que Bourdin poursuivait. Loutrel n'habitait même pas Bourneville, et Bourdin le savait bien. Ainsi, le prétexte qui faisait courir Bourdin dans la voiture de Pont-Audemer, sur les grandes routes, dans la traverse de Bourneville et pays circonvoisins, était un mensonge insigne.

Bourdin ne s'était pas nommé dans la voiture publique. Le voiturier ne le connaissait pas. Les voyageurs ne le connaissaient pas. Il avait pris la voiture sur la grande route. Il l'avait laissée sur la grande route. Il restait par conséquent, après lui, peu de traces qui pussent mettre sur ses voies, et le faire trouver pour lui demander compte de sa conduite. Il pouvait donc croire avoir fait tout ce qu'il fallait faire pour demeurer inconnu, et pour que ses manœuvres obtinssent leur succès.

Il se trompa.

Il fut indiqué.

On le trouva.

Un mandat d'amener a été décerné contre lui.

Sept ou huit témoins, dont aucun ne peut être soupçonné de haine contre Bourdin, qu'ils ne connaissent pas, déposaient si uniformément de ses odieux discours, qu'il ne pouvait être question de les nier.

Il ne les nia pas devant la commission.

Bourdin est d'une province dont la finesse est passée en proverbe; il ne la démentit pas. A chacun de ses discours sur lesquels on l'interrogeait, il était frappé d'étonnement. Il ne concevait pas qu'il eût pu en tenir de tels. Il en était tout scandalisé le premier. Ils étaient affreux. Au lieu de donner à cet égard les éclaircissemens qu'on lui demandait, il donna l'histoire ou, plutôt le roman de toutes les bouteilles de vin, de bière, de cidre, d'eau-de-vie qu'il avait bues en route. Trois bouteilles de vin à Rouen, le matin; sept ou huit verres d'eau-de-vie dans le bateau de Bouille; de la bière et du vin au bas de la côte, après être sorti du bateau; de l'eau-de-vie dans la côte et en la montant; du cidre et du vin au haut de la côte : bref, il était d'une ivresse si complète, qu'il ne savait plus ce qu'il disait ni ce qu'il faisait. Qu'a-t-il dit dans la voiture ? Qu'a-t-il dit à Bourneville ? Il n'en sait rien. Il sait seulement qu'il était ivre, et il est, au reste, fort surpris de l'avoir été à ce point, car il ne s'est enivré jamais, et toute sa vie on le distingua pour son excessive sobriété.

Telle a été la version de l'imposteur, version dont il n'a jamais été possible de le tirer.

Malheureusement pour lui, le point capital de cette version, qui est l'ivresse, s'écroule par la dénégation des témoins. Ainsi, en dépit de ses efforts, il doit conserver sa réputation d'extrême sobriété ; mais s'il conserve cette réputation, s'il fut sobre le 24 février, comme il assure qu'il a été sobre sa vie entière, qu'était-il encore en répandant, au milieu de son entière raison, des calomnies aussi révoltantes, et d'aussi perfides fables sur le Prince que nous pleurons ?

Il était trop évidemment le stipendié d'une faction criminelle qui avait formé le projet insensé d'étouffer, par des contes ridicules, dans le cœur des Français, tous les sentimens généreux que devait y développer avec force la catastrophe du 13 février. A l'explosion d'horreur et de profonde consternation qui se fit sur tous les points du royaume, elle s'aperçut, mais trop tard, que le vœu le plus cher du duc de Berry avait été exaucé. Ce Prince magnanime avait toujours désiré que son sang coulât pour la patrie. Eh bien! quoique versé par un féroce assassin, c'était en effet pour la patrie qu'il avait coulé, ce sang précieux; pour la patrie, à qui il révélait tout ce que pouvait tenter encore le génie révolutionnaire, sur les crimes duquel, sans ce grand malheur, elle pouvait recouvrer trop vite une sécurité fatale; pour la patrie, que ce noble martyr éclaire aujourd'hui, et sur ses vrais périls, et sur ses vrais amis, et sur les doctrines qu'il faut fuir, et sur les précautions qu'il faut prendre. Les hommes qui veillent pour le trouble et la guerre civile, ont voulu que ce solennel avis fût encore perdu, si cela était possible. Aux hommes sages qui ne se paient pas de calomnies, ils ont crié : *C'est un crime isolé!* Aux hommes légers ou faciles à égarer, ils ont insinué que c'était une vengeance : et leurs émissaires se sont partagé les rôles pour répandre ces idées selon les personnes et les lieux. On a parlé, dans ces derniers temps, d'un gouvernement occulte. Eh bien! ce gouvernement occulte luttant contre le véritable gouvernement, le gouvernement du Roi, le gouvernement légitime, le gouvernement constitutionnel; le gouvernement occulte cherchant à dénaturer le caractère français par les moyens les plus frauduleux et les plus horribles, à substituer à notre antique amour pour le Monarque, sa famille et la monarchie, base la plus solide de notre bonheur comme de nos libertés, le mépris pour les personnes augustes, précurseur de la révolte et de l'anarchie ; le gouvernement occulte faisant répandre, en Europe et en France, à Soleure, à Amsterdam, dans les provinces du Nord et du Midi, en tous lieux enfin, d'atroces calomnies dont la facture identique décèle qu'elles partent d'un centre commun et d'une commune origine ; le gouvernement occulte, le voilà : on ne peut nier son existence, puisqu'elle se révèle par ses œuvres.

Les magistrats ne font pas de politique dans le sanctuaire des lois.

Mais dans le sanctuaire des lois et dans le plus auguste de ces sanctuaires, les magistrats seraient des lâches s'ils taisaient des vérités utiles. Celle-ci perce de tous côtés dans cette instruction. Tout à l'heure elle en fournira encore des preuves cent fois plus irréfragables. Le soussigné va en rendre compte. En s'arrêtant sur celle qui sort de la conduite de Bourdin, il proposera le renvoi de cet inculpé devant les juges ordinaires. Toute criminelle qu'a été sa conduite, il n'a pas semblé au soussigné qu'elle se rattachât à la complicité matérielle de l'assassinat de M. le duc de Berry. A son avis donc, la Cour, quant à cette conduite de Bourdin, n'a d'autre acte de jurisdiction à faire que celui de renvoyer devant les juges qui en doivent connaître.

Le soussigné est conduit présentement, par l'ordre même des idées qu'il a été dans la nécessité de développer pour faire apprécier les actes de certains inculpés, à la quatrième classe des faits, c'est-à-dire à ceux qui ont une grande gravité, qui trahissent l'existence d'une grande manœuvre que l'on sent, que l'on palpe pour ainsi dire, que l'on croit être toujours au moment de saisir, quoique, malgré son existence bien certaine, elle échappe jusqu'à présent au bras de la justice, quant à ses auteurs du moins; aux faits enfin dont, dans le principe et avant tout examen approfondi, on a pu croire qu'ils se liaient à l'assassinat du Prince, tandis qu'après l'analyse, on reste convaincu qu'ils tiennent non pas à un plus grand crime, mais à cette autre plus vaste manœuvre dont le soussigné parlait tout à l'heure.

En effet, la commission, lors de ses premiers pas, a failli commettre une méprise, dont, au reste, il était difficile que la plus grande sagacité humaine pût la garantir tout à coup.

Le crime que déplorera long-temps la France a été commis dans la nuit du 13 au 14 février, autrement, dans la nuit du dimanche gras au lundi.

Le soussigné, spécialement nommé pour instruire cet épouvantable crime, s'est empressé de recueillir tous les renseignemens qui pouvaient éclairer sa marche et indiquer les coupables.

Qu'a-t-il vu dans ces renseignemens?

Qui le croirait?

La preuve la plus irrécusable que, sur tous les points de la France, même les plus éloignés, des voix prophétiques s'étaient élevées pour prédire que le carnaval ne se passerait pas sans un grand évènement; qu'il y aurait à Paris du nouveau pour les jours gras; que la famille royale, à cette époque, ne serait pas en sûreté.

Ces documens enseignaient encore que certains hommes suspects s'étaient mis en route pour être à Paris aux jours gras. Ils ne cachaient même pas qu'ils y venaient pour prendre part à quelque chose qui devait s'y passer. C'étaient les discours des voitures publiques. C'étaient les bruits des villes et des campagnes.

Des commis-voyageurs allaient dans diverses maisons de commerce; ils y annonçaient qu'on entendrait parler du carnaval.

Des mécontens, saisis de maladie aux approches de ce temps, témoignaient une vive impatience d'être retenus dans leur lit, pendant qu'il faudrait être debout.

Certain initié disait à sa femme de ne pas sortir pendant le carnaval, si elle entendait parler de quelque chose.

On écrivait à Hambourg qu'un réfugié célèbre, qui s'y trouvait, attendait quelque chose d'important pour ce même temps.

Des courriers annonçaient, dans le midi de la France, des malheurs pour les Bourbons durant le carnaval.

C'était le sujet favori des conversations des méchans. Leurs allées et venues, leur joie, signe de deuil certain pour les gens de bien, leurs demi-mots, leurs indiscrétions, tout apprenait à la commission qu'il y avait des hommes, beaucoup d'hommes qui étaient dans l'attente, et probablement dans la confidence d'un *coup*, pour se servir de l'expression consacrée.

Eh bien ! ce coup dont on avait tant parlé, qu'on avait tant prophétisé pour le carnaval ; qui, aux jours gras, devait et les attrister et étonner tout le monde ; ce coup pour lequel, avant qu'il fût commis, tant d'hommes peu rassurans s'étaient donné du mouvement ; ce *coup*, cet *horrible coup*, l'assassin Louvel l'avait frappé la première nuit même de l'époque désignée. Le moyen de ne pas croire que toutes ces prédictions et ces mouvemens mystérieux et irréguliers s'y rattachaient ?

Le soussigné put le croire.

Le soussigné se trompe, car les magistrats ne croient rien avant les preuves, et ils seraient indignes de leur sacré ministère, si, se livrant en aveugles à des préventions, quelque pures qu'elles soient ou par le sentiment qui les engendre ou par le motif qui les accueille, ils substituaient un système aux faits, ou un instinct de préjugé aux démonstrations.

Le soussigné put le soupçonner. Il le soup-çonna ; il examina.

A mesure qu'il s'enfonçait dans cet examen, il démêla avec une vive surprise que, selon toutes les probabilités, ces signes révélateurs d'une manœuvre inconnue s'appliquaient à toute autre chose qu'au crime de Louvel ; que, par une triste et bien déplorable coïncidence qui ne peut être pour personne ni un motif de consolation du crime passé, ni un motif de sécurité contre les crimes à venir; quelque grand mal, autre que celui qui nous a pénétrés de désespoir, était préparé, travaillé, médité, et sans doute assigné déjà pour une époque certaine, dont les adeptes avaient seuls le secret positif; que c'était à cet autre mal que se rapportaient et discours et agitations, et prophéties et voyages et indiscrétions.

Il a donc fallu deviner la circonstance irritante qui, en aigrissant certains esprits et soulevant certaines passions, les avait fait se coaliser et aiguiser les poignards peut-être pour un jour donné.

En ressaisissant quelques faits, ce fait inconnu a été facilement découvert.

Une loi nouvelle des élections était annoncée.

Le moment où elle devait être portée aux Chambres avait été quelque temps incertain, puis fixé au lundi même du carnaval, comme tout le monde se le rappelle.

Une si grande loi, une loi qui peut influer dans un si haut degré sur nos prospérités et peut-être sur notre existence, devait sans doute appeler l'attention et la critique de tous les membres de l'État. Ce n'est ici ni le lieu, ni le moment, ni l'occasion de discuter la grande thèse politique qu'elle engendre, et que chaque citoyen, certes, a le droit d'examiner.

Loin, loin de cette auguste enceinte, en ce moment le palais de la justice, et dans quelques heures le palais de la législation, toute servile doctrine qui, rebelle aux besoins nouveaux, mais trop vrais, de la société, comme à la sagesse d'un Roi paternel, mépriserait ses bienfaits, sa Charte, et la liberté qu'il nous a donnée ; érigerait en devoir une aveugle soumission, même aux erreurs du gouvernement qui nous ordonne de l'environner de nos lumières ; et nous défendrait de résister aux atteintes que la bonne foi peut porter sans le vouloir, sans le savoir, à des droits respectables !

Sans doute c'est le devoir de tous les amis du Monarque, de la France et de la vraie liberté, de professer courageusement toutes les doctrines conservatrices, et de s'opposer à toute entreprise qui pourrait être faite sur elles.

Mais on ne saurait le nier, il y a deux espèces d'amis de la liberté, ou, du moins, deux èspèces d'hommes qui en prennent le titre.

Les uns ne s'en attribuent pas exclusivement le nom, mais ils savent en remplir toutes les obligations, sans faste, sans ambition de renommée, sans retour sur eux-mêmes, et sans chercher ni à se faire un parti dans l'Etat ni à capter la faveur populaire. Remplir avec sincérité un devoir de conscience, accomplir leurs sermens, fonder le bonheur du pays : voilà leur but. Le bonheur du pays, quand ils l'ont obtenu, est aussi la récompense qu'ils envient. On les reconnaît à un premier grand caractère, c'est-à-dire à leur respect cordial pour les lois, sans lequel il n'y a jamais de liberté. On les reconnaît encore à la sincérité avec laquelle ils observent les limites de chaque puissance, ne permettant pas que l'on empiète sur la leur, si par hasard ils sont appelés à prendre part à l'autorité publique; ne concevant pas non plus même l'idée d'usurper la moindre parcelle du pouvoir qui ne leur appartient pas. Ils résistent sans balancer à tout ce qui, selon leur opinion, peut être préjudiciable à la société; mais ils ne connaissent qu'un mode de résistance, celui que les lois indiquent, et en-deçà duquel la condescendance est lâcheté, comme au-delà duquel la résistance est rébellion. Ils savent que la plus austère probité, comme la raison la plus haute peuvent se tromper. Aussi, après avoir fait tous leurs efforts pour faire réussir leur opinion selon leur conscience, ils sont les premiers à donner l'exemple de la soumission, même à la loi élevée sur les ruines de leur opinion. Ils rejetteraient avec horreur jusqu'à la pensée de sacrifier le pays à leur présomption et à leur entêtement, en secouant sur leurs concitoyens les torches de la discorde, parce que leur avis ne l'aurait pas emporté. Si les libertés pouvaient être attaquées, ils les défendraient avec décence, comme avec énergie, contre les invasions du pouvoir. Ils défendraient aussi le trône, si, au nom des libertés, on voulait ravir au peuple la protection qu'il en reçoit. L'intérêt du trône et l'intérêt du peuple sont, dans leur cœur et dans leur conduite, deux idées inséparables. Ils ne sont pas les courtisans du Monarque; ils sont ses sujets fidèles et dévoués, prêts à lui déplaire pour le servir, et à lui remettre leurs dignités, en conservant leurs sentimens de respect et d'amour pour lui, s'il exigeait d'eux quelque chose qui fût contraire à leur serment. Voilà leurs moyens de résistance. Ils n'en connaissent pas d'autres.

Mais s'ils ne sont pas les courtisans du Monarque, ils ne sont pas non plus les adulateurs du peuple. Ils ne le flattent pas. Ils font mieux, ils le servent. Ils ne lui parlent pas de sa sagesse, de ses lumières, de sa raison et de son *opinion*. Ils rougiraient de tant de bassesse. Ils usent au contraire de l'avantage qu'une éducation plus soignée et un discernement cultivé par l'expérience des affaires, des choses et des hommes leur donnent sur lui pour le diriger dans le sens de ses vrais intérêts, qu'il ne sait pas toujours bien distinguer lui-même. Si leurs voix cessent d'être entendues, si leurs intentions sont méconnues, si leur raison cesse de pouvoir, sinon approuver, du moins tolérer les directions données à l'action de la puissance trompée, ils ne la maudissent pas; ils ne l'injurient pas; ils ne sonnent pas le tocsin de la guerre civile; ils ne s'insurgent pas. Ils se retirent, et vont dans la solitude former des vœux pour le bien de l'État, et se consoler avec leur conscience.

Voilà la première espèce d'amis de la liberté, et ce sont les vrais.

Il en est d'autres qu'on voit partout; qu'on entend partout, car ils font grand bruit; qui se proclament; qui se montrent; qui s'agitent, et qui mettent tout en mouvement autour d'eux et loin d'eux. Ce qu'ils disent, ce qu'ils veulent est tout ce qu'il y a de sage au monde : car ils ne se trompent jamais. *Liberté* et *Peuple*, *Peuple* et *Liberté*, sont des mots qui retentissent sans cesse dans leur bouche. En les examinant bien, on en chercherait vainement le sentiment dans leurs cœurs. Il est un bon moyen d'en juger, c'est de regarder quelle fut ou quelle est leur conduite. Ils parlent sans cesse de la liberté, et le despotisme est empreint dans toutes leurs actions. Ils deviennent furieux, si leur opinion n'obtient pas de succès. Les lois, les règles, la division des pouvoirs, ces grandes garanties de la liberté contre le pouvoir, et du pouvoir contre la licence, sont pour eux vides de sens. Les lois, ce sont leurs caprices. Il n'y a plus de règles, quand les règles ne sont pas pour eux. La division des pouvoirs ne doit être observée qu'à leur profit, jamais pour la défense des pouvoirs collatéraux. Leur opinion à eux est exclusivement l'opinion publique. Le peuple n'a d'intérêt que le leur, et ils ne le flattent avec tant de constance, que pour le mieux asservir. Ils ne demandent pas mieux, il est vrai, que de gouverner par les lois, à une seule condition, c'est que les lois seront ce qu'ils veulent qu'elles soient. Hors de là, il n'y a plus de lois pour eux. Il y a un autre pouvoir qu'ils invoquent incessamment, et qu'ils appellent *l'opinion publique*. Cette opinion publique, ils la forment par des écrits incendiaires, et quand ils l'ont une fois corrompue et exagérée, ils l'appellent à leur secours pour résister, par des moyens extraordinaires, à l'exercice des pouvoirs légitimes.

Telles sont les deux fractions de la société.

Tel est l'état où l'ont mise les agitations dont nous sortons, et la malheureuse habitude que nous avons contractée, durant trente ans de révolution, de substituer la violence au droit, et l'esprit de faction à la légalité.

Après avoir fait ces réflexions, il a été facile au soussigné de comprendre de quelle espèce, au vrai, pouvait être l'évènement annoncé par toute la France pour le carnaval; quelle était sa nature; quels en étaient les moteurs; quel en était le but.

La loi des élections déplaisait à cette classe d'hommes qui ont pris pour maxime la ruine de la société, plutôt que celle de leur opinion. On a pu concevoir comment, pour cette époque, avaient été appelés et médités des moyens extrêmes destinés à triompher de la raison par la force. Et aussitôt que cette explication a été révélée à la commission par l'instruction, sa conscience a été sauvée du péril d'une effrayante erreur.

En effet, on tomberait dans une grande méprise, si l'on croyait que tout ce que le soussigné vient d'exposer à la Cour sur la conduite de certains hommes, est un hors-d'œuvre qui ne devait pas se trouver dans l'acte solennel et judiciaire qu'il a l'honneur de soumettre à la Cour.

Son devoir est d'éclairer la justice de la Cour, et de la garantir des fausses impressions que pourraient lui donner certains faits que, faute de la révélation de la source dont ils sortent, il serait impossible de comprendre, autrement que dans le sens de la complicité du meurtre de M. le duc de Berry.

Si par une lâche pusillanimité indigne d'un magistrat, et si, par des considérations personnelles, il eût été capable de taire cette source certaine de faits dont il faut déterminer la nature, qu'eût-il pu, qu'eût-il dû arriver? Que la Cour y vît écrite, faute des éclaircissemens qu'on lui devait, la complicité du meurtre, et qu'elle comprît dans l'accusation, une foule d'hommes bien coupables sans doute, mais que pourtant sans iniquité, lorsque leur conduite est appréciée, on ne peut regarder comme des complices de Louvel.

C'est donc pour obéir à la nécessité du devoir, pour épargner à la Cour une faute dont le silence du soussigné le rendrait seul coupable, et à des hommes, innocens du moins du crime actuellement poursuivi, la flétrissure de la plus horrible des accusations, qu'il a dû livrer à la Cour une vérité qui éclairera sa religion et qui dirigera ses jugemens. Il a dû lui livrer le secret de l'équivoque de conduite d'un grand nombre d'individus. Après avoir livré ce secret, il est temps de parcourir chacun des documens qui achèvent de le mettre dans tout son jour.

Dans la première moitié de décembre dernier, M. de Hallot, habitant très-considéré d'Orléans, revenait du Berry par la voiture publique. Trois des cinq voyageurs qui étaient avec lui mirent la conversation sur la politique et la religion. Ils tinrent sur ce double sujet les discours les plus scandaleux. Arriva le chapitre de la loi des élections. Je vais à Paris pour cela, dit l'un des trois. Dans la suite de la conversation, il ajouta : Il y a plus de sujets que de rois, et *avant peu il n'y aura pas beaucoup de Souverains en Europe.*

A Villeneuve d'Agen, vers le même temps, un nommé *Cassé,* dont la mauvaise opinion est connue, disait à M. Grangeneuve, qui ne la partageait pas : *Soyez tranquille, votre règne ne sera pas long : avant peu nous vous la ferons danser.*

Toujours à la même époque, à Paris, un ex-militaire, qui ne prenait pas même la peine de déguiser ses mauvaises dispositions, rencontra un sieur Allut, avec lequel il avait eu quelque relation, le railla sur son attachement à la famille royale, et lui parla de manière à lui faire présager que sous peu il verrait du nouveau.

A Limoux (Aude), des commis-voyageurs se présentèrent dans plusieurs maisons de commerce. Ils se plaignirent avec affectation du train dont allaient les affaires, ajoutant que d'ici au 15 février, il y aurait de grands changemens.

Dans les prisons de Nevers, un condamné, nommé *Pelé,* demanda, le 30 janvier dernier, s'il était vrai, comme on le lui avait dit, que M. le duc d'Angoulême avait été assassiné. Il n'a pu ou voulu indiquer la source du bruit; mais alors on n'en débitait pas moins dans cette prison qu'il y avait et qu'il y aurait des troubles.

Le même jour, 30 janvier, dans la voiture de Melun à Paris, un voyageur disait que si l'on touchait à la loi des élections, *il y aurait un coup*.

On a déjà vu qu'à la même époque, c'était un fait connu à Hambourg, qu'un célèbre réfugié attendait le mois de mars pour prendre son parti.

Un peu plus tard, en passant à Montpellier, un individu bien muni d'or disait sur sa route qu'*avant quinze jours il n'y aurait plus de Bourbons en France ni en Espagne*.

Un domestique de Cîteaux, en parlant à Dijon de l'assassinat de M. le duc de Berry, dit *qu'avant cette mort il s'en doutait, parce qu'il avait entendu parler dans une maison, des affaires, de manière à lui persuader qu'il pourrait bien, sous peu, arriver un évènement*. Ce domestique en est convenu : il a même indiqué la maison où l'on avait ainsi parlé.

Peut-être doit-on rapporter à ces manœuvres l'apparition assez extraordinaire qui eut lieu le 2 février dans l'arrondissement du Mans, de seize à dix-sept hommes vêtus en militaires, et qui allèrent demander des vivres de force au paysan Brossard. Ces hommes battaient les campagnes, fuyaient les grandes routes. Ils portaient un autre uniforme que l'uniforme français.

A Paris, dans les premiers jours de février, un sieur Varòt, en se plaignant à un sieur Desaux d'avoir été maltraité dans un écrit royaliste, lui disait : *Bien, bien. Ce sont des sots; nous les arrangerons. Dans quelques jours vous entendrez parler de quelque chose de nouveau.*

_ Un mauvais cabaretier de Neuilly, dans le même temps, disait à une de ses pratiques : *Tout va changer : les nobles, les prêtres et les dévotes la sauteront.*

Dans la première semaine de février, il se passa à Châlons-sur-Marne une aventure qui doit être rapportée avec plus de détails, d'autant qu'elle a produit contre un nommé *Duval* une instruction assez chargée, et ensuite un mandat de dépôt.

Ce Duval était sous-officier dans la 5e compagnie sédentaire à Châlons.

Peu de jours avant l'évènement, il dit dans la chambrée, à l'un de ses camarades appelé *Comerode, qu'il y aurait bientôt du nouveau à Paris.* Il n'y en a eu que trop. Aussi, quand la nouvelle de la funeste nuit du 13 fut arrivée à Châlons, Duval se vanta de sa perspicacité, et un matin, en s'adressant toujours dans la chambrée, à Comerode, il lui dit : *Tu vois bien que je ne me suis pas trompé, lorsque je t'avais annoncé qu'il y aurait du nouveau à Paris. En voilà toujours un à bas.* — C'était donc le diable qui te l'avait dit? répondit son camarade. — Oh! je le savais, ajouta Duval.

Duval devait être examiné, ainsi que les témoins. Ceux-ci furent cités devant la commission. Duval aussi fut amené.

Les témoins persistèrent avec force dans leurs dépositions, et tout porte la commission à croire qu'ils adoucirent la vérité plutôt qu'ils ne l'enflèrent, pour des raisons qu'il est assez facile de pressentir.

Duval fut interrogé.

Il divagua beaucoup.

Il dit d'abord qu'il était ivre. Tous les témoins certifièrent qu'il ne l'était pas.

Il dit ensuite que s'il avait dit à Comerode qu'il y aurait du nouveau à Paris, il voulait parler d'une pétition qu'il avait eu l'honneur d'adresser à S. A. R. M. le duc d'Angoulême, pour passer dans la gendarmerie, et sur la-

quelle il attendait une réponse. Enfin s'embarrassant lui-même dans ses propres récits, il dit
qu'un de ses camarades lui avait parlé d'un propos tenu par un nommé *Mayeur,* qui, en revenant de Paris, avait assuré dans la caserne
que la nouvelle noblesse portait le ruban tri-
colore, et que bientôt on verrait aussi flotter
le drapeau, d'où il avait induit qu'il y aurait
du nouveau, et avait pu parler en ce sens à Comerode.

Il est très-vrai que le propos a été imputé à
Mayeur. Un témoin assure même qu'il l'a tenu.
Mayeur s'en est défendu.

Au reste, Duval a protesté qu'il ne connaissait pas l'évènement du 13 avant qu'il fût arrivé.

Nul autre indice en effet n'est venu ajouter
aux soupçons que les indiscrétions de Duval,
et certainement son mauvais esprit, ont dû
faire naître.

Il est prouvé, malgré ses dénégations, qu'il
s'est vanté, après l'évènement, de l'avoir prédit,
en termes vagues, il est vrai, *il y aura du
nouveau,* mais de manière pourtant que depuis il leur a lui-même attribué ce sens.

En faut-il conclure qu'il était initié dans le
projet de Louvel? Le soussigné ne le pense

pas. Malgré toutes les recherches qu'on a pu faire, on n'a trouvé nul point de contact entre ces deux individus. On ne leur connaît pas un seul rapport. Personne ne les a vus ensemble.

Tout fait donc croire que, quand avant l'évènement, Duval disait : *Il y aura du nouveau,* il n'entendait pas parler du crime médité par Louvel, et qu'il parlait, au contraire, sur la foi des bruits dont on l'avait imbu, de ce qui se machinait à Paris, des couleurs qu'on disait devoir y être arborées, des agitations qu'on cherchait à y exciter. Cette conduite de la part d'un militaire, au milieu de ses camarades et dans sa caserne, est assurément très-coupable. Mais c'est à la justice militaire qu'il convient d'en connaître, sous le rapport de l'indiscipline et des manœuvres pratiquées sur des militaires. Le soussigné a l'honneur de proposer à la Cour d'y renvoyer Duval.

La conduite de ce sous-officier doit être bien remarquée, parce qu'elle prouve un point très-important, qui est que les agitateurs ne négligent aucun moyen de corrompre les esprits, et qu'ils font aux militaires français l'injure de diriger sur eux-mêmes des tentatives pour les détourner, s'ils le pouvaient, de la voie de l'honneur et de la fidélité. Si par hasard ils

rencontrent au milieu d'eux un soldat indigne
de ce nom, qu'ils croient propre à leur servir
d'auxiliaire, ils s'en emparent, l'instruisent,
l'inspirent et le font agir, au risque, comme
cela est arrivé ici, et comme la loyauté des
troupes garantit que cela arrivera toujours, de
le voir repoussé avec mépris, et dénoncé à ses
camarades et à ses chefs. C'était Duval qu'on
avait chargé de ce rôle odieux dans la 5e compagnie, sédentaire à Châlons-sur-Marne. Un
autre émissaire, dans le même temps, en avait
été chargé à Joigny, pour faire circuler des
bruits pareils parmi les chasseurs de la légion
de la Côte-d'Or, qui y étaient en garnison.

Dans cette garnison aussi, au commencement de février, on répandait le bruit que l'arsenal de Paris avait sauté, qu'il y avait une
conspiration contre la famille royale, que le
trône des Bourbons chancelait.

A Versailles, un mauvais écrivain de rue parlait dans le même sens, et toujours au commencement de février, à ceux qui venaient lui
dicter des lettres.

Cet écrivain s'appelle *Renard.*

Le dimanche 6 février, la femme Arlet alla
lui demander d'écrire une lettre à une de ses
amies. Cette femme était l'épouse d'un maire

de Chaville, qui avait reçu sa démission. Ce maire avait été mécontent, et avait réclamé. Renard ne l'ignorait pas, car c'était lui qui avait rédigé la réclamation. Renard était mécontent lui-même pour d'autres causes. Renard a été au service du prince Eugène comme distributeur des fourrages, pendant quinze à seize mois. Il a perdu sa place. On lui en a promis une autre. Il ne l'a pas obtenue. Il est de cette espèce d'hommes qui ne rêvent qu'agitations et mouvemens, parce que, dans le désordre, ils espèrent toujours gagner quelque chose. Mécontent, il croyait que la femme d'un maire déplacé devait être aussi mécontente. Il lui a donc parlé avec abandon, tout en écrivant sa lettre, de ce qui se passait, *selon qu'il l'avait ouï dire. Il va,* dit-il à la femme Arlet, *y avoir de grands changemens; le mois ne se passera pas sans que nous ne voyions du nouveau.* Il ajoutait des folies à ces prédictions. Le prince Eugène reviendrait. Louis XVII serait proclamé. Il restituerait la couronne à Napoléon II, et lui, Renard, aurait une place.

La femme Arlet fut indignée de ces mauvais propos.

La commission délégua le juge de Versailles pour en informer.

Un mandat d'amener fut décerné contre Renard.

On fit une perquisition chez lui.

On y trouva des chansons buonapartistes, une note de son adhésion à l'acte additionnel, des écrits du plus mauvais esprit, mais rien qui indiquât qu'il eût eu une connaissance anticipée du crime de Louvel.

Il fut interrogé. Il nia tout.

Le soussigné n'a pas pu croire à ses dénégations. Il a cru à la perversité de ses opinions. Il a cru au plaisir avec lequel il avait recueilli les mauvaises inspirations de quelques agitateurs en chef, qui, sans rien confier précisément à leurs créatures, allaient parmi elles, semant la nouvelle d'un coup prochain, pour lequel ils jugeaie t bon qu'elles se tinssent prêtes. Il a cru à ses indiscrétions. Il n'a pas cru à sa complicité.

Le soussigné est d'avis qu'il soit déclaré qu'il n'y a pas lieu à suivre contre lui.

Un inculpé qui pouvait en savoir beaucoup plus probablement que Renard, et qui n'en a pas dit davantage, c'est le maréchal de camp Guillet.

Cet officier n'a pas obtenu d'emploi. Il est mécontent.

Retiré d'abord à Chambéry, il est revenu en mars 1819 à Paris.

Il y reste depuis lors, sollicitant, dit-il, d'être replacé, et ayant souvent gardé son lit, par suite d'attaques de goutte, auxquelles il est très-sujet.

Il en éprouva une en janvier dernier, qui le tenait encore pendant tout février.

Fort mal lié, il inspirait à la police des inquiétudes, et par ses opinions et par ses rapports.

On crut devoir le faire observer. Un nommé *Vincent* fut employé à ce soin. Tous les comptes rendus par Vincent faisaient l'éloge du général Guillet. Cependant, il revenait à la police d'autre part des notions fort différentes sur M. Guillet.

Par exemple, il avait eu l'indiscrétion, dans la première semaine de février, de témoigner une vive impatience d'être retenu dans son lit par la maladie, et de ne pouvoir pas être sur pied, pour un coup, s'il y en avait un. Une femme qui demeure avec lui, et qui paraît être dans sa confidence, partageait l'impatience de son maître. Elle tourmentait les médecins, et leur disait : *Mon Dieu ! tirez-le donc vite de là ; car il se démène, et veut être sur pied pour un coup.*

Le général Guillet, et son officieux ami Vincent, qui faisait des rapports si avantageux sur lui, pendant qu'il tenait et qu'on tenait autour de lui des propos si alarmans, ont été quelques momens détenus. Ils ont été interrogés. Ils ont tout nié.

Le soussigné n'a pas douté, ni que M. Guillet eût tenu les propos qu'on lui impute, ni que Vincent, qui trahissait la police, n'ait su à quoi s'en tenir sur des menées qu'apparemment il approuvait. Mais il a cru en même temps que ces menées et ces propos se rapportaient à un autre but que le crime de Louvel. Il a l'honneur de proposer à la Cour de décider qu'il n'y a pas lieu à suivre contr'eux pour le fait soumis à la présente instruction.

D'autres encore, à Paris, dans les premiers jours de février, commettaient des indiscrétions pareilles à celles du général Guillet. Un sieur Nicod, horloger, disait que si *l'on touchait à la loi des élections, les Bourbons n'avaient qu'à se bien tenir.*

Dans la prison de Sainte-Pélagie, un prisonnier recommandait à sa femme de se tenir *coi* pendant la semaine du carnaval.

Un misérable, que l'horreur même dont il a glacé par son infâme propos la femme qui

19

l'entendait, a sauvé de l'arrestation, disait, en regardant une enseigne aux armes de S. A. R. Monsieur : *Le Roi, M. le duc d'Angouléme, M. le duc de Berry, tout y passera.*

Le 12 février, une femme sortait de chez un boucher de la rue de l'Arcade. Deux cuisiniers étaient arrêtés devant la boucherie. La femme entendit l'un d'eux dire à l'autre, en lui frappant sur l'épaule : *Tout va bien, mon ami; avant vingt-quatre heures il y aura un changement.* Ces deux cuisiniers sont inconnus.

Une malheureuse décrotteuse, le même jour, disait à une de ses payses : *Il y a gros en l'air; la cour est en grand danger.* Cette décrotteuse a été appelée. Elle est convenue d'avoir tenu ce propos. On le lui avait dit. Elle ne savait plus qui. Elle se lamentait, avec beaucoup de simplicité, d'avoir répété, disait-elle, cette sottise.

Encore le dimanche gras, un respectable ecclésiastique passait, à neuf heures du matin, sur le pont de la Tournelle; trois hommes venaient à sa rencontre. En passant, l'un d'eux dit : *C'est aujourd'hui que nous ferons danser les calottins et les royalistes.*

Le soir de ce même dimanche, une portière

de la rue de Grenelle - Saint - Germain disait *qu'on verrait de belles choses le lendemain.* Cette portière a été appelée. Elle a tout nié; mais restait le témoignage élevé contre elle.

Le matin du même jour, trois garçons selliers allèrent déjeuner au café. L'un d'eux tint les propos les plus singuliers : « Ai-je payé? » demanda-t-il. — « Oui, » lui répondit le limonadier. — « Tant mieux, répartit-il, car je pourrais bien ne pas vous payer demain.» Il sortit. Bientôt, revenant sur ses pas, il demanda : « Quel jour est-ce aujourd'hui ? — Le dimanche gras. — Le jour n'est pas passé. Cela ira mieux. Une journée change bien des choses. » Ces propos étaient fort extraordinaires. L'air de l'homme l'était aussi, à ce qu'assurent les témoins.

La commission eût vivement désiré le découvrir. Ses soins ont été infructueux. Les sieur et dame Guilpain, maîtres du café, ne le connaissent pas. Ils ne connaissaient pas non plus, n'avaient pas même vu avant, et n'ont pas vu depuis ses deux compagnons.

Les sieur et dame Guilpain ont été confrontés à Louvel. Ils ont affirmé qu'il n'était pas l'un des trois.

Dans cette même semaine, le jeudi d'aupa-

ravant, un inconnu est venu à la manufacture de coton du sieur Randau, à l'Arsenal. Il
a acheté du coton. En consommant son marché, il a dit : *Le petit caporal est en route.*
On les fera sauter, et sous peu, peut-être au
carnaval.

Le mercredi, 9 février, un sieur Scordel,
linger à Paris, assurait positivement que le
lundi il y aurait du bruit pour les élections.

Peu après, un commissaire des guerres eut
occasion de se trouver dans une de ces petites
voitures des environs de Paris, avec un autre
voyageur qui, se méprenant sur son opinion,
eut la facilité de lui dire que lui et plusieurs
autres étaient appelés pour quelque chose à
Paris, et qu'aucun n'y manquerait. On n'a pu
retrouver ce voyageur.

Un autre militaire, dont la Cour a déjà eu
l'occasion d'entendre le nom, le colonel Bar-
bier-Dufay, est devenu lui-même l'objet de
quelque sollicitude, à l'occasion d'un mot qu'il
a aussi laissé échapper le jeudi 10 février, dans
la voiture de Chambly.

Il prenait cette voiture pour venir à Paris.
Une jeune fille lui demanda s'il reviendrait
bientôt. *Quand il sera parti ou étranglé,* répondit ce colonel.

Cette réponse, au moins bizarre, causa une grande surprise à la jeune fille.

Une demoiselle Hennequin, qui l'entendit également, n'en fut pas moins étonnée.

Ni l'une ni l'autre n'ont hésité pour en déposer.

Elles ont indiqué un sieur Charpentier, huissier, qui l'avait entendue comme elles.

Le sieur Charpentier a été appelé. Il a entendu faire la question. Il a entendu le premier mot de la réponse, *quand*..... Le reste lui est échappé. Il a été impossible à la commission de ne pas regarder cette réticence singulière comme officieuse ; et peut-être par cette réticence, le sieur Charpentier a-t-il donné au propos du colonel Dufay, plus de force que ne lui en aurait attribué une déposition moins timide. On voit que le sieur Charpentier n'a été effrayé de parler, que parce qu'il était effrayé du sens qu'à son avis présentaient les mots qu'il n'osait articuler.

Au surplus, à part le témoignage plus ou moins significatif du sieur Charpentier, il restait deux témoignages très-concordans sur les propos du colonel.

Le colonel Dufay devait donc être examiné.

L'esprit de justice ordonne de faire remarquer qu'avant tout appel, et sachant que la commission s'occupait d'approfondir ce fait, le colonel, soit bonne conscience, soit calcul, soit bravade, est venu spontanément s'offrir à l'examen.

L'esprit de justice ordonne aussi de dire qu'il n'y a pas du tout expliqué le propos qui lui est attribué. Son premier plan avait été, à ce qu'il paraît, de le nier. Vaincu dans ce système par la naïveté des témoins et la force de leurs témoignages, il a fini par dire qu'il est possible qu'il ait proféré quelque mot pareil; qu'il y ait même mis plus de cynisme ou de violence que les témoins le disent; mais que ce mot, quel qu'il ait été, s'appliquait à ses adversaires dans un procès qu'il allait solliciter au conseil d'État, et qu'il n'a rien voulu dire autre chose, si ce n'est qu'il reviendrait seulement quand ses adversaires auraient été mis à la raison.

Toute peu satisfaite qu'a dû être la commission de cette interpellation, elle a paru croire pourtant qu'en pire supposition, l'indiscrétion du colonel signifiait qu'à l'imitation de tant de mauvais esprits dont il vient d'être question, il avait été initié dans cette autre manœuvre liée à l'occasion du projet de loi des élections, et

que la commission n'avait pas, pour le mo‑
ment, la mission d'examiner. Elle a donc cru
devoir ajourner, quant à présent, toute mesure
qui devrait être appliquée aux personnes qu'in‑
culpent les différentes charges de ce genre.

Ce n'était pas seulement à Paris que se ré‑
pandaient ces sinistres prédictions. On a déjà
vu qu'elles retentissaient aussi dans les dépar‑
temens. En voici encore quelques-unes de ces
dernières.

A la fin de décembre dernier, un jeune sel‑
lier entra dans la boutique d'un homme de son
état, à Nîmes. *Bourgeois,* lui dit-il , *com‑
ment vont les affaires ? Vous ravaudez ;
dans trois mois il y aura des évènemens , et
nous aurons de l'ouvrage.* L'identité d'état du
voyageur avec Louvel, avait donné à penser
à quelques personnes que c'était peut-être bien
lui-même qui était allé à Nîmes. Les preuves
contraires qui sont au procès battent en ruine
cette supposition.

Dans les montagnes de Gap, c'était aussi un
bruit bien répandu qu'il y aurait des évène‑
mens. Un bon habitant de Saint-Didier, près
Gap, fut si fatigué de ce bruit, qu'il écrivit à
son frère, libraire à Valence , le 11 février,
pour lui demander ce qui se passait à Paris.

Ceux qui appelaient le trouble , croyaient même être si sûrs de leur fait, qu'ils se hâtaient de triompher dans des lettres anonymes qu'ils écrivaient aux hommes dont ils connaissaient les bons sentimens ; témoins les lettres écrites à Avignon ; témoin aussi une lettre écrite à Reims au maire, le dimanche gras, et ne contenant que ces mots : *Vive Napoléon!*

Cette attente d'un évènement se propageait de tous côtés.

A Avranches, le 13 février au soir, un voyageur avait dit, au Signe-de-la-Croix, *qu'il y aurait un bien mauvais carnaval* à Paris.

A Roissy, un voyageur demanda, le 13 même, à deux heures de l'après-dîner, dans une auberge : Comment vont les affaires ? Et il ajouta sur le champ : *Avant peu vous saurez des nouvelles.*

A Moulins, près Mortagne, un tailleur appelé *Juglet* s'était répandu le 14 février en propos horribles : *Sous deux jours,* avait-il dit, *il va y avoir du nouveau si les affaires ne s'arrangent.* Il avait ajouté à sa prédiction des paroles exécrables contre les nobles, les prêtres et la famille royale.

Juglet a été décrété d'un mandat d'amener.

Il est venu s'expliquer.

Il a nié une partie des discours qu'on lui attribuait.

Il a ajouté qu'il était ivre.

Il est convenu d'avoir en effet annoncé qu'il y aurait du nouveau. Il l'avait entendu dire par des inconnus au marché, à propos des changemens du ministère et des débats des Chambres.

Il assurait, au surplus, qu'il avait dit beaucoup de choses pour contrarier Colombe Baugis, devant qui il parlait, et qui, quoique servante, avait de grandes prétentions à la noblesse.

Il s'était servi de si affreuses expressions, que son explication aurait pu paraître plausible, si tous les autres documens ne donnaient pas l'idée qu'il a dû penser tout ce qu'il a dit.

Au reste, tout ce qu'il a dit, quelque répréhensible que ce soit, n'a pas de trait au crime de Louvel.

Le soussigné pense donc que Juglet doit être mis hors de la présente instruction. Il a l'honneur de le proposer à la Cour.

Un autre mandat d'amener à été décerné par la commission, pour cause pareille, contre le nommé *Giroux*, gendarme à la résidence de Pontoise.

Ce gendarme, **le 9 février**, avait eu l'occasion d'aller chez un de ses anciens camarades appelé *de Courteille*. Après s'y être répandu en observations déplacées sur son lieutenant, il avait fini par dire : *Tout cela ne va, guère bien; d'ici à peu de jours il y aura de grands changemens dans la famille royale; un peu de bouleversement ne fera pas de mal.* Interrogé par la commission, sur ce qu'il avait voulu dire, Giroux a répondu qu'il était un pauvre imbécille qui ne savait ni lire ni écrire; qu'il entendait quelquefois lire les journaux, et que c'était à propos de cette lecture qu'on avait parlé de changemens, ce qu'il avait pu répéter; qu'il nie avoir dit : *De grands changemens dans la famille royale;* et en effet, l'impartialité commande de faire observer à la Cour, que les témoins n'ont pas été uniformes sur ce point. Le mari Courteille a déposé que Giroux avait dit : *Dans la famille royale;* la femme a entendu : *Parmi les Princes.* Au reste, tous deux conviennent que quand ils revirent Giroux après l'évènement, et que pour le sonder ils lui dirent: *Eh bien! vous aviez raison de nous dire qu'il y aurait des changemens; en voilà un grand;* il s'empressa de leur répondre que ce n'était pas.

de cela qu'il avait voulu leur parler; mais bien de Buonaparte qu'on disait arriver avec Vandamme et les Américains.

La commission paraît avoir pensé que Giroux, quelles que fussent ses dispositions intérieures, qui n'étaient pas bonnes, ne devait pas être gardé dans le procès.

Le soussigné a pensé de même. Il a l'honneur de requérir de la Cour qu'elle en juge ainsi.

Il croit devoir présenter le même réquisitoire à l'égard d'Androphile Mauvais, jeune officier nouvellement venu du Texas.

Ce jeune homme a été lieutenant dans le premier régiment d'artillerie, marine, d'où il est passé dans la même qualité au 5ᵉ régiment de l'ex-garde.

Il convient lui même qu'il a une tête volcanisée et des passions très-ardentes

Il a peu de moyens de fortune et de l'ambition. Voilà bien des causes pour être inconsidéré.

Il l'a été beaucoup.

Il l'a été tant, qu'il a été condamné à Bourges, en 1815, à deux mois de prison pour discours séditieux. Il se loue même de l'indulgence que les juges lui ont montrée. Au lieu de la louer, il aurait dû en profiter.

Il ne l'a pas fait. Dans un intervalle lucide,

cependant, et en pensant qu'il pouvait commettre beaucoup de fautes, il s'est exilé lui-même de France, et est allé dans la Louisiane. C'est encore lui qui dit qu'en prenant cette résolution, il avait cru rendre service à son pays et à son père, honnête fabricant de fer à Nancy.

Il s'est attaché à la fortune du général Lallemand.

Il est allé au Texas.

On sait ce qu'est devenue cette colonie.

Il est revenu dans la Louisiane. Il assure que se trouvant la tête plus calme, il a cru pouvoir revenir en France.

Il y est revenu.

Il n'y a trouvé nuls moyens d'existence. La caisse de *la Minerve* lui a payé, sur les souscriptions du Champ-d'Asile, une somme de mille francs, avec laquelle il a vécu ici et s'est mis apparemment à manœuvrer.

Il paraît que ce jeune homme achetait quelquefois des fleurs naturelles chez une madame Prevôt, bouquetière au Palais-Royal.

Le 12 février, entre 8 et 9 heures du matin, il est allé dans sa boutique. Sur une corbeille, se trouvait un bouquet de deux camelia du Japon. Il le marchanda. La dame Prevôt lui dit qu'il n'était pas à vendre , et qu'il était destiné à S. A. R. madame la duchesse de Berry. *Oh! oh!* répartit-il à deux fois, d'un air fort animé, *madame la duchesse de Berry !* Et si l'on en croit ses propres récits , il ajouta beaucoup de légèretés peu respectueuses sur la Princesse. *Allons* , lui dit madame Prevôt, *ne dites pas de mal de madame la duchesse de Berry : elle est bonne et humaine. — Ce n'est donc pas comme son mari?* répart indécemment le sieur Mauvais, en ajoutant beaucoup de choses inconvenantes sur le Prince. Lui-même il ne le dissimule pas entièrement dans son interrogatoire. La bouquetière, affligée de l'entendre s'exprimer ainsi, chercha à rompre le cours de ses idées sur le Prince , en recommençant l'éloge de la Princesse. *Eh bien!* reprit Mauvais, *puisqu'il en est ainsi, et puisqu'elle est si bonne , dites-lui de ma part, qu'au moment de la crise , un officier du Champ-d'Asile la sauvera.* Ce militaire mit dans son action et dans ses paroles, à cet instant, un tel accent, que la malheureuse bouquetière, toute éperdue, se trouva mal aussitôt qu'il fut sorti, et ne put déguiser son émotion à M. du Bouëxis, qui survint, et à qui elle raconta tout.

Pendant qu'à l'instant même où le crime venait d'être commis, le ministère public s'empressait de recueillir tous les renseignemens qui pouvaient l'éclairer, on lui transmit la connaissance de ce fait.

Un mandat d'amener fut décerné contre le sieur Mauvais.

Il a été interrogé et mis en état de mandat de dépôt.

Nul papier qui ait trait au crime de Louvel, n'a été trouvé chez lui.

Du reste, ses réponses, dans ses interrogatoires, sont loin d'être satisfaisantes. Interrogé sur ce qu'il a voulu dire chez la bouquetière en parlant d'une crise dont il sauverait madame la duchesse de Berry, il a répondu qu'il parlait de celle qui résulterait de la lutte entre deux partis dont l'un veut dominer le peuple, et l'autre est le peuple, qui veut la conservation du Roi et la sienne propre.

En tout, ses réponses, souvent noyées dans un pathos inintelligible, annoncent une tête peu saine* et un jugement très-brouillé qui ne sait pas trop bien comment accorder le nouvel amour pour le peuple, la Charte et la liberté, dont il se pare aujourd'hui, à l'instar de quelques hommes de son aloi, avec des habitudes et une conduite précédentes qui ne préparaient pas à comprendre une telle métamorphose.

. Au surplus, le sieur Mauvais a constamment nié connaître Louvel et avoir avec lui des rapports d'aucune espèce.

Louvel a fait de son côté une dénégation pareille.

Dans de telles circonstances, il y en a bien assez assurément pour juger, et que l'opinion du sieur Mauvais n'est pas conforme à ce qu'exigeraient de lui ses devoirs de sujet fidèle et de bon citoyen, et qu'il était le 12 février dans le secret de cette manœuvre qui transpire de tous côtés, et dont le but était d'employer apparemment la violence pour servir une faction, puisque le sieur Mauvais ne fait pas de difficultés de convenir qu'il croyait à la possibilité d'une lutte.

Il y en a bien assez encore pour que les amis de l'ordre, du trône et de la patrie, se demandent jusqu'à quel terme pouvait être poussée cette lutte dans laquelle la fille des Rois pouvait éprouver le besoin d'être sauvée, et pour être sauvée, de se trouver sous la protection d'un jeune écervelé récemment arrivé du Texas et n'existant que des subsides de *la Minerve*.

Il y en a assez pour qu'il soit remis à la justice ordinaire, afin qu'elle puisse pénétrer ce mystère d'iniquités, et poursuivre au moins le sieur Mauvais, pour non révélation d'un complot contre l'État, puisqu'il avoue véritablement, et par les paroles qu'il a laissé échapper chez la bouquetière, et par tout ce qu'il dit dans ses interrogatoires, qu'il connaît un complot dont il refuse de révéler les détails et les auteurs. Mais ce mystère d'iniquités est un autre crime que celui de Louvel, et le sieur Mauvais doit être également mis hors de cette instruction.

Il est déjà bien affligeant d'avoir découvert, à propos d'un crime, qu'il en existe sans doute un autre encore qui, s'il est moins cruel pour les cœurs, est plus menaçant peut-être pour la sûreté publique. Cependant, la tâche du soussigné n'est pas encore remplie, et il doit à présent parcourir la cinquième classe des faits; savoir : ceux qui sont directs au crime commis par Louvel.

Il est un de ceux-là qui serait très-significatif pour la complicité, si tout ce qui vient d'être dit sur la co-existence, non pas seulement probable, mais prouvée, d'un complot, d'un projet ayant pour but d'entraver la marche cons-

titutionnelle de l'autorité publique dans la confection des lois, ne le rendait pas équivoque.

Voici quel est ce fait.

Plusieurs fabricans d'armes ont déposé que,
dans la quinzaine qui a précédé la mort de
M. le duc de Berry, diverses personnes se sont
présentées chez eux pour acheter des poignards.

La dame Montfort, même, durant cette pé-
riode de temps, fut tellement impatientée de la
fréquence des demandes que lui attiraient des
poignards de curiosité qui étaient dans sa
montre, qu'elle les retira de l'exposition, pour
faire cesser le concours des demandeurs.

Il serait naturel d'induire que, quand un grand
crime devait être commis par le moyen d'un
poignard, tous ceux qui, dans un temps prochain, se pourvoyaient de poignards, pouvaient
n'être pas étrangers au complot, si on ne trouvait
une raison de douter, dans la révélation d'une
autre machination dans laquelle les poignards
pouvaient aussi fort bien être nécessaires. Ce
doute augmente même quand on sait que la
mort du Prince n'a pas fait cesser, chez les armuriers, l'affluence des hommes curieux de se
procurer des poignards. Plusieurs armuriers
ont déposé qu'on leur en a demandé encore
après le crime.

D'autres faits qui se rattachent plus indubitablement au crime, ce sont les révélations anticipées qui en ont été faites, a-t-on dit, en plusieurs lieux.

Il faut examiner ces révélations.

Une veuve Lefèvre a déposé que, dès long-temps, elle avait appris qu'on roulait de bien mauvais desseins contre les Princes. Elle fait remonter cette connaissance qu'elle en a acquise, à 1816. En 1816 vint chez elle un Juif qu'elle appelle *Jacob*, et avec lequel elle avait eu jadis des relations d'affaires. Il lui dit, dans la conversation, *que les Princes ne règneraient pas, et qu'ils seraient assassinés sous peu.* Il avait un grand porte-feuille ostensible; puis il en avait un petit qu'il tira de sa poche. Il l'ouvrit, en fit sortir une écriture que la veuve Lefèvre crut reconnaître. Soudain il resserra le porte-feuille, et disparut.

Voilà ce qu'a dit la veuve Lefèvre. Elle appelle son Juif *Jacob.* Elle le croit de Forbach. Du reste, nulle autre désignation, nulle autre indication qui puissent, parmi tous les Juifs qui portent le nom de *Jacob*, conduire précisément à celui dont elle parle. La commission a reçu ce document avec douleur, parce qu'en admettant la vérité du témoignage, elle a vu qu'il y a un misérable de plus capable de rouler des idées pareilles ; mais elle n'a pu en rien faire.

La commission a recueilli aussi une preuve plus irrécusable, mais toute aussi stérile, qu'à Londres', lors de la mort de M. le duc de Kent, on répandit, à la Bourse, la mort de M. le duc de Berry, sans dire pourtant qu'il eût été assassiné. Quoique Londres soit la ville par excellence pour les nouvelles fabriquées et pour les jeux de bourse, dont ces fausses nouvelles sont l'un des moyens les plus pratiqués et les plus efficaces, la commission n'a pu s'empêcher de trouver, dans le choix de ce bruit, un caractère fort peu propre à détruire les soupçons de complicité.

Il y a eu au Hâvre une prédiction plus extraordinaire encore ; ce fut celle que fit un sieur Morin à un de ses amis intimes qui en a déposé.

Cet ami intime est M. Bollot-Patenotre, vérificateur des douanes du Hâvre, dans lesquelles son ami Morin est employé aux expéditions.

Vers le commencement de janvier dernier, Morin dit à Bollot que LL. AA. RR. Monsieur et M. le duc de Berry avaient été assassinés en sortant de l'Opéra. Trop heureusement cette affreuse nouvelle ne se confirma pas. Bollot dit à son ami qu'il s'était trompé. *Ce n'est peut-être que différé*, répondit celui-ci.

Après le 13 février, très-justement effrayé de la conformité en grande partie de la prédiction de son ami avec l'évènement, Bollot a paru croire qu'il y aurait pour la justice un grand intérêt de connaître ce fait. Il l'a déclaré dans sa première déposition. Il ne nomma pas le nouvelliste, en énonçant la crainte d'être démenti par lui, mais pourtant aussi l'espérance de l'amener avec lui un jour prochain, attendu qu'il était absent pour le moment.

En effet, alors M. Morin était à Louviers dans sa famille, malade, et venant même de subir une opération.

M. Bollot, qui ne savait rien de cette nouvelle circonstance, lui écrivit une lettre très-pressante pour l'inviter à revenir au Hâvre. Il ne lui disait pas la cause de cet appel. Sa lettre était à peu près ainsi conçue : *Au nom de l'amitié, hâte-toi de revenir au Hâvre. Ce n'est pas pour affaires de douanes ; c'est pour une affaire importante qui exige de suite ta présence.*

Cette première lettre paraît avoir inquiété

vivement Morin. Il le dit dans sa réponse à Bollot. Il lui annonce qu'il l'a cachée à ses parens, pour ne pas les associer à ses inquiétudes. La réponse finit par ces mots très-remarquables : *Je ne puis ni manger ni dormir. Dépéche-toi, au reçu de la présente, de m'écrire un mot, et ne me cache rien. La téte me tourne. Tout à toi.*

D'un côté, Bollot écrivit à Morin ce mot si désiré, mais sans lui donner encore d'éclaircissemens positifs. Il se bornait à lui dire : *Tâche au moins de te rappeler quelques-uns de nos entretiens. Je ne puis t'en dire davantage.*

D'un autre côté, Bollot se présenta devant le juge du Hâvre, pour dégager l'espèce de parole qu'il avait donnée d'amener son ami avec lui. Cette fois il dit son nom, et produisit sa lettre.

Cependant un ami de Bollot allait à Louviers. Par occasion, Bollot lui remit une troisième lettre pour Morin, et transmit à ce dernier toutes les explications qu'il demandait sur les causes qui faisaient désirer à Bollot qu'il revînt au Hâvre.

Aussitôt après avoir reçu cette explication, de laquelle il résultait, comme on le voit, que

Bollot avait déclaré en justice que Morin lui avait parlé, au commencement de janvier, de l'assassinat de Monsieur et de M. le duc de Berry, qui sortaient de l'Opéra, Morin écrivit à son ami une lettre également étonnante, et par le fond, et par le ton qui y règne.

La voici.

« *Un monsieur vient, etc. Je ne puis revenir de mon étonnement, et je suis fâché* que ta mémoire t'abandonne ; *mais je te puis* jurer, au nom de l'amitié que je t'ai vouée pour la vie, *que je n'ai tenu les propos que tu me prêtes.*

« Je suis avec amitié, *ton dévoué,* etc. »

On ne peut s'empêcher, en lisant cette lettre, d'éprouver une très-vive surprise.

Morin, à la première lettre de Bollot, était tombé dans une anxiété mortelle qui l'empêchait de dormir et de manger. C'est lui-même qui le dit dans sa première lettre.

Et pour l'observer, en passant, c'est déjà une circonstance fort propre à faire réfléchir, que cette stupeur dans laquelle tombe Morin ; car enfin, quoi qu'il fût arrivé, une bonne conscience, s'il n'avait rien du tout à se reprocher, devait rassurer Morin sur l'embarras, quel qu'il fût, que lui annonçait son ami. Tout homme sait dans son cœur s'il est innocent ou coupable; et pour les innocens, quand ils croient qu'on les accuse, il ne peut jamais y avoir lieu à ces tourmens d'esprit qui empêchent de dormir,et de manger.

Quoi qu'il en soit, Bollot tire Morin de ses vives inquiétudes,. et lui apprend que son devoir lui a prescrit, en conjonctures aussi graves, d'aller rendre compte à la justice de la conversation du commencement de janvier, dans laquelle il lui a dit que MONSIEUR et M. le duc de Berry venaient d'être assassinés au sortir de l'Opéra.

Ce n'était pas là une de ces réminiscences indifférentes que l'on peut hasarder sans certitude.

Ce n'était pas non plus un de ces faits qui passent dans la conversation sans être remarqués.

Morin l'avait dit, ou ne l'avait pas dit; pas dé milieu.

S'il ne l'avait pas dit, Bollot l'avait imaginé.

Bollot était un imposteur.

Il était même quelque chose de plus vil encore; car on ne conçoit pas qu'il eût pu l'imaginer pour exposer un ami à toutes les conséquences d'une pareille imputation, sans être un homme très-lâche et très-pervers.

Quel devait donc être le mouvement d'âme de Morin, à l'instant où il se voyait traduit en justice par un ami, au moyen d'une imposture si criminelle et si périlleuse ?

Un mouvement d'effroi pour lui-même.

Un mouvement d'indignation de voir oser fabriquer une telle calomnie.

Un mouvement de mépris contre le calomniateur.

Un mouvement enfin de fureur et d'horreur contre l'ami perfide qui, sans motif et contre la voix de la conscience et de la vérité, mettait à sa charge un fait d'où pouvaient sortir des conséquences incalculables pour lui.

Au lieu de cela, Morin écrit à Bollot qu'il est fâché (fâché ! l'expression est bien mesurée !) que sa *mémoire* l'abandonne. Mais ce n'était d'abord pas là ce qu'il fallait lui dire. Ce n'était pas la mémoire de Bollot qu'il fallait accuser, c'était son imagination, son horrible imagination, qui lui suggérait de pareils mensonges, pour compromettre son ami, on ne savait par quel indéfinissable motif. Morin continue cependant, après avoir fait à son ami ce doux reproche, qui ne s'adresse qu'à sa mémoire : « Je puis te jurer, au nom de l'amitié « *que je t'ai vouée pour la vie,* que je n'ai ja- « mais tenu le propos que tu me prêtes.... Je « suis avec amitié, etc. » Quoi ! Morin voue de l'amitié pour la vie, et il offre encore, en finissant sa lettre, l'assurance de son amitié à l'homme qui l'expose à passer au moins pour le confident de Louvel ! à l'homme à qui il est extraordinaire qu'il n'ait pas écrit sur le champ, s'il est faux qu'il lui ait jamais tenu les discours dont Bollot rend compte : *Vous savez vous-même que vous êtes un odieux imposteur et un faux ami; vous trahissez l'amitié, la justice et la vérité; je ne reverrai de la vie un pareil monstre.*

M. Bollot a déposé cette lettre, et confirmé ses assertions, en y ajoutant seulement que M. Morin était incapable d'être initié dans aucun complot, quoique *sans idées fixes,* expression adoucie, bien trop significative pourtant dans la bouche d'un homme qui veut accorder ses devoirs et son inclination, ne pas violer les premiers, et satisfaire la seconde en ménageant l'homme auquel il est attaché.

La commission a délégué les juges des lieux, et pour entendre Morin, ainsi que tous autres, et pour faire perquisition chez le premier.

La perquisition a été faite chez Morin. On n'a rien trouvé de suspect; et, au reste, Morin était averti depuis long-temps.

Morin a été interrogé.

Morin a dénié, de la manière la plus formelle, la conversation alléguée.

Il n'a jamais rien dit ni de tel ni d'approchant.

Cette affaire a semblé à la commission avoir une grande gravité. Ce rapprochement du lieu du meurtre et du lieu indiqué par la conversation prophétique, si elle était vraie, *l'Opéra*, lui a paru effrayant.

Elle n'a voulu s'en fier à personne du soin de confronter Morin et Bollot.

Elle les a fait venir devant elle.

Bollot a commencé par persister dans ses déclarations, quoiqu'avec une mollesse de formes extraordinaire.

Morin a persisté avec force dans ses dénégations.

Bollot a hésité, mais pourtant sans abandonner jamais formellement ses déclarations.

Il paraissait bien évidemment partagé entre deux sentimens; mais quels étaient-ils?

Était-ce l'amour de la vérité aux prises avec la compassion pour un ami?

Ou bien était-ce la timidité luttant contre le devoir ?

Ou bien était-ce enfin la misérable honte de revenir sur ses pas, en opposition avec sa conscience lui ordonnant une franche confession de son imposture ?

C'est ce qu'encore à ce moment le soussigné, il doit le confesser, n'a pu démêler.

Il eût voulu croire à l'honneur de Bollot et de Morin, et cependant il y a certainement un des deux qui est un menteur insigne et un malhonnête homme.

On s'est consumé d'efforts pour faire sortir la vérité de ces ombres.

Bollot a été vivement interpellé pour qu'il remplît son rôle d'homme, soit en soutenant en face à son ami qu'il avait dit ce qu'il avait dit, soit en confessant franchement que le tout était de son invention.

Tout ce que ces efforts ont produit, c'est, de la part de Bollot, la déclaration que son ami l'a dit, ou que lui, Bollot, l'a rêvé. Mais il est revenu sur cette possibilité de l'avoir rêvé, si son ami ne le lui avait pas dit, avec une insistance si enfantine, avec si peu d'assurance ensuite, quand il disait qu'il croyait que son ami le lui avait dit, qu'il était vraiment

impossible aux hommes de savoir quelle était
la vérité.

A juger par le ton des deux confrontés, on
l'eût crue du côté de Morin, si, jusque dans
les hésitations de Bollot, on n'eût pas craint
de voir une espèce d'impuissance morale, plutôt qu'une impuissance consciencieuse de défendre sa déposition, et si surtout les lettres
de Morin ne fournissaient pas un si violent
argument contre lui.

Ainsi, qui des deux ment?
— Le soussigné l'ignore.

Dans cet état de doute, il a été de la justice
et de l'humanité de ne priver aucun de ces deux
individus de leur liberté, et de ne pas impli-
quer, sur la foi d'un témoin si peu rassurant,
Morin dans le procès.

Mais dans cet état de doute aussi, le soussigné devait soumettre en grand détail toute
cette affaire à la Cour, afin qu'elle examine et
décide, si par forme de supplément d'instruction, il lui conviendrait d'appeler à ses pieds
Morin et Bollot, comme elle en a incontesta-
blement le droit, et de les interroger elle-même,
le tout sans retardation du jugement du procès
à l'égard de Louvel.

Une autre prédiction aurait eu lieu, si l'on

en croit un sieur Cazeneuve, à Paris, un peu plus tard, c'est-à-dire vers la fin de janvier.

A cette époque, le sieur Cazeneuve se trouvait un soir vers le théâtre Feydeau, où, comme l'a remarqué Louvel, il y avait, pour la voiture du Prince, une entrée prohibée au public. Un homme regardait le Prince qui entrait dans ce passage. Cazeneuve s'approcha de lui, et lui demanda ce que c'était que cette voiture. « Celle de M. le duc de Berry, » répondit l'étranger. — « Il va donc par-là ? » — « Il n'ira pas long-temps. » Les cheveux du sieur Cazeneuve, à ce qu'il dit, se dressèrent. Il se retira indigné. Il ne sait quel est cet homme, et n'a pu le retrouver.

Un propos tout à fait analogue fut recueilli dans le même temps par une autorité très-respectable. Le général d'Anselme, le 8 ou le 9 février, se promenait aux Champs-Élysées. Deux voitures vinrent à passer; c'étaient le Prince et la Princesse. Deux jeunes gens se rangèrent du côté du général. *Ils ne savent pas ce qui les attend,* dit l'un de ces jeunes gens en regardant les voitures. Le mot parut bizarre au général. Depuis l'évènement, il s'en est souvenu avec effroi. Il ne reconnaîtrait pas les jeunes gens.

À cette époque encore, la nouvelle d'un attentat commis sur la personne de M. le duc de Berry fut semée sur toute la route de Paris à Saint-Quentin. Compiègne, Ribécourt, Noyon, Péronne, Ham, Roupy et Saint-Quentin en retentirent.

Aussitôt que l'évènement, trop conforme à ce bruit, fut arrivé, on reçut, de beaucoup de côtés, à Paris, des lettres qui apprirent qu'il avait été annoncé dans ces différens lieux.

On écrivit de Ham, à une bijoutière du Palais-Royal, que, dès le 10 février, on parlait dans cette ville de l'assassinat de M. le duc de Berry.

Mme de Saint-Aunis reçut de Compiègne la même assurance.

Il convenait de remonter à la source de ce bruit. On acquit la certitude que son auteur était un tisseur d'Épéhy, près Saint-Quentin, appelé *Charles Molus*.

A Ribecourt, le 3 ou le 4 février, il avait débité des nouvelles bizarres. M. le duc de Berry, à l'en croire, dans les derniers jours de janvier, était allé se promener à Vincennes. Comme il passait à la barrière du Trône pour rentrer dans Paris, un coup de fusil, dont la balle

perça son chapeau, partit d'une des tours de
la barrière. Les gardes cherchèrent dans la
tour : on n'y trouva personne. Le lendemain,
M. le duc de Berry passa par la même barrière à la tête de trois régimens. Quand les
troupes furent arrivées en ce lieu, elles firent
spontanément halte. Un maréchal des logis
sortit des rangs pour demander où l'on allait.
L'insubordination se propagea. Le Prince
quitta les régimens. Les troupes revinrent au
Carrousel. Cela fit une petite rumeur.

Tels étaient les discours tenus sur la route
par Charles Molus, à quoi même il ajoutait
qu'il avait été témoin de ces deux aventures.

Ce bruit méritait d'être approfondi. Il le fut.

On ne sut pas sur le champ le nom du
voyageur.

On entendit les maîtres des différentes au-
berges où il avait stationné. On entendit les
voyageurs devant qui il avait parlé. Enfin on
sut qui il était, et qu'il avait travaillé à Paris
jusqu'aux premiers jours de février, dans deux
ou trois filatures.

La commission interrogea plusieurs de ses
camarades, gens simples et sages, qui, sans
rendre mauvais témoignage de lui, en parlèrent comme d'un pauvre idiot. *Nous n'avions*

pas grande amitié ensemble, dit un nommé Langlet, qui avait pourtant été son camarade de chambre, *parce qu'il bavardait de ci et de ça, et caquetait sur ses voisins.* C'est un *homme qui n'a pas grande raison, sans être fou.* Plaquet, un autre de ses camarades, en parla dans le même sens. *C'est un homme qui n'a pas grande raison, et qui parle de travers.*

Il n'en était pas moins constant que cet homme, qui parlait de travers, avait en effet bien mal parlé sur toute la route de Picardie. Un mandat d'amener fut décerné contre lui.

Il avait été interrogé deux fois déjà par les juges des lieux. Il avait commencé par nier d'avoir parlé de toutes ces nouvelles avant Ham.

Bientôt il fut obligé de confesser qu'il avait commencé à les semer à Ribecourt, près Compiègne.

Conduit à Paris devant la commission, il a assuré que quant à l'aventure des troupes, il en avait entendu parler, sans savoir par qui, dans la fabrique de Lemaire, où il avait travaillé, à Paris, et que celle de la balle dans le chapeau du Prince lui avait été racontée sur la route par un voyageur qu'il ne connaissait pas, et avec qui il avait cheminé quelque temps.

Du reste, cet homme a paru une espèce de

(309)

Crétin sans malice et sans idées, dont il aurait
été facile à la malveillance de se servir pour répandre ces mauvais bruits, sans qu'il s'en dou-
tât lui-même.

Néanmoins, lé soussigné ne peut s'empêcher de remarquer que, malgré son défaut de
bon sens , cet homme, soit imbécillité naturelle, soit combinaison grossière, ne dit pas la
vérité dans les détails.

Il assure que le bruit de l'acte d'insubordination de la part des troupes, il l'a recueilli
dans la fabrique du sieur Lemaire; et les ouvriers de ce dernier, qui ont été entendus, n'en
ont pas eu connaissance.

Il a dit qu'il n'a jamais parlé de ces bruits
que comme de ouï-dires; et plusieurs témoins
assurent qu'il a dit que lui-même il avait assisté aux deux scènes.

Il a affecté de ne pas reconnaître des auber-
gistes chez qui il a logé.

Il a varié sur le lieu où il avait entendu dire
la première fois qu'on avait tiré un coup de
fusil dans le chapeau de M. le duc de Berry,
et sur le voyageur qui le lui avait dit.

C'est ce qui sans doute a déterminé la commission à ne pas lui rendre la liberté avant le
compte rendu à la Cour.

Mais toutes ces circonstances pourraient tenir à son imbécillité naturelle et à une tête dans laquelle les idées paraissent fort mal rangées.

Il faut dire aussi, en sa faveur, qu'aussitôt qu'il a su que la justice le cherchait, il est venu s'offrir à la justice, en sorte qu'il y a toutes sortes de raisons de croire qu'il a plutôt obéi à la démangeaison de parler, et de faire des histoires dans lesquelles il prenait un rôle de témoin pour les rendre plus piquantes, qu'à un esprit de malveillance et de sédition. Le soussigné pense qu'il doit être mis hors du procès, et qu'ainsi on doit lui rendre sa liberté.

Toutefois, et quelle que soit l'intention première qui a présidé à la création de ces bruits mensongers, on ne peut s'empêcher d'être surpris et douloureusement affecté du rapport anticipé qu'ils avaient avec le cruel évènement qu'ils ont précédé de si peu, comme on ne peut s'empêcher de craindre que ce rapport ne tienne à quelque liaison secrète entre les bruits et le crime lui-même.

Sur ces bruits s'en sont entés quelques autres qui ont circulé dans les environs de Saint-Quentin. Ainsi l'on avait dit à Ham qu'un sieur Larcanger avait dit, le 9, que le duc de Berry était tué. Le sieur Larcanger avait répété, le 9, en revenant de Saint-Quentin, le conte qu'y avait fait Charles Molus. Il avait parlé d'une tentative qui, dès la seconde bouche, était devenue un fait consommé.

Ainsi, on avait dit aussi qu'à Saint-Quentin un homme de très-mauvaise opinion, devant qui l'on parlait d'une fête donnée par M. le duc de Berry, avait dit : *Comment! est-ce qu'il vit encore?* en faisant allusion à toutes les anecdotes que Charles Molus avait fait courir dans Saint-Quentin, et qu'on y avait dénaturées en cent façons.

Un autre bruit du même genre, c'est-à-dire ayant pour but d'annoncer la mort du duc de Berry, a été répandu à Rouen, sans qu'encore aujourd'hui les auteurs de ce bruit soient connus, et que la cause en soit expliquée.

Le sieur Julienne, banquier à Rouen, tient une caisse où les ouvriers vont recevoir des bons de sous. Il y a dans cette caisse un grand concours de personnes. Dans les derniers jours de janvier, l'un des ouvriers, en comptant ses sous, dit à un autre : *As-tu entendu dire que M. le duc de Berry ait été assassiné?* Tout le monde traita cette question de folie; et l'on n'y pensa plus.

Le sieur Julienne et son teneur de livres **en** ont déposé.

Ils n'ont pu indiquer l'ouvrier qui a fait cette question.

Un manouvrier à Saint-Cyr, près d'Orléans, a également annoncé, dit-on, huit jours avant la mort du Prince, qu'il avait été tué.

Il s'appelle *Toutin*. Il est au service de M. Darlon, propriétaire estimé.

M. Darlon a un domestique qu'on appelle *Sidenne*.

Ce Sidenne, le mercredi des Cendres, apprit chez une marchande de modes d'Orléans la malheureuse nouvelle. En l'apprenant, il dit : *Je n'en savais rien. Un homme de ma commune me l'avait annoncé, il y a huit jours. Je n'ai pas voulu le croire.*

Sidenne fut cité devant le juge d'instruction pour rendre compte de ce fait. Il assura que le 8 février, son maître l'ayant envoyé chercher du bois, Toutin Léveillé monta dans sa voiture. En faisant la conversation, il lui dit que M. le duc de Berry avait été tué. Sidenne répondit que c'étaient des contes.

Sidenne n'avait point parlé, avant le malheur, de cette conversation qu'il avait eue avec Toutin. Il en parla pour la première fois à la marchande de modes, le mercredi des Cendres.

Depuis il en parla encore à son maître, qui voulut savoir de Toutin quel était celui qui le lui avait dit.

M. Darlon alla donc chez Toutin, qu'il trouva au lit. Il lui demanda qui l'avait informé de la nouvelle qu'il savait d'avance. Toutin répondit qu'il l'avait apprise d'un nommé *Geoffroy*, meunier d'Olivet. Sa femme l'interrompit pour lui dire que c'était le meunier qui lui avait dit le nom de l'assassin, mais qu'il avait su la nouvelle d'un autre. Alors il dit que cet autre était une marchande de rubans.

Toutin a été ensuite appelé lui-même en témoignage.

Il a affirmé qu'il avait appris la nouvelle le mardi gras.

Il a affirmé que personne ne lui en avait parlé auparavant, et qu'il n'en avait parlé à personne; qu'il n'en avait pas parlé à Sidenne; qu'il n'était pas convenu avec M. Darlon d'en avoir parlé à Sidenne.

On a confronté Sidenne et M. Darlon à Toutin. Ils lui ont soutenu la vérité de leurs dépositions. Il leur a soutenu la vérité de ses dénégations.

Toutin a été amené à Paris, en vertu d'un mandat décerné par la commission.

Il a paru devant elle.

Il a commencé par reconnaître qu'il n'avait jamais eu avec Sidenne ni querelle ni opposition d'intérêt.

Il a confessé que M. Darlon avait toujours été la bonté même pour lui.

Mais il n'en a pas moins persisté à soutenir qu'il ne leur a jamais dit ni à l'un ni à l'autre ce qu'ils ont dit dans leurs dépositions, et qu'il n'avait appris la mort de M. le duc de Berry que le mardi gras.

Toutin est un homme de la plus extrême simplicité. Il a l'air de la bonne foi, et il a si peu de lumières et si peu d'intelligence, qu'il est difficile de supposer que cet air de bonne foi soit un air composé.

Il est vrai qu'il est très-difficile de supposer aussi que M. Darlon en impose ; et sûrement il n'en impose pas.

Il semblerait donc que si M. Darlon n'en impose pas, lui qui dit que quand il a interrogé Toutin pour savoir qui lui avait appris la nouvelle d'avance, Toutin lui a répondu que c'était la marchande de rubans, la conséquence nécessaire est que Toutin ment, quand il nie être convenu avec son maître que quelqu'un la lui avait apprise d'avance.

Cependant cette conséquence n'est pas forcée.

La commission a pu, en faisant subir interrogatoire à Toutin, se convaincre que c'est une espèce de brute qui n'a ni précision dans la cervelle ni propriété dans l'expression, et qui ne comprend pas plus les idées des autres en écoutant, qu'il n'arrange les siennes en parlant.

C'est ainsi qu'on a eu toutes les peines du monde à lui faire concevoir, si même on y est parvenu, que son maître et Sidenne, d'un côté, et lui, de l'autre, étant en contradiction manifeste, il fallait bien qu'il y eût un mensonge de part ou d'autre. Cette notion si simple n'a jamais pu arriver jusqu'à son épaisse intelligence. Il se rejetait sur l'éloge de son maître et de Sidenne. C'étaient les plus honnêtes gens du monde. Il ne leur avait pas dit un mot de ce qu'ils disaient. Mais ils ne mentaient pas ni lui non plus. C'est une thèse dont il a été impossible de le tirer, et sur laquelle il n'a pas versé la moindre lumière.

A défaut d'éclaircissemens de sa part, il est pourtant possible, du moins le soussigné le croit, de concilier les plus importantes de ces contradictions.

Le plus imposant, le plus embarrassant des témoignages qui s'élèvent contre Toutin, est sans contredit celui de son maître, homme intelligent, homme de bien, homme qui n'a nul intérêt à mentir.

Son maître dit qu'après avoir appris de Sidenne que Toutin lui avait dit huit jours avant la mort de M. le duc de Berry, que le Prince était tué, il était allé chez Toutin, et lui avait demandé qui lui avait appris cette nouvelle d'avance, à quoi Toutin avait répondu que c'était la marchande de rubans.

Eh bien ! tout cela peut être vrai, et Toutin peut ne pas mentir, en disant n'avoir appris la mort du Prince que depuis l'évènement.

Encore une fois, Toutin est un homme prodigieusement simple, paraissant incapable de saisir une idée complexe. Son maître lui a demandé qui lui avait appris la nouvelle d'*avance*. Tout le nœud possible de la méprise est dans le mot d'*avance*. Si Toutin a eu l'extrême ineptie, et le soussigné l'en croit capable, de n'être frappé que de l'idée *qui vous a appris la nouvelle,* sans être frappé de la modification *d'avance,* il a dû faire la réponse qu'il a faite, *c'est la marchande* de rubans, puisqu'il soutient encore aujourd'hui qu'il l'a

suc aussi de cette femme, mais depuis l'évènement. Il n'y aurait donc pas de mensonge aujourd'hui de la part de Toutin, de soutenir
qu'il n'a pas répondu qu'il savait la nouvelle
d'avance, puisque, dans son sens, il n'aurait
pas répondu à l'idée *d'avance* qu'il n'aurait
pas saisie; comme il n'y aurait pas de mensonge de la part de M. Darlon, qui a dû, en
faisant la question et en y renfermant la modification *d'avance*, comprendre que la réponse de Toutin s'appliquait à l'idée *d'avance*,
comme au surplus de la question.

Resterait pourtant un embarras encore, celui de l'assertion de Sidenne : celui-là serait
moins grand.

On ne peut s'empêcher de remarquer que
Sidenne, qui prétend qu'il a su de Toutin cette
affreuse nouvelle huit jours avant sa réalité,
n'en a jusque-là parlé à personne. Il en a parlé,
après l'évènement, pour la première fois, aux
marchandes de modes, puis une seconde, le
même jour, à son maître.

Ce fut une singulière discrétion.

Et si, par hasard, le jeune Sidenne était un
être de l'espèce de la petite Normand, du jeune
Genty et de quelques autres qui ont figuré dans
cette instruction, et que leur imagination a

menés un peu plus loin que la vérité, tout serait expliqué.

Le soussigné ne peut qu'indiquer cette possibilité.

La justice lui défend de décider la question.

Il ne peut que dire : Il n'est pas évident : *non liquet*.[*]

La commission, au milieu de ces obscurités, a cru qu'elle ne devait pas priver Toutin de sa liberté.

Le soussigné pense qu'il n'y a pas lieu à le garder dans le procès.

La possibilité que Sidenne, démenti par Toutin, soit démenti avec raison, conduit à un autre document d'une nature toute pareille.

A Mauriac, dans le Cantal, le jour où la nouvelle de la mort du Prince s'y est répandue, un nommé *Maury*, domestique de M. Lamargé, a dit à la sœur de son maître qu'il la savait quelques jours auparavant.

La commission a délégué le juge de Mauriac pour s'enquérir du fait.

Maury a déposé.

Il a attesté cette préconnaissance qu'il avait eue de l'évènement. Selon lui, il était allé à la foire de Salers. En passant sur la place, à côté d'un groupe de trois hommes, il entendit l'un d'eux dire : *On dit qu'il n'y a pas de bonnes nouvelles : un Prince a été assassiné.*

Maury ne peut pas indiquer ces hommes.

Il ne les connaît pas.

Maury, comme Sidenne, a gardé plusieurs jours son secret.

Maury, comme Sidenne, n'en a parlé qu'après l'évènement.

Tout cela peut être vrai.

Tout cela peut être faux.

Dans le doute, il y a quelque sagesse de suspendre son jugement.

Voici un troisième fait absolument de la même espèce.

A Guignes, près Paris, quand on y a appris la mort du Prince, un certain Jacques Maigre, terrassier, habitant de la commune de Soignolles, près Guignes, a prétendu qu'il la savait depuis huit jours.

La commission l'a fait citer devant elle.

Il est venu.

Il a déclaré que le mardi d'avant le carnaval, comme il était assis à neuf heures pour déjeuner, le long du pavé de Pommier, où il travaillait, deux hommes passèrent, l'un en carmagnole de velours, et l'autre vêtu de brun. Ils lui demandèrent : Quelles nouvelles? — Je n'en sais pas. — Quoi! vous ne savez pas que M. le duc de Berry est tué? — Non. — Eh bien! ne le dites à personne, car vous vous feriez ramasser.

Et il ne le dit pas.

Voilà une bien singulière discrétion.

Elle dura huit jours.

Au bout de ces huit jours, et après l'évenement, il déclara ce fait à un jeune étudiant en droit appelé *de Bellemont.*

M. de Bellemont, dont le père emploie Maigre, assure que c'est un honnête homme.

Maigre, au surplus, ne peut indiquer ces deux passans.

Mme la comtesse Omeara ne peut pas non plus indiquer une dame qu'il y aurait pourtant un grand intérêt d'entendre sur le fait dont dépose cette comtesse.

Elle a déclaré que traversant, le lundi 14 février, la cour des Tuileries, elle vit un groupe de dames qui s'étaient arrêtées pour parler entr'elles. Elles s'entretenaient du sujet qui occupait ce jour-là toutes les pensées. Une de ces dames dit tout haut : « Je suis bien heureuse de n'avoir pas été au spectacle, et de ce que quelqu'un est venu chez moi me détour-

ner d'y aller, parce qu'il y arriverait un évènement. »

Il est bien triste que Mme Omeara ait déclaré,
en même-temps, qu'elle ne connaissait aucune
de ces dames, et qu'elle ne les retrouverait pas.
Il eût été bien important de découvrir l'homme
qui donnait des avis à l'avance sur ce qui se
passerait à l'Opéra, et de savoir dans quelle
source il avait puisé sa prévision.

On éprouve le même regret et le même embarras par rapport à un sieur Malmenaide, marchand de papier en Auvergne, qui, suivant sa
déclaration reçue par la commission, a entendu,
le dimanche 13, à huit heures du soir, en se
promenant au Palais-Royal, deux hommes dont
l'un disait à l'autre : *A quand porte-t-on le
coup? On est bien long-temps à se décider.*
En prononçant ces mots, il criait à haute et
intelligible voix. L'autre le lui fit observer, et
lui dit : *Ne criez donc pas si haut.*

Le sieur Malmenaide n'a pu donner aucuns
renseignemens sur ces deux hommes.

Force a donc été à la commission, sur ces
divers documens, d'en rester aux déclarations
de ceux qui les livraient sans nul indice à l'appui.

Ce sera à la Cour à les apprécier pour aider

à se former l'opinion qu'elle aura à prendre sur le fait de la complicité.

On a beaucoup parlé, à Paris, d'une femme extraordinaire, qui prophétisait dans un hôpital où elle était malade, et qui avait mêlé, dans ses prédictions, une sorte de prescience du triste évènement du 13 février.

Il n'y a rien d'extraordinaire par rapport à cette femme, que l'espèce de respect que quelques esprits faibles portent à son illuminisme.

Cette femme s'appelle *Sauvage*.

Elle était toujours mise en homme. Elle s'est cassé une jambe dans ce costume. Elle a été portée à la Charité. Elle y est encore. C'est une espèce de mystique, moitié religieuse, moitié impie, qui ne parle qu'en paraboles, et mêle à ses discours théologiques des infamies contre la religion et les sacremens.

On l'a toujours regardée comme folle dans l'hospice, ce qui n'empêche pas que son babil éternel, et les écarts de sa raison, ne fixent sur elle l'attention, et n'appellent autour de son lit les oisifs et les curieux.

A travers son flux intarissable de paroles, il lui arrive quelquefois de rencontrer juste, ou de dire des choses qu'après l'évènement on y approprie. C'est ainsi que n'ayant pas voulu se lever le dimanche 13, elle donna pour raison à la sœur, qui la pressait de sortir de son lit, que c'était *le 13 un jour extraordinaire*. Il le fut trop pour le malheur de la France. Quand elle sut, le lendemain, l'évènement, elle se prévalut auprès de la sœur de son mot de la veille, comme d'une prophétie. Elle en fit une autre pour le 31; et comme on lui observa qu'il n'y avait pas de 31 au mois de février, elle traita celle qui lui en faisait l'observation, d'esprit borné, qui ne savait pas qu'on portait dans son cœur le complément du mois.

C'est une folle, au jugement de tous ceux qui l'entourent; et si cette histoire n'avait pas été répandue, le soussigné aurait craint d'abuser des momens de la Cour, en lui en soumettant les principaux détails.

A côté de ces faits, quelques-uns ridicules, quelques autres invraisemblables, et tous équivoques, en voici un d'une grande gravité, et qui est véritablement digne d'attention, soit par la démonstration qui en est pleinement acquise, soit par la matière qu'il doit fournir à de sérieuses réflexions.

Tout le monde a ouï parler de cette aventure d'un domestique arrêté par un homme qui, le prenant, disait-on, pour Louvel, lui avait dit : *Eh bien, en finiras-tu avec ton duc de Berry ?* On appliquait même le fait au domestique de M. de Sainte-Fère. On a déjà vu que l'anecdote, ainsi racontée, n'est vraie ni pour le domestique de M. de Sainte-Fère, ni pour les détails. Elle est probablement l'exagération d'une autre anecdote, dans laquelle, en la réduisant à la vérité, il reste encore suffisamment de quoi étonner.

Il y a à Paris un frotteur appelé *Antoine Sabattier*, homme d'un âge très-mûr, et jouissant, dans son état, de l'estime de ceux qui le connaissent. M. Regley, aide-naturaliste au jardin des Plantes, l'emploie comme frotteur, et de plus, les jours où il a du monde, il le fait servir à table et dans la maison. Il le connaît beaucoup et en fait un grand cas, comme d'un très-honnête homme.

Sabattier, à la fin de novembre dernier, était resté fort tard chez M. Regley, un jour que ce dernier avait eu compagnie. A onze heures et demie du soir, il regagnait son domicile, et se trouvait rue de Grenelle-Saint-Honoré, non loin de celle des Boucheries, où il demeure. Il faisait un temps affreux, et Sabattier tenait un parapluie étendu. A cette heure on entend facilement tous les bruits qui se font dans les rues. Derrière lui marchait, avec précipitation, un homme tout seul, paraissant ivre et parlant très-haut. Quand cet homme fut à la hauteur de Sabattier, il disait : *Oui, coquin ! oui, scélérat ! tu m'avais promis d'enfoncer un couteau dans le cœur du duc de Berry*. Ces mots glacèrent Sabattier d'horreur. Il n'est pas brave. Le tremblement le prit. Il ploya son parapluie, et prit la fuite. L'homme, qui avait redoublé le pas, le suivit jusqu'à la rue Saint-Honoré, et il continuait à parler seul et haut. Sabattier fut assez renversé de ce qui lui était arrivé, pour ne pas sortir de sa chambre de quelques jours.

La première fois qu'il alla chez M. Regley, il était encore tout défait. M. Regley en fit la remarque. Il avait été d'ailleurs étonné d'être plusieurs jours sans le voir. De plus, il prend beaucoup d'intérêt à lui.

Il lui demanda donc ce qu'il avait eu, et ce qu'il était devenu. Sabattier lui raconta son aventure, dont il avait failli, disait-il, être malade, et dont il tremblait encore. M. Regley en fut frappé. Il la raconta lui-même presqu'aussitôt à M. Hemart, juge suppléant du tribunal de Paris.

Sabattier en a déposé.

MM. **Regley** et **Hemart** ont certifié avoir connu tous deux, dès novembre, ce qui était arrivé à Sabattier.

Ils attestent que Sabattier est un très-honnête homme, et il est difficile de trouver des témoins plus dignes de foi que ce savant et ce magistrat.

Il n'est pas permis de douter, cette fois, des faits racontés par Sabattier.

A part la confiance que mérite ce pauvre, mais honnête homme, il n'est pas permis de douter du moins, puisque de tels témoins l'assurent, qu'il les leur a fait connaître dès novembre dernier. Or, ce ne peut plus être une invention de Sabattier, imaginée par lui après l'évènement, et pour se rendre intéressant ou pour se faire le héros d'une aventure. D'ailleurs, Sabattier a près de 60 ans. Il n'est pas dans l'âge où l'imagination s'allume.

Les lois du bon sens ordonnent donc de regarder comme constant ce qu'il déclare.

Il y a plus d'incertitude, sans doute, mais pourtant il reste une grande apparence de vérité dans une autre déclaration faite par une servante d'une dame Quatremère, le lendemain même du crime.

Jeannette Gérard, cette servante, avait reçu

le dimanche gras, vers six heures, de sa maîtresse, une commission pour la rue Neuve-
Saint-Augustin. En allant la faire, cette fille,
qui ne savait pas bien le chemin, entra rue
Saint-Honoré, dans une boutique de charcutier, pour le demander.

Dans cette boutique étaient au comptoir un
homme et une femme, et devant le comptoir,
deux autres personnes, homme et femme aussi.
Pendant que la femme du comptoir, à qui s'é-
tait adressée Jeannette, lui indiquait les rues
qu'il fallait prendre, Jeannette entendit l'homme
de la boutique qui disait à celui du comptoir :
*On dit qu'on assassine peut-être bien le Roi
ce soir.* A quoi l'homme du comptoir répondit : *Cela n'est pas vrai, il y a long-temps
qu'on dit cela.* Le lendemain matin, quand
Paris apprit l'épouvantable évènement de la
nuit, Jeannette ne put s'empêcher de dire à sa
maîtresse ce qu'elle avait ouï la veille. Jeannette ne savait pas le nom du charcutier. Sa
maîtresse l'envoya sur le champ et reconnaître
la boutique et prendre le nom du charcutier.
La boutique était celle qui porte, rue Saint-Honoré, le n° 265. Le charcutier s'appelait *Hamelin*. Alors, la maîtresse et la servante allèrent
faire leur déclaration au commissaire de police.

Deux jours après, on se transporta avec Jeannette dans cette boutique. Jeannette a déclaré devant MM. les Pairs commissaires qu'elle l'avait parfaitement reconnue, mais elle n'a pas reconnu du tout les sieur et dame Hamelin, ce qui a fait conclure un peu légèrement peut-être à l'officier de police, que Jeannette pouvait se méprendre sur la boutique.

Alors, et depuis, devant la commission, tous les gens de cette maison, le charcutier, sa femme, sa fille, leurs trois garçons, ont déposé. Tous, ils ont protesté n'avoir pas entendu, dans la soirée du dimanche, se tenir dans leur boutique les discours dont a parlé Jeannette.

Jeannette, de son côté, ou quand elle a été examinée, ou quand elle a été confrontée, a persisté avec une invincible constance dans sa déclaration.

Elle convenait pourtant qu'elle ne reconnaissait pas les personnes, ce qui n'avait rien de bien extraordinaire, puisqu'elle n'avait fait qu'entrer et sortir pour demander une adresse, et qu'il faisait déjà pleine nuit.

La dame Hamelin, son mari, sa fille et les garçons charcutiers n'en ont pas moins toujours soutenu qu'aucun d'eux n'avait ni prononcé ni entendu les discours allégués par elle. La dame Hamelin a dit même qu'elle ne se souvenait pas d'avoir indiqué, ce soir-là, la rue Neuve-Saint-Augustin à personne.

Au milieu de ces contradictions, la commission a dû se trouver fort incertaine.

Cependant le soussigné ne doit pas dissimuler que, quánt à lui, toutes les apparences lui ont paru se réunir pour faire croire à la véracité de Jeannette Gérard.

Cette jeune fille a été nette, uniforme et précise dans ses déclarations.

Elle parlait avec simplicité, accordant sur le champ dans les détails tout ce qui était vrai, et insistant sur le reste, avec l'air, les gestes et l'accent d'une profonde conviction; ne cherchant ni à exagérer l'importance de son témoignage, ni à charger le sieur Hamelin et sa famille; se laissant interrompre sans humeur; donnant toutes les explications qu'on lui demandait, sur le champ; bref, paraissant toujours obéir à un devoir, plutôt que se laisser entraîner par une prévention.

Toutes ces circonstances réunies, et le défaut absolu d'intérêt de Jeannette à mentir, ont fait une grande impression sur le soussigné.

Les dénégations de la famille Hamelin ne lui ont pas paru être du même poids.

Les Hamelin ont semblé, quant à eux, mettre dans leurs déclarations beaucoup d'aigreur et manquer de franchise.

Le sieur Hamelin, par exemple, a été long-temps à redouter et à refuser de paraître, sous prétexte de maladie, devant la commission. Il venait d'user encore de ce prétexte, et d'envoyer même des certificats d'officier de santé, lorsque la commission ; désirant enfin savoir à quoi s'en tenir sur cette crainte prolongée de se présenter à elle, a chargé le médecin assermenté de la Cour de vérifier la santé du sieur Hamelin. Il est résulté du rapport du médecin, que le sieur Hamelin avait été malade en effet, mais qu'il était parfaitement en état de déposer. Le sieur Hamelin est donc venu, et il a pleinement justifié le rapport du médecin, pour sa capacité de déposer. Cette répugnance du sieur Hamelin a pu inquiéter sur la fidélité de ses récits.

Quant à la dame Hamelin, elle a fait des efforts ridicules pour prouver qu'il était impossible qu'il y eût à côté d'elle un homme dans le comptoir. Elle a donné en preuve qu'il n'y avait de chaise que pour elle, en telle sorte même que quand sa fille , qui a seize ans, voulait venir s'asseoir auprès d'elle , *ce qui lui arrivait souvent ,* il fallait qu'elle apportât sa chaise. On ne voit pas bien comment, puisque la demoiselle Hamelin, à qui cela arrive souvent, peut s'asseoir dans le comptoir auprès de sa mère, en y apportant une chaise, une autre personne, le sieur Hamelin père, par exemple, ne pourrait pas s'y tenir de temps en temps debout, auprès de sa femme, comme le font fréquemment dans les boutiques les maîtres de maison qui servent le public ; ou même comment il n'aurait pas pu s'y asseoir sur une chaise apportée pour lui, ou apportée par sa fille.

Outre ces premières raisons de défiance, il s'en trouve une autre dans l'intérêt de la famille Hamelin.

On s'accorde assez généralement à bien parler de cette famille. Ce sont de fort honnêtes gens, dit-on. Tout honnêtes qu'ils sont, ils peuvent trouver fort désagréable de figurer au procès à propos du discours imputé à un homme de leur connaissance. Peut-être craignent-ils de le compromettre. Peut-être aussi sentent-ils que, quoiqu'ils n'aient pas l'air d'y avoir applaudi, ils n'ont pas rempli leur devoir, soit

en ne forçant pas sur le champ à venir s'expliquer devant le commissaire de police l'indiscret, et peut-être criminel, émissaire de bruits
pareils, soit en n'en faisant pas même de déclaration. Il peut leur paraître convenir davantage à leurs intérêts de tout nier. Ils se sauvent
ainsi des détails et de la nécessité des explications.

Ils peuvent avoir certainement intérêt de
dissimuler la vérité.

La fille Jeannette, au contraire, n'a pas
d'intérêt de la trahir.

Il est donc permis de lui accorder plus de
confiance.

Il est vrai que dans cette disposition même,
et en appréciant le propos tenu dans la boutique d'Hamelin, supposé constant, il reste
encore de l'équivoque sur sa signification.

S'appliquait-il à l'exécrable action du soir,
qui aurait déjà transpirée, sauf l'erreur sur la
victime ?

S'appliquait-il à l'autre mouvement prédit,
annoncé à Paris, dans les départemens, sur les
routes, et médité par des factieux contre le
gouvernement et contre sa prérogative constitutionnelle de présenter des lois aux Chambres ?

C'est à la sagesse des nobles Pairs à résoudre ce problême.

Le soussigné à dû seulement rendre un compte exact des preuves.

Par la même raison, il n'exprimera pas d'opinion sur un autre fait, entouré de beaucoup plus de doutes encore, mais dont il y aurait aussi à déduire la conséquence d'une complicité certaine, si ces doutes étaient entièrement dissipés : le soussigné veut parler du fait attesté par Voisin, cordonnier de Villeneuve-Saint-Georges. Voisin assure qu'au mois de novembre dernier, il fut dans la forêt de Senart pour présenter une pétition à M. le duc de Berry, qui y chassait. Écarté par les gardes, il se retirait tristement, lorsqu'il fut rencontré par un homme vêtu de brun, ayant au plus 5 pieds. Il lui tint les propos les plus grossiers sur le Prince, et lui dit que *dans un an il n'existerait plus.*

Louvel a plus de 5 pieds.

Dans toute sa garde-robe, qui est connue toute entière, et qui n'est pas considérable, il n'a pas d'habit brun.

Si Voisin dit vrai, l'homme du bois serait donc un autre que Louvel ? Ce serait encore un argument en faveur de la complicité.

Un argument bien autrement fort, et qui annoncerait qu'en effet, non seulement il peut y avoir des complices de Louvel, mais encore que l'affreux projet, mis enfin à exécution par lui, était concerté entre plusieurs et arrêté dès long-temps, se tire d'une lettre fort extraordinaire, adressée à un militaire français en 1816, et dont l'existence fut fixée sur le champ, en sorte qu'on ne peut s'arrêter à l'idée qu'elle ait été forgée après l'évènement.

A tort ou à raison, les démarches de cet officier, en 1816, avaient fixé l'attention du gouvernement.

On lui adressa de l'étranger, par la poste, une lettre qui contenait des provocations criminelles.

Lui-même il la porta à la police, et se plaignit amèrement de cette tentative, qu'il qualifiait de piége, et à laquelle il disait que, dans tous les cas, il était incapable d'adhérer.

Fort peu de temps après, une autre lettre de ce genre lui fut encore adressée. Elle était partie en écriture ordinaire et partie en chiffre.

Où est la clef du chiffre?

La phrase chiffrée était affreuse.

Elle était ainsi conçue:

Le duc de Berry ne pourra pas éviter cette

fois le coup qui doit éteindre les rejetons de cette famille si funeste à notre malheureuse France.

Cette lettre venait encore de l'étranger. Et ce qu'il y eut de bien remarquable, c'est que les rapports de l'administration portaient, dans ce même temps, qu'il y avait eu, sur la frontière de France, en Suisse, une réunion de régicides et d'hommes leurs pareils, où on avait parlé hautement de détruire la branche française des Bourbons, dans la personne de M. le duc de Berry.

L'officier à qui cette lettre était adressée, protesta, quand il la connut, qu'il ne trempait en rien dans d'aussi abominables projets ; qu'il avait prouvé l'horreur qu'il en avait, par l'indignation avec laquelle il avait lui-même livré à l'autorité, peu de jours auparavant, une lettre de même espèce ; et que c'était sûrement une fraude de ses ennemis pour attirer sur lui les soupçons et la défaveur du gouvernement.

Cette dernière partie de l'assertion était difficile à croire. Des ennemis pouvaient sans doute fabriquer la lettre. Mais des ennemis ne pouvaient pas rassembler, sur la frontière, des régicides pour donner du crédit à leur lettre. Il y avait donc bien plus d'apparence que lettres

et conciliabule étaient de la même facture, et
que c'était une invitation très-réelle dirigée,
par erreur si l'on veut, vers un esprit que l'on
croyait, à tort si l'on veut encore, capable
de répondre à l'appel.

Au surplus, tous ces souvenirs que rappelle
le soussigné, n'ont pas pour but d'inculper le
militaire, qu'aucun indice ultérieur ne rattache
ni à de mauvaises pratiques ni encore moins
à l'exécrable attentat de Louvel.

Ils tendent à prouver un seul point : c'est
que, dès 1816, des assassins complotaient la
mort de M. le duc de Berry, et que la lettre
citée contient et la doctrine même que professe
aujourd'hui le meurtrier, et le motif qu'il assigne à la préférence donnée pour le meurtre à
M. le duc de Berry.

La lettre dit que la race des Bourbons est
funeste à la France, et qu'il faut l'éteindre :
Louvel dit qu'il a résolu d'égorger les Bourbons, parce qu'ils sont funestes à la France.

La lettre dit qu'il faut frapper le duc de
Berry, parce que c'est à sa personne que tient
l'espérance de la race : Louvel déclare hautement qu'il n'a pas eu d'autre raison pour commencer par égorger M. le duc de Berry.

Ce rapprochement est donc tout à fait propre à faire douter de la franchise de Louvel, quand il assure que son crime est isolé, et qu'il n'a eu ni inspirateurs, ni confidens, ni complices.

La lettre anonyme venue de l'étranger, les rapports de l'administration de 1816, toutes les pièces qui prouvent que l'une et les autres sont dans les cartons de la police depuis lors, et sont devenus la matière de recherches trop bien motivées, sont sous les yeux de la Cour. Chacun peut vérifier un fait aussi extraordinaire.

Environ trois mois avant la mort de **M.** le duc de Berry, un autre fait dut éveiller quelques inquiétudes.

Un officier de gendarmerie qui portait un grand attachement à S. A. R., avait recueilli un propos plus ou moins hasardé, échappé, disait-on, à un ancien colonel qui a marqué dans les rangs des hommes les plus forcenés d'opposition au retour des Bourbons. Il avait juré, à ce qu'on assurait, la perte de S. A. R.

L'officier de gendarmerie, dans le louable excès de son zèle, en avait instruit M. le comte de Nantouillet, avec instante prière de le faire savoir au Prince. M. de Nantouillet remplit cette délicate mission. Il nomma au Prince ce colonel, qu'on disait lui en vouloir à la mort. *Je connais sa haine*, répondit le Prince; *je n'y puis rien que ne pas la mériter :* et il n'en fut plus question.

Ce fait a été connu depuis.

Il était digne d'attention.

Le Prince était tombé sous le fer d'un assassin.

Un autre que l'assassin avait proféré des menaces.

Le Prince lui-même avait porté témoignage qu'il en était instruit.

La commission devait approfondir le fait. Elle l'approfondit.

Elle entendit l'officier de gendarmerie qui avait ouï dire à quelqu'un que le colonel dont il s'agissait avait juré la mort du Prince. Elle sut de lui qui le lui avait dit.

C'était M. le comte de Power.

M. de Power ne nia pas précisément avoir tenu ce propos à M. Leroy, mais il dit qu'il n'était pas impossible que, dans l'enthousiasme de son zèle pour le Prince, et dans le dessein de lui inspirer plus d'attention à se mettre sur ses gardes, *il n'eût forcé l'expression.* Ce qu'il y a de sûr, c'est que M. O'Shiell, de qui il tenait le fait, lui avait dit, non pas que le colonel avait juré la mort du Prince, mais qu'il avait contre lui une haine implacable. M. de Power n'en avait parlé au commandant Leroy, que pour que celui-ci le fît savoir au Prince; et le jour même, M. de Power en parla à une autre personne qui avait l'honneur de voir souvent le Prince, et qui l'instruisit.

M. O'Shiell a aussi été appelé, et, dans sa bouche, le fait a perdu toute son importance.

D'un côté, ce n'était pas au colonel même qu'il avait entendu tenir un propos, quel qu'il fût. Ensuite, ce qu'il avait entendu dire dans la société, et recueilli comme un bruit vague dont il ne pouvait même désigner l'auteur, c'est qu'on disait que le colonel n'aimait pas le Prince.

Réduit à ces termes, le propos n'était pas décent, mais il ne dénonçait pas un complice de Louvel.

Il ne restait plus contre le colonel que ces mots terribles, sortis de la bouche du Prince, quand on lui demandait de prendre ses précautions contre la haine du colonel : *Je la connais.* Ce témoignage, même isolé, serait accablant, et à cause du personnage auguste dont il émane, et à cause de la preuve qui

sembierait en sortir, qu'il était donc généralement connu dans le monde que le colonel
roulait de mauvais projets contre le Prince.
Toutefois, la justice ordonne de dire que ce
témoignage est considérablement affaibli par
ce qu'a déclaré M. de Power, que, tandis
qu'il chargeait le commandant Leroy de faire
prévenir le Prince, il avait fait subitement
passer au Prince le même avis par une autre
voie, en sorte que le mot du Prince, déjà prévenu quand M. le comte de Nantouillet lui
parla, put n'être que l'écho du même propos
dont M. de Nantouillet venait de l'entretenir :
d'où il suit que le tout aboutit, en dernier
terme, sans complication, à l'assertion de
M. O'Shiell, qu'on disait dans le monde que le
colonel n'aimait pas le Prince.

On a imputé à un sieur Dorval, qui tient
aujourd'hui à Paris un cabinet d'affaires, de
s'être aussi permis des propos odieux sur M. le
duc de Berry.

Il les a déniés avec beaucoup de force.

Le sieur Ledoux de Genest, à qui, suivant
ce dernier, il les avait tenus en tête à tête,
en buvant avec lui, en avait déposé, et en
déposant, il avait indiqué un assez grand
nombre de personnes à qui, disait-il, il en

avait rendu compte. Toutes ces personnes furent citées.

Les unes ne surent pas même ce qu'on voulait leur dire, et ne se rappelèrent absolument
aucun de ces discours, quoiqu'ils fussent très-
remarquables et faits pour laisser une grande
impression à des confidens de leur caractère et
de leur opinion.

Les autres n'avaient pas entendu le sieur Ledoux de la même manière, et il avait varié avec
elles dans ses récits. Bref, à la confrontation,
le sieur Dorval nia tout à fait ces discours.

Il n'y avait contre lui que la déclaration d'un
témoin qui n'avait pas été uniforme dans ses
récits.

De plus, ce témoin, après avoir ouï de si
odieux propos, n'en avait pas moins continué
à voir le sieur Dorval, ce qui n'allait pas trop
bien à l'indignation qu'il en avait dû concevoir,
et ce qui, par contre-coup, atténuait la gravité des imputations.

L'instruction n'est pas allée, elle ne devait
pas aller plus loin.

Néanmoins, il en sort tout naturellement
une vague inquiétude sur le fait de complicité.

Cette inquiétude se fortifie encore par la

déclaration d'un respectable ecclésiastique de Saint-Germain-l'Auxerrois.

Un individu qui avait confiance en lui, est venu le consulter, hors du confessionnal, sur un embarras de conscience. Avait-il pu dénoncer un homme qui lui avait dit qu'on lui avait promis dix mille francs pour tuer la famille royale? Cet ecclésiastique n'a pu désigner ni le nom ni la demeure de l'individu.

Il se pourrait, à tout prendre, que cet individu fût un hypocrite qui se fût créé un scrupule dérisoire pour avoir un prétexte d'arriver à un ecclésiastique charitable. Il se peut aussi que ce soit un sincère ami de l'ordre qui ait voulu rassurer sa conscience timorée; et, dans ce dernier cas, le fait demeurerait avec toute sa gravité.

On pourrait aussi trouver de l'importance aux efforts que fit, à la fin de septembre dernier, une femme appelée *Fortin*, pour arriver jusqu'au Prince, à qui, disait-elle, il fallait qu'elle parlât pour sauver la France et pour le sauver lui-même, s'il n'arrivait fréquemment de reconnaître la fausseté de prétextes pareils, pris par des nécessiteux pour obtenir des aumônes.

Cette femme était très-pauvre, petite et basannée.

Elle avait déjà plus d'une fois reçu des secours.

Elle revenait toujours à la charge.

Un jour que le Prince allait monter en
carrosse, elle voulut lui remettre un gros paquet de papiers, mais elle ne voulait le remettre que pour une somme qu'elle destinait à
passer en pays étranger. Il fallait, disait-elle,
que le Prince prît son paquet s'il voulait ne
pas périr, et s'il voulait préserver la France
d'une guerre civile. Le Prince la crut folle, et
ne l'écouta pas. Elle revint ; on ne l'écouta pas
davantage. On lui donna quelques secours.
Elle se présenta si souvent, qu'on finit par
l'éconduire. On ne put savoir ce qu'elle était
devenue. Après l'évènement, ses paroles prirent un peu plus d'importance qu'elles n'en
avaient auparavant, et peut-être un peu plus
qu'elles n'en méritent. On la chercha vainement. La commission eût désiré l'entendre. Il
a été impossible de la retrouver.

Parmi les faits qui peuvent former l'opinion
publique sur la question de complicité, il convient d'en indiquer un qui n'a pas pu être entièrement approfondi, mais qui, dans l'état
d'éclaircissement où il est resté, présenté quel-
que-chose d'extraordinaire.

Ce fait consiste en ce que, dans le courant de décembre environ, un inconnu s'est présenté chez le sieur Hurvoy, chapelier des gardes du corps de Monsieur. Il demanda qu'on lui fît un casque. Le sieur Hurvoy lui demanda comment il le voulait. Après avoir hésité quelques instans, en feignant de chercher à composer une forme agréable, il s'arrêta tout court sur un casque de garde du corps, en disant qu'il en voulait un tout pareil. Le sieur Hurvoy lui répondit qu'il ne lui en donnerait pas un tel qu'il le demandait pour mille écus. Il se retira. Il ne revint plus. Après un si cruel malheur, il est permis de s'inquiéter. Que voulait cet inconnu ? Etait-ce un déguisement pour rendre plus facile, sous le costume de la fidélité, l'accès au crime ? On n'en sait rien.

On ne sait pas non plus s'il y a quelque chose à conclure d'un petit fait et d'un fait plus grave qui ont eu lieu au bois de Boulogne, dans l'enceinte duquel, on le sait, se trouve BAGATELLE, maison de plaisance où M. le duc et Mme la duchesse de Berry allaient passer des demi-journées, et quelquefois des nuits dans la belle saison.

Le petit fait est du commencement de décembre dernier.

Dans cette saison, il y a peu de promeneurs; cependant une matinée, dès six heures, deux jeunes gens furent vus par les surveillans, tourner beaucoup et long-temps dans le bois. La première idée fut que c'était un duel; et même un marchand de chevaux qui demeure à la porte Maillot, ne put s'empêcher de dire tout haut, et quand ces jeunes gens, qui paraissaient de la classe ouvrière, passèrent devant lui, que la société allait bien mal, si les tailleurs s'en mêlaient. Ils portaient effet des pistolets enveloppés dans un mouchoir qui, très-serré, en laissait apercevoir les formes. Cependant on ne put conserver cette opinion, en voyant qu'ils se promenaient toujours, et ne restaient pas à un lieu fixe pour attendre quelqu'un.

Sur ces entrefaites, deux voitures passèrent : c'étaient celles de M. le duc de Berry. L'un d'eux s'approcha alors de la portière de la porte Maillot, et lui demanda avec beaucoup de politesse quelles étaient ces voitures, mais avec une si singulière insistance, qu'elle crut devoir lui mentir, et lui répondre qu'elle n'en savait rien, quoiqu'elle le sût très-bien.

Alors ils suivirent les voitures. La portière continua à les observer. Ils rentrèrent dans le bois. Les voitures repartirent pour Paris. Eux aussi. Ce jour-là, on est à peu près sûr qu'il n'y eut pas de duel dans le bois.

L'autre fait, passé quelques mois auparavant, se compose de circonstances très-tragiques et bien autrement extraordinaires.

Le Prince et la Princesse firent un petit voyage de deux jours à Bagatelle, à la fin du printemps de 1819. Ils y allèrent coucher le 30 juin. Le Prince, accompagné du comte de Mesnard seul, partit le 1er juillet, de très-grand matin, de Bagatelle, pour aller chasser à Rambouillet. Il rentra ce même jour fort tard, c'est-à-dire vers onze heures. On déjeuna encore le lendemain à Bagatelle, et l'on revint dîner à Paris. Pendant ce petit voyage, il n'y eut ni garde royale ni gardes du corps. Le Prince n'en voulut pas.

Cependant, le 2 juillet au matin, entre sept et huit heures, une servante du gardebois Durger, et la femme Philibert, qui allaient à leur ouvrage, entendirent des cris dans le bois. Elle coururent vers la voix : c'était un homme presque nu, vêtu d'un vieux pantalon qui était sur ses pieds, et à peine couvert d'une chemise, dont il avait arraché et arrachait encore des lambeaux pour s'en servir à étancher

le sang d'une large plaie qu'il avait à la tête.
Les deux femmes compatissantes unirent leurs
efforts pour le porter vers la route. Un ouvrier
terrassier, appelé *Amyot,* passait non loin de
là. Les femmes l'appelèrent. Il vint les aider
dans leur œuvre charitable. Tous trois ils interrogèrent l'homme pour savoir qui l'avait
mis dans cet état. Il leur répondit que c'était
lui-même. Sa blessure consistait dans une frac-
turé à la tête en creux sur l'endroit appelé vul-
gairement *la fontaine.* Cette blessure avait été
si violente, qu'elle laissait sortir des parties de
la cervelle.

On alla chercher du secours, les officiers de
justice, le maire et un officier de santé. Ils arrivèrent.

Ils questionnèrent de nouveau l'homme sur
les causes de son accident. Il répondit ce qu'il
avait toujours dit jusque-là aux hommes et aux
femmes qui l'avaient assisté, que c'était lui-
même qui avait voulu se tuer.

On lui observa que cela n'était pas vraisemblable. Il dit alors que s'il parlait, il compromettrait cinq personnes.

On fit retirer les étrangers, dans l'espérance
d'obtenir de lui plus de détails. Alors il dit
que c'était lui qui s'était suicidé ; qu'il s'était

frappé par trois fois avec une pierre aiguë; qu'il n'y avait qu'à la chercher, et qu'on la trouverait sur la place; qu'il était un ingrat envers plusieurs personnes; qu'il avait entendu, la nuit, passer des chevaux près de lui, mais qu'il n'avait pas appelé; qu'il avait arraché sa chemise pour en mettre les lambeaux sur sa plaie; qu'il voulait mourir; qu'on le laissât mourir en paix.

Ce fut en commençant à parler aux officiers de justice, qu'il avait dit qu'il compromettrait cinq personnes, sur quoi un témoin remarqua qu'à l'arrivée des autorités, il avait la tête moins saine que lorsqu'elles l'eurent entretenu quelque temps, et un autre qu'il divaguait, ce qui n'est pas très-surprenant chez un homme dont la blessure a mis à nu des fractions de la cervelle.

On le pressa vivement de dire la vérité. Il persista à dire que c'était lui qui s'était tué avec une pierre.

Du reste, il fut constaté qu'il n'avait pas même une égratignure ni une contusion sur le corps. Il n'avait absolument qu'une blessure : celle de la tête.

On le ramena en charrette à Passy. D'abord le maréchal des logis qui l'accompagnait le

croyait mort. Bientôt il s'aperçut qu'il respirait.
Il le tourmenta de nouveau pour savoir qui l'avait ainsi traité. Il ne changea pas une seule
fois de langage, et dit que c'était lui.

Il fut transporté à la police. Un commissaire de police l'interrogea. Il déclara que c'était lui qui s'était tué.

On l'envoya à l'Hôtel-Dieu. Il y périt le jour
même, ou le lendemain, après avoir continué
à protester que c'était lui-même qui s'était tué.

Cependant quelques autres circonstances
bizarres vinrent se joindre à ce hasard d'un
homme trouvé dans cet état, la nuit même
que M. le duc de Berry avait passé à Bagatelle.

Un garde de bois, le 2 juillet, vers neuf
heures, en faisant sa tournée, aperçut quatre
ou cinq hommes de très-mauvaise mine, précisément vers l'endroit où l'on avait trouvé
l'homme nu.

D'autres, le même matin, virent quatre
hommes et un cocher dans un char. L'un
d'eux avait l'air de faire le guet.

Cette aventure courut le pays.

Cet homme mutilé d'une manière si cruelle;
ces apparences d'un assassinat plutôt que d'un
suicide; ces variations dans les déclarations

du blessé; cette déclaration surtout qu'il avait faite que s'il parlait, il compromettrait cinq personnes; le Prince, qui avait précisément passé cette nuit à Bagatelle; ces cinq hommes de mauvaise mine remarqués le matin; ce char où étaient d'autres hommes qui avaient l'air affairé : tout cela parut mystérieux, et bientôt on dit dans le pays que cet homme ne s'était pas suicidé; qu'il faisait partie d'une association formée pour assassiner le Prince; que l'association avait attendu le Prince le soir; qu'elle avait tiré au sort à qui consommerait l'assassinat; que la charge en était tombée à l'homme trouvé nu; qu'il avait reculé devant le forfait; et que les autres, effrayés de ses remords, s'en étaient défaits pour n'être pas trahis par lui.

La commission a connu ce bruit; elle l'a recueilli; elle a dû le vérifier avec une religieuse attention.

Après avoir entendu une multitude de témoins, il n'y a eu rien de prouvé de toute la version adoptée dans le pays, que la variation de l'homme dans ses déclarations.

Ses déclarations étaient-elles le résultat d'une divagation de tête fort compréhensible assurément en pareil cas ?

Étaient-elles le fruit des hésitations d'un homme partagé entre le mensonge et la vérité, d'un homme qui a été tué par des complices, et qui veut cacher leur crime plutôt que de confesser le sien ?

La commission a voulu s'efforcer de résoudre ce problême.

Pour y parvenir, elle a voulu connaître tous les antécédens de la mort de cet homme, qu'on a su s'appeler *Viguier*.

Sa femme, son oncle et un sieur Bombarda, restaurateur, chez qui il venait d'entrer le jour même de sa mort, ont été appelés.

Voici ce qui résulte de leurs dépositions :

Viguier, après avoir été gendarme, avait épousé une femme qui avait six enfans d'un premier lit. Elle lui avait acheté son congé. Il eut d'elle deux enfans. Il fut nommé percepteur à Jugier.

Il y resta jusqu'au retour de Buonaparte, et lors de ce retour, quitta sa place plutôt que de lui prêter serment. Il s'établit cafetier à Meaux; fit mal ses affaires; vint à Paris; se fit bonnetier; et acheva de s'y ruiner; se plaça alors chez un sieur Petit, entrepreneur de convois militaires, et subsistait à Paris des émolumens de sa place. Il ne manquait à son malheur que de vivre mal avec sa femme. La misère produit assez communément cet effet. Ils se quittèrent. Ses bonnes opinions lui avaient conservé des protecteurs. On se remua pour lui procurer une autre perception. C'était aux environs d'Auch. Il s'en croyait sûr. L'affaire manqua par sa faute. Sa tête en devint malade ; il fut plus malade encore de pauvreté. Ses enfans lui étaient restés. Il ne savait plus de quel bois faire flèche, et devint si misérable, qu'il finit par abandonner ses deux enfans sur la place du Palais-Royal, pour les perdre.

Il avait connu un sieur Bombarda, restaurateur, rue de Rivoli.

Le sieur Bombarda est à son aise.

Le sieur Bombarda a un bon cœur.

Il fut prévenu de la résolution désespérée de Viguier.

Il alla chercher les enfans, en envoya un à la mère, un autre à un oncle de Viguier, obtint de cet oncle un petit trousseau des hardes les plus nécessaires pour son neveu, et proposa à celui-ci de se faire laveur de vaisselle chez lui, où du moins il n'éprouverait aucun besoin.

Viguier avait d'abord accepté.

Le 1er juillet, de très-grand matin, il était venu même pour commencer son emploi.

Il s'était affublé des vêtemens propres à l'exercer.

A sept heures et demie du matin, le sieur Bombarda laissa son nouveau laveur de vaisselle en possession de son office.

Il s'en alla au marché des Jacobins.

Lorsqu'il rentra, il trouva toute sa maison en émoi, et sa belle-mère plus morte que vive, d'une scène qu'avait faite Viguier aussitôt que son nouveau patron était sorti.

Soit chagrin d'être séparé de sa famille, soit vanité blessée de descendre à une occupation aussi humble, soit désespoir de ne plus voir pour lui, dans la vie, de ressources qu'il pût espérer, aussitôt que Bombarda avait été sorti, Viguier était venu trouver la belle-mère; lui avait fait une scène de folie qui l'avait effrayée, et à laquelle elle n'avait pu rien comprendre ; s'était défait, avec des gestes extravagans, de son attirail de laveur ; avait repris quelques-uns de ses vieux vêtemens ; et s'était enfui, comme un furieux, sans vouloir rien entendre, et sans que personne pût l'arrêter.

On sait à présent ce que Viguier était devenu, du moins le soir. C'est ce soir même qu'il a été frappé, ou qu'il s'est frappé à mort dans le bois de Boulogne ; c'est le lendemain qu'il y a été trouvé dans l'état dont on a rendu compte.

Tels sont les renseignemens qu'a produits l'instruction.

Il reste encore dans l'aventure de l'extraordinaire.

Il est certainement extraordinaire qu'un homme se tue lui-même d'un coup de pierre.

Il reste extraordinaire qu'il passe une nuit entière dans le bois où il s'est frappé.

Il est extraordinaire qu'il se soit déshabillé lui-même, et qu'il ait semé les pièces de ses vêtemens et de sa chaussure dans le bois.

Il est extraordinaire qu'il déclare d'abord qu'il s'est suicidé, puis, que s'il parlait, il y aurait cinq personnes de compromises, puis, que c'est lui seul qui s'est tué.

Le commencement de folie de Viguier explique-t-il toutes ces circonstances?

Ne serait-il pas plus extraordinaire encore qu'un homme de si bons sentimens se fût associé à un projet de tuer un Prince?

Ne le serait-il pas que les assassins tirassent au sort à qui tuera un Prince dans un bois, au lieu de mettre leurs forces, comme leur crime, en commun?

Ne le serait-il pas que leur complice, devenu leur victime, gardât sa foi jusque dans les ombres de la mort?

Il y a assurément de grandes invraisemblances des deux côtés ; mais il semblera peut-être aux nobles Pairs qu'elles sont en moindre nombre dans la version de la folie.

Au reste, quoi qu'il en soit de l'opinion qu'on croira devoir adopter, la commission a fait, sur ce point, toute l'instruction qu'il lui était possible de faire; et si elle n'a pas obtenu plus d'éclaircissemens, c'est que, ou bien l'on sait de cette affaire tout ce qui y existe réellement, c'est-à-dire le désespoir d'un fou, ou bien le crime s'est enfoncé dans des ténèbres si profondes, qu'il est désormais impossible d'arriver jusqu'à lui.

La commission n'a pas pu non plus pousser l'instruction plus qu'elle ne l'a fait relativement à quatre circonstances qui toutes tendraient à établir la complicité, si elles eussent pu être démontrées.

L'une résulte d'une déclaration faite par le sieur Ravaisson.

Le sieur Ravaisson, dans la semaine qui a précédé ce crime, a cru être suivi deux jours de suite, lorsqu'il se retirait à son hôtel, rue Saint-Thomas-du-Louvre, où demeure Louvel, assez en avant dans la nuit , par deux hommes qui se demandaient d'un air mystérieux : Était-il au spectacle? Il ne peut donner nulle indication sur ces deux hommes. On l'a confronté à Louvel. Il ne l'a pas reconnu.

La seconde se retrouve dans la déposition d'un sieur Bechet, cordonnier.

Ce cordonnier, avec deux de ses amis , était allé boire, le lundi gras, une bouteille de vin dans un cabaret de la rue Saint-Germain-l'Auxerrois, à l'enseigne des *trois rats*.

A une autre table étaient deux hommes qui parlaient de Louvel.

L'un d'eux disait à l'autre qu'à huit heures et demie du soir, la veille, il avait vu Louvel qui jouait dans un cabaret une partie de cartes avec un ami.

Bechet alors s'approcha de celui qui parlait de Louvel, et lui demanda s'il le connaissait, à quoi l'autre répondit qu'oui, et que c'était un sournois.

Il eût pu être fort intéressant de connaître cet ami qui avait apprivoisé Louvel, au point que celui-ci, tout prêt à commettre son crime, faisait avec lui une partie de cartes.

Cet ami d'ailleurs pouvait donner des renseignemens sur sa complicité, si lui-même il n'était pas un complice. Mais l'instruction est restée en défaut. Bechet ne peut pas retrouver ces deux hommes. Il ne peut donner aucune indication. Les deux amis avec qui il buvait ne le peuvent pas non plus.

Les indications manquent pour le troisième fait, qui est très-singulier.

Voici en quoi il consiste.

Louvel, aux écuries, était logé dans une espèce de recoin pratiqué dans un entresol. Ce recoin était tout à la fois sa boutique, sa chambre, et le magasin des ouvrages confectionnés ou à confectionner. Ce recoin est très-mal éclairé par une fenêtre basse circulaire à deux vantaux, qui ne peuvent s'ouvrir sans déplacer un long établi qui est devant, et qu'on ne peut retirer sans beaucoup d'embarras.

Cette fenêtre est grillée. C'est devant cette fenêtre que Louvel travaillait toujours, ceint d'un tablier de toile blanche à grande bavette, attachée aux boutons de sa veste. La fenêtre s'ouvre ordinairement par deux carreaux mobiles seulement, qui ont un pied de haut à peu près, sur huit à neuf pouces de large.

Ces minutieux détails sont nécessaires à connaître pour l'intelligence de ce qui va suivre.

Dans le corps de logis au fond de la cour, à l'opposition de la fenêtre de Louvel, s'élève un grand bâtiment où logent beaucoup de serviteurs de l'écurie. Dans les combles habitent Ras et sa femme, lui, charron, elle, ouvrière en linge aux écuries. De la fenêtre de la femme Ras, surtout avec un établissement assez élevé qu'elle y a pratiqué pour s'y placer, quand elle coud, la vue plonge fort distinctement dans le réduit de Louvel. Si la fenêtre était ouverte, et que la femme Ras fût placée à la sienne, comme elle y est ordinairement, elle verrait, dans un grand détail, tout ce qui s'y passe. Elle peut le voir encore quand les fenêtres sont fermées, mais moins distinctement, parce que les barres de la fenêtre, qui est grillée, et les carreaux, nuisent un peu à l'action de la vue.

A présent, voici ce qui est arrivé.

La femme Ras ne connaissait pas Louvel.

Elle ne savait pas qu'il demeurait dans ce petit entresol.

Elle s'apercevait seulement qu'il y avait là une espèce de trou, bas, étroit et mal éclairé, et elle en concluait, ou que personne n'y habitait, ou qu'on n'y venait que pour des *soins* passagers.

Cependant, précisément parce qu'elle vivait dans cette opinion, elle remarqua un jour, avec une vive surprise, qu'il y avait un homme qui travaillait souvent devant la fenêtre, et que souvent aussi était, auprès de cet homme, un garçon boucher vêtu du costume de cet état, le grand tablier, le grand linge en sautoir.

Elle en conclut que ce boucher apportait de la viande au ménage qui avait asile dans ce coin.

Elle avait fait d'autant plus d'attention au boucher, qu'elle-même avait quelque raison de ne pas aimer à voir les hommes de cet état trop fréquenter l'hôtel. Elle avait fait, sur l'argent que son mari lui donnait pour la boucherie, quelques petites retenues employées par elle à payer des dépenses de toilette ignorées du mari, et elle craignait toujours que le boucher ne vînt inopportunément redemander son arriéré.

Offusquée de voir venir si fréquemment celui-ci, la femme Ras demanda un jour à son mari qui donc demeurait dans ce taudis. Son mari lui répondit que c'était le garçon sellier de La Bouzelle. Alors elle fit plus d'attention au garçon boucher. Elle le vit revenir plusieurs fois. Elle le voyait aussi passer dans la cour, et monter l'escalier de Louvel.

Dans ce même escalier demeure la dame Landry, chef de la lingerie. C'est même la seule personne qui habite ce corps de logis.

La dame Landry, interrogée, a déclaré qu'il venait assez souvent chez elle un garçon charcutier, parce qu'il lui arrivait fréquemment de prendre pour son dîner, et pour celui de son mari, de la charcuterie chaude. Une de ses compagnes a également déposé de ce fait.

Voilà qui expliquerait fort bien comment, de sa fenêtre, la dame Ras a vu aller et venir un garçon boucher dans la cour, comment elle l'a vu monter son escalier, puisque le costume des garçons bouchers et des garçons charcutiers est absolument le même. Mais cela n'explique pas le rapprochement du garçon boucher et de Louvel dans la chambre de ce dernier. Louvel a nié, de la manière la plus formelle, qu'aucun garçon boucher soit entré chez lui. La femme Ras affirme au contraire, avec force, qu'elle en a vu un. On a confronté à la femme Ras tous les garçons bouchers qui viennent aux écuries, et elle n'en a reconnu aucun. Des gens de l'écurie, interrogés sur le point de savoir s'ils ont jamais aperçu un homme de cet état chez Louvel, il n'en est pas un seul qui n'ait répondu qu'il n'en avait pas vu. La dame

Landry elle-même, qui demeure au-dessus de Louvel, et à qui ses fenêtres en équerre donnent la facilité de voir Louvel à son établi, n'en a jamais remarqué. Elle n'en a jamais rencontré dans l'escalier.

Que penser à présent de l'assertion de la femme Ras?

La femme Ras n'a-t-elle pas été frappée de voir souvent un garçon charcutier passer dans la cour et monter l'escalier?

N'a-t-elle pas confondu, à travers les grilles et les carreaux, le tablier blanc que portait Louvel, avec le costume du boucher?

N'a-t-elle pas confondu toutes ces circonstances dans son imagination et sa mémoire?

Le soussigné n'en sait rien : ce qu'il sait seulement, c'est que, si la femme Ras ne se trompe pas, il y aurait un mystère dans la dénégation soutenue de Louvel.

Or, ce mystère cacherait apparemment quelque vérité qu'il lui importe de ne pas laisser percer, comme celle peut-être d'avoir pris, du garçon boucher, une horrible leçon qu'il n'a que trop fidèlement retenue.

Quoi qu'il en soit, tout a été épuisé à cet égard, et ce point reste encore inconnu.

Le quatrième fait est certain : il repose sur

la déclaration du garde royal Desbiez, celui-là
même qui a contribué à l'arrestation de l'assassin, et il donne beaucoup à réfléchir.

Voici ce qu'a déclaré Desbiez :

Il n'était pas encore en faction à neuf heures
et demie du soir, le jour du malheur. Il était
au corps-de-garde. Il eut besoin d'en sortir
un moment. Alors s'avança vers lui un inconnu qui lui proposa un petit verre de rum:
Le soldat le refusa. Nouvelle instance, et l'inconnu tira un flacon de sa poche, en lui disant : Francisque, boire du rum. — Passez
votre chemin, lui dit le garde, fatigué d'im-
portunités dont il ne connaissait pas la nature,
ou bien je vous le ferai passer plus vite que
vous ne voudrez.

L'inconnu se retira sans mot dire.

Le jeune soldat rentra au corps-de-garde et
raconta son aventure à ses camarades, qui la
trouvèrent fort extraordinaire.

Ils eurent raison de la trouver telle alors.

Il faut convenir que quelques heures après,
elle l'était bien davantage.

On se creuse vainement la tête pour trouver
une raison plausible à cette offre si bizarre.
Quelle était donc la manie de cet homme,
quel qu'il fût, portant sur lui, ce qui é...

assez incommode, un flacon de rum, pour aller en offrir un verre à un inconnu qui sortait d'un corps-de-garde?

Le soussigné soumet le fait à la Cour; c'est à sa sagesse qu'il convient aussi d'examiner quelles conjectures raisonnables on peut asseoir sur cette base.

Est-ce un simple hasard? cela est difficile à croire.

Si ce n'est pas un hasard, quel était le but de cette démarche?

L'inconnu savait-il que Desbiez serait de faction à l'instant où la voiture du Prince arriverait? Comment l'avait-il appris? quand? par qui?

S'il le savait, savait-il que Desbiez, par miracle, sortirait à neuf heures et demie du corps-de-garde, où il serait resté, si un besoin ne l'eût appelé dehors?

Tout cela est fort inexplicable.

Un mot certainement échappé à Louvel, ne l'est pas moins : c'est le quatrième fait.

Très-peu de momens après avoir commis son crime, ce misérable, comme on l'a vu, venait d'être arrêté. Il avait été conduit, au milieu du désordre ordinaire en de si tristes conjonctures, dans une pièce ouverte à tout le monde. M. le préfet de police avait commencé ses interrogatoires , interrompus sans cesse et par les bruits du dehors et par l'immense concours de ceux que conduisaient en ce lieu leurs inquiétudes , leur zèle et leur douleur. M. le maréchal de Bellune ne fut pas, comme on le croit bien, des derniers à y venir. Hélas ! et le soussigné s'en souvient trop bien lui-même, ce sujet fidèle avait assisté, au nom de l'armée , aux pompes de cet auguste hymen qui fit le bonheur et l'espoir de la France. Il venait en ce jour de deuil , si différent de l'autre, prendre pour elle et pour lui, leur part de la douleur profonde et de l'indignation dont étaient pénétrés tous les cœurs. Il admirait, placé à quelques pas de l'assassin, et courbé vers lui pour recueillir ses folles paroles , comment la Providence , dans ses desseins inconnus, pouvait permettre à la nature de départir à une organisation humaine, un tel degré de férocité. Il était tout yeux et tout oreilles. Soudain, un bruit sourd retentit au dehors. *Ah ! c'est le canon, je crois,* dit le monstre à demi-voix, et comme se parlant à lui-même. M. le maréchal entendit ces paroles extraordinaires. Il les a recueillies et en a déposé. M. le maréchal seul les a entendues , et seul il a pu les entendre, car elles furent prononcées bas et de manière qu'il ne dut lui-même la faculté de les saisir qu'au hasard de s'être trouvé placé en ce moment le plus près de Louvel.

Qu'ont-elles signifié pour le scélérat qui les prononçait?

Cédait-il lui-même à un simple sentiment de surprise, et ne rendait-il que l'impression commune qu'éprouve l'ouïe à tout bruit sourd et inopiné?

Ou bien avait-il des complices?

Ces complices, pour fortifier son courage, lui avaient-ils promis, s'il était arrêté, de le sauver à l'aide d'un mouvement, et de donner un signal pour appeler à son secours?

Croyait-il que ce bruit annonçait l'effort promis ; et dans sa joie, au lieu d'exprimer l'étonnement, ne faisait-il que commettre une indiscrétion d'espérance?

C'est ce que, sur un indice aussi fugitif, aussi équivoque, il est bien difficile de décider. Il est bien à regretter que plusieurs de ceux qui étaient présens, n'aient pas saisi ces paroles. Un geste de l'assassin, un accent, une inflexion dans sa voix, un regard, un jeu de physionomie auraient peut-être complété et précisé son idée, et les observations comparées auraient fixé, avec certitude, la valeur d'un mot dont le témoin unique qui en dépose, n'a pas su lui-même déterminer la nuance.

Un autre indice de complicité s'offre ensuite, qui pourtant, après tout ce qui a été dit, laisse aussi flotter la pensée incertaine dans les conséquences qu'il faut en tirer.

Cet indice est fort extraordinaire.

Il s'est produit à Joigny, dans la nuit du 19 au 20 février.

Durant cette nuit, entre onze heures et demie et minuit, on s'introduisit dans le bureau de l'enregistrement, en faisant sauter un barreau d'une fenêtre, puis en brisant un volet pour s'introduire dans le vestibule, et la porte du vestibule pour s'introduire dans le bureau.

On força ensuite le tiroir qui renfermait les feuilles de papier à passe-ports, que la régie distribue aux receveurs de l'enregistrement pour les besoins du service.

Dans ce tiroir, il y avait une somme d'argent assez considérable pour tenter la cupidité des voleurs ordinaires. On n'y toucha pas.

Il y avait une forte quantité de papier timbré qui a une valeur vénale ; on n'y toucha pas.

Il y avait enfin quarante-une feuilles de passe-ports : on en emporta *vingt-cinq*.

Pour consommer ce vol, il fallait faire beaucoup de fractures ; on dut prendre beaucoup de peines, et sûrement on courut beaucoup de risques.

Le jour de ce vol, vers deux heures après midi, s'étaient présentés au bureau de l'enregistrement deux hommes de belle taille, et vêtus de blouses bleues *neuves*. Ils demandèrent au caissier si on voulait leur changer 1500 fr. d'argent en or. Le caissier leur répondit que s'ils voulaient apporter leur argent, sous dix minutes on le leur changerait. Ils ne revinrent pas, et on ne les revit plus.

Étaient-ce les voleurs de passe-ports qui venaient faire connaissance avec les êtres de la maison ? Cela est fort probable.

Dans la même journée, à trois heures après dîner, le garde-bois *Colas* entendit parler bas dans un bois qui est aux portes de Joigny. Il marcha vers le lieu d'où partaient les voix. Il trouva deux hommes dont l'un était déjà debout, et dont l'autre se relevait, ayant encore un genou en terre. Pour se préserver de la fraîcheur de l'herbe, ils avaient jonché la terre de petites branches d'arbre cassées. Les formes de leurs corps étaient encore empreintes sur l'herbe. Le garde-bois leur demanda ce qu'ils faisaient là. Nous nous sommes trouvés fatigués, et nous nous reposions ; dit l'homme qui était debout ; mais nous prenions froid, et nous nous en allions. Ils s'en allèrent en effet, se dirigeant vers Joigny. Ils avaient des blouses bleues.

Étaient-ce les voleurs qui se reposaient là pour attendre le moment du vol?

Cela est très-probable.

Mais quelle a pu être la cause de ce vol si singulier?

La raison amène bien tout d'abord l'idée que c'était pour échapper à la surveillance de l'autorité. On conçoit tout de suite que des hommes, et un assez grand nombre d'hommes (puisqu'on volait *vingt-cinq* passe-ports), éprouvaient déjà, ou prévoyaient qu'ils éprouveraient bientôt le besoin de se mettre à couvert des recherches auxquelles donneraient lieu des actions répréhensibles qu'ils avaient déjà commises, ou qu'ils se proposaient de commettre.

Mais quand, de cette conjecture générale presque infaillible, on veut arriver à l'application particulière à tel acte connu ou présumé, c'est ici que l'embarras et l'incertitude commencent.

Un grand crime venait d'être commis. Il est tout simple que l'imagination se dirige d'abord vers la supposition que ceux qui y avaient trempé prissent d'abord leurs précautions pour protéger leur fuite, s'ils venaient à être découverts.

Cette application serait toute aussi plausible que la conjecture, s'il ne s'agissait pas d'un aussi grand nombre de passe-ports.

On en a volé *vingt-cinq*.

Quelle que soit l'opinion qu'on puisse se former de la complicité en général, par rapport au crime de Louvel, il faut pourtant convenir, pour l'honneur de l'espèce humaine, que rien, dans la procédure, ne fait pressentir qu'il ait eu beaucoup de complices matériels de son crime; et lorsque, comme on va, en résultat, l'apprendre tout à l'heure, la procédure n'a rien fourni qui puisse faire désigner non pas seulement avec certitude, mais avec une apparence raisonnable, un seul complice, on ne devine pas comment il aurait un assez grand nombre de complices secrets, pour qu'ils eussent besoin de se procurer *vingt-cinq* passe-ports.

Tandis que la question, ainsi envisagée, se refuse à cette supposition, les faits nombreux et prouvés dont le soussigné a déjà rendu compte, mènent à une supposition autre, mais beaucoup plus probable.

Un grand crime avait été commis, et pour celui-là, il n'avait fallu que le bras de quelques assassins en petit nombre.

Un autre crime avait été médité, et pour celui-ci, qui devait être accompagné d'un tumulte apparemment, comme tout le révèle, il fallait bien plus d'un bras, bien plus d'un acteur, bien plus d'un coupable.

A ce dernier crime devait prendre part un certain nombre de factieux.

Ces factieux rendaient à leur nation la justice d'être convaincus du moins que les bons citoyens, ralliés autour du trône, s'opposeraient à leur criminelle tentative, et qu'il y avait le risque d'échouer.

Si l'on échouait, il fallait songer à la retraite. Il faudrait tromper la surveillance : et se munir de passe-ports était une précaution fort utile.

Une longue instruction a été soigneusement faite sur les lieux. Un grand nombre de témoins ont été entendus. Les informations n'ont produit la preuve d'aucuns autres faits que ceux dont le soussigné vient de rendre compte.

On en est donc réduit aux conjectures. Le devoir du soussigné a été de les présenter toutes à la Cour.

Il n'aura pas la témérité de choisir entre elles.

La sagesse de la Cour fera elle-même ce choix.

C'est à cette même sagesse qu'il appartient encore d'apprécier un autre fait bien plus extraordinaire, dont tous les détails sont connus, mais sur lequel, quant aux personnes, on est encore dans une ignorance absolue.

Le 26 février dernier, une pauvre journalière de Perruel, arrondissement des Andelys, appelée *Dumont,* était allée, de dix à onze heures du matin, ramasser du bois dans une partie de la forêt de Vacœil, appelée le bois *Briquet,* qui longe la grande route de Rouen à Gournay. Du lieu où elle fagottait, elle aperçut sur cette grande route un cabriolet qui venait de Gournay. Il était attelé de deux chevaux dont elle ne remarqua pas la couleur, et conduit du dedans, à guides, par l'un des deux voyageurs qu'il portait. Du côté opposé, c'est-à-dire du côté de Rouen, venait aussi un cavalier vêtu d'un manteau bleu, et porté sur un cheval rouge, dont le harnais était garni, ou d'argent, ou de métal argenté.

Le cabriolet et le cavalier se rencontrèrent tout vis à vis de la partie du bois où se trouvait la femme Dumont, qui était cachée par des joncs marins fort élevés, mais au travers desquels, quand on en était près comme elle, il était, à ce qu'elle assure, facile de voir ce qui se passait sur la grande route. Le cabriolet s'arrêta ; le cavalier aussi ; et celui-ci se mit à parler avec les voyageurs. La femme Dumont continuait à s'occuper de sa besogne, sans songer à rien, lorsque le nom de *Berry* frappa son ouïe. Le mot la frappa. Elle prêta l'oreille, et entendit le cavalier répondre au voyageur qui venait de le prononcer, en y ajoutant une expresssion grossière pour faire allusion à sa mort : *Oui, mais le malheureux qui l'a assassiné n'en périra pas moins.* Il nous en faut encore trois, répartirent les voyageurs. Le cavalier ajouta qu'il venait de faire cent cinquante lieues. Les deux voyageurs, de leur côté, annonçaient qu'ils allaient à Paris, et qu'ils y arriveraient le mardi entre midi et une heure. Alors le cabriolet et le cavalier rebroussèrent chemin chacun de son côté. A trois cents pas de là, le cavalier aperçut la femme Dumont, qui avait elle-même fait quelques pas, et qui, du lieu où il était parvenu, n'était plus couverte pour lui, ni par les joncs ni par le bois. Il vint à elle au grand trot de son cheval,

et lui demanda si elle avait entendu un cabriolet. Elle lui dit qu'oui, mais qu'elle n'y avait
pas pris garde. « Avez-vous entendu la conversation ?»—«Non,» répondit la femme Dumont.
Il lui fit répéter plusieurs fois cette assurance ;
après quoi il partit.

Quant à la femme Dumont, elle resta plus
morte que vive, et toute renversée de l'air
terrible qu'elle avait remarqué dans le cavalier,
et du danger qu'elle avait couru ; elle quitta
son ouvrage et s'enfuit chez une femme de
Perruel, appelée *Vion*, chez qui elle arriva
dans un état d'émotion extrême, et à qui elle
dit qu'elle était dans cet état, parce qu'elle
avait entendu une conversation touchant M. le
duc de Berry, et qu'un homme avait couru sur
elle.

Elle se rendit ensuite chez une demoiselle
Laville, connue dans le village pour ses très-
bonnes opinions ; elle lui raconta, au milieu
de son saisissement, qui durait encore, toute
son aventure dans le plus grand détail.

La demoiselle Laville fut si frappée du ren-
versement où étaient toutes les facultés de la
femme Dumont, et des attaques de nerfs qui
lui restaient, qu'elle envoya chercher le médecin Lasserre vers deux heures. Il était ab-

sent. Il ne put y aller que le lendemain de bonne heure, et il donna alors à la femme Dumont les soins que son état exigeait.

Le maire apprit toute cette histoire.

Il reçut la déclaration de la femme Dumont, et son premier mouvement fut un mouvement de défiance.

La femme Dumont a concilié des inconciliables.

Elle a de bons sentimens et de mauvaises mœurs. Elle a 50 ans, dont 30 se sont écoulés dans une vie fort libertine : en même temps elle a en horreur les atrocités de la révolution. Cette horreur, elle l'a puisée dans la violence qu'on voulut lui faire pour l'associer, en 1793, aux orgies qu'on décorait du nom de *fêtes de la raison*. Cette vieille disposition lui est restée malgré son inconduite ; elle a toujours respecté la religion et chéri la royauté.

Ce fut cette disposition même qui inquiéta quelques momens le maire, magistrat sincèrement attaché à tout ce qu'on doit révérer, mais impartial et éclairé.

Il reçut, cependant, la déclaration de la femme Dumont. D'un côté, il s'empressa de la faire passer au procureur du Roi des Andelys, pour qu'il fît des recherches convenables, et, d'un

autre côté, il se promit à lui-même d'observer la femme Dumont.

La femme Dumont est un esprit on ne peut
plus borné, incapable de retenir long-temps
un thême qui lui aurait été donné. Sa faible
mémoire et sa pauvre imagination trahiraient
bientôt l'imposture, si c'en était une.

De premières informations furent faites, et
elles purent ajouter à la défiance primitive. Il
y avait des ouvriers qui travaillaient à la route
de Gournay à Rouen, dans les environs de la
forêt de Vacœil. Ils furent interrogés ; ils n'a-
vaient vu ni cabriolet, ni deux chevaux, ni le
cheval rouge et son maître.

On était donc très-incliné à croire que l'a-
venture de la femme Dumont était controuvée.

Cependant la justice fit une descente sur les
lieux, et examina tout avec un soin extrême,
d'abord spontanément, et ensuite en vertu
d'une délégation de MM. les Pairs commissaires.

On ne saurait trop louer la sagacité et le
zèle extrême, l'impartialité sévère surtout avec
lesquels le juge d'instruction et le procureur
du Roi des Andelys ont recherché la vérité.
Ils n'ont épargné ni peines ni déplacemens. Ils
ont été sur toutes les routes entendre quatre-

vingt-neuf témoins, et sont restés près de deux semaines absens de leur domicile.

Ils ont commencé par vérifier les localités. Toutes se sont trouvées en concordance parfaite avec la déposition de la femme Dumont.

On lui a fait signaler tous les points divers où le cabriolet et le cavalier s'étaient rencontrés ; où, lors de la conversation, elle était placée pour pouvoir l'entendre ; où le cavalier et elle se trouvaient quand il l'a aperçue ; où enfin le cavalier l'avait atteinte et menacée.

Après qu'elle a eu donné ces indications, on a vérifié les possibilités.

Au lieu où elle disait avoir vu et entendu le cavalier et les voyageurs, sans être vue d'eux, on a trouvé en effet des joncs marins.

Ces joncs étaient assez grands pour que la femme Dumont, placée derrière eux, ne fût pas visible.

Ils étaient assez écartés pourtant pour que de derrière eux on pût voir fort distinctement, sans être vu, tout ce qui se passait sur la grande route.

Les joncs et le point de la route indiqué comme lieu d'arrêt du cabriolet et du cavalier, étaient à une distance telle que de derrière les joncs on pouvait entendre tout ce qui était articulé, sur le point d'arrêt, du ton ordinaire et d'une voix mesurée. Le juge d'instruction et le procureur du Roi en ont fait successivement et personnellement l'expérience, tant pour entendre que pour parler.

A trois cents pas plus haut que cet endroit, en retournant vers Rouen, le cavalier avait pu en effet apercevoir la femme Dumont au point où elle était parvenue.

Les impostures périssent ordinairement par les détails. Il y a peu de têtes assez fortes dans un récit un peu compliqué, quand il s'agit de lieux, pour mettre bien d'accord les circonstances physiques avec les circonstances arrangées d'imagination. La déclaration de la femme Dumont est sortie victorieuse de cette première épreuve.

Il y avait pourtant encore une circonstance physique qui ne se ployait pas à son récit, c'était l'invisibilité du cabriolet pour les ouvriers de la route. Mais elle avait dit, dès sa première déclaration, qu'il était à peu près onze heures du matin quand le cabriolet et le cavalier s'arrêtèrent devant elle; et il fut reconnu et attesté que les ouvriers de la route allaient déjeuner à onze heures. Ainsi il cessait d'être extraordinaire que les ouvriers, qui n'étaient plus sur la route à l'heure où le cabriolet y passait, ne l'eussent pas vu.

D'ailleurs, bientôt il ne fut plus permis de douter du passage du cabriolet désigné par la femme Dumont, dans ces parages, ce jour et à cette heure.

Il faut savoir que la route de Gournay à Rouen est coupée d'un grand nombre de routes transversales, ce qui pourrait servir à expliquer, quand bien même on ne retrouverait pas ce cabriolet du tout, quand bien même aussi les ouvriers n'auraient pas quitté la route, comment les ouvriers ne l'auraient pourtant pas aperçu. Le cabriolet aurait pu se jeter dans une route transversale et disparaître.

Et précisément au point du grand chemin dont parle la femme Dumont, il y a plusieurs de ces routes. L'une, notamment, conduit à un petit pays qu'on appelle *Elbœuf*, peu éloigné de la grande route. A un quart d'heure d'Elbœuf, vient ensuite le Héron. A une distance plus considérable après, on rencontre Morville. Pas mal au-delà de Morville est Rouvray, et assez loin de Rouvray, Roncherolles.

Une circonstance qui n'est pas ordinaire rendait remarquable le cabriolet qu'avait vu la femme Dumont. Il était, *quoique attelé de*

*deux chevaux, conduit du dedans à guides
par deux voyageurs.*

Eh bien ! ce jour, 26 février, où le cabriolet
des *deux* voyageurs, à deux chevaux, conduit
du dedans, par l'un d'eux, *à guides,* fut vu
devant le bois Briquet, sur la route de Gournay à Rouen, par la femme Dumont, à *onze
heures* :

Après onze heures, à Elbœuf, qui est tout
près du bois Briquet, on vit un cabriolet chargé
de *deux* voyageurs, ayant *deux* chevaux et
conduisant *à guides;*

Entre *onze heures et midi,* au Héron, qui
est après Elbœuf, et par conséquent plus loin
du bois Briquet, le même cabriolet à *deux*
chevaux, *deux* voyageurs, *à guides,* a été vu;

Vers une heure et demie, on l'aperçut aux
environs de Morville, qui est au-delà du
Héron;

A Rouvray, qui est beaucoup plus loin que
Morville, on le vit passer à *trois heures et
demie du soir;*

Enfin, on le vit encore *au coucher du soleil*
à Roncherolles, qui est après Rouvray.

Et ce qu'il y a de plus favorable encore à la
version de la femme Dumont, c'est que personne, dans tous ces pays, n'a pu dire quels

étaient les voyageurs, ni à qui le cabriolet appartenait, ni où il allait; en sorte que ceux qui le conduisaient étaient certainement étrangers dans ces contrées.

Il restait à faire sur la femme Dumont une expérience morale qu'elle a subie avec succès. Les magistrats des Andelys lui ont fait répéter sa déposition. Elle n'a pas varié. Sa mémoire en a retracé toutes les circonstances avec fidélité; en sorte qu'en plaçant cette observation à côté d'une autre observation, de laquelle il résulte que c'est une femme très-simple, grossière, inepte, et incapable de combiner des idées, il devient presque impossible de ne pas lui accorder une pleine confiance.

Lorsqu'il est certain qu'elle a vu le cabriolet qu'elle décrit, puisqu'il a été vu par tant d'autres personnes, il n'y aurait plus qu'une autre manière de comprendre la fable. Ce serait de supposer qu'en l'arrangeant, elle lui eût donné pour base le fait vrai d'un cabriolet qu'elle avait vu, mais duquel ne seraient nullement sortis les discours dont elle a déposé. Il faudrait admettre encore que, pour rendre la fable vraisemblable, elle en aurait calqué les circonstances diverses sur la topographie de la route, dont elle aurait commencé par bien vérifier les parties, pour s'assurer qu'elles concorderaient parfaitement avec ses faits imaginés.

Cela ne serait pas sans doute entièrement impossible ; mais il faut convenir que cela n'est guère vraisemblable, et qu'il est bien difficile de supposer tant d'artifice, d'adresse et de combinaisons dans une paysanne, dans une femme du peuple, dans une femme sans éducation, privée d'idées et d'esprit, et dont ensuite l'intérêt de mentir à si grands frais, est à peu près incompréhensible.

Que si l'on ne peut refuser dans de telles circonstances une entière confiance à la femme Dumont, toutefois il reste dans ce fait quelque chose d'extraordinaire, d'inconnu et de mystérieux, qui est en effet très-propre à ébranler les plus incrédules, et à faire réfléchir ceux qui ne veulent qu'arriver à la vérité.

Deux autres faits encore viennent se rattacher au fait précédent, pour donner, quoiqu'en degré inférieur, quelque force de plus à l'opinion de la complicité.

Depuis le crime, une garde-malade employée chez M. le marquis de Talaru, se rendait à son service vers dix heures du soir, en traversant le passage Sainte-Marie, rue du Bac. Deux hommes marchaient devant elle ;

ils tenaient une conversation très - animée, qu'elle comprit rouler sur Louvel. L'un ajouta : « On peut compter sur *Gavrier* ou *Chévrier*, » ou quelque nom approchant. Ils s'aperçurent qu'ils étaient écoutés. Ils se retournèrent. L'un d'eux, en grande redingotte noire ou bleue, et avec des moustaches, vint la regarder sous le nez. La terreur la prit. Un homme portant une lanterne, passait en compagnie d'une femme : elle saisit l'homme par le bras, en le priant de l'accompagner jusqu'à la porte de l'hôtel Talaru. La raison qu'elle lui en donna fut qu'elle avait peur de quelques jeunes gens.

A tout prendre, ces hommes auraient pu parler d'autre chose que de l'action de Louvel. Mais voici un autre fait où il y aurait moins lieu à l'équivoque.

Plusieurs semaines après le crime aussi, deux hommes se rencontrèrent à Paris, dans la rue du Chaume, vis-à-vis l'ancien couvent de la Mercy. Il y avait un embarras de voitures. Les deux hommes se rangèrent contre les ruines du couvent, qui est presque démoli, à un endroit où subsiste encore un petit renfoncement, dans lequel s'est établie une pauvre vieille fruitière. Elle y était arrangée de manière que les deux amis ne l'aperçurent pas d'abord. Ils continuaient la conversation entre eux à voix basse, mais pourtant perceptible à l'oreille. *Mon ami, disait l'un à l'autre, nous sommes perdus ! Le drôle qui est dedans ne pouvant pas être sauvé, il va tout dénoncer; je ne puis ni boire, ni manger, ni dormir.* L'autre répondit : *Ni moi non plus.* La fruitière fit un mouvement. Ils s'aperçurent qu'ils étaient écoutés. Ils firent un geste de surprise, et se retirèrent au plus vite.

La commission a examiné la femme Fichu avec une grande attention.

Le soussigné, quelqu'étonnant que soit son récit, n'a pu s'empêcher de reconnaître, dans les discours de cette femme, l'accent de la vérité. Elle parle en femme intimement persuadée de la vérité de ce qu'elle dit.

Au reste, tel est son témoignage : la Cour le pèsera.

C'est par excès d'exactitude que le soussigné croit, à propos de la question de complicité, devoir rendre compte à la Cour de trois lettres anonymes adressées, deux à Louvel, par la poste, qui a dû en faire la remise à la commission, et l'autre à un sieur Peullier, de Versailles, qui l'a apportée sur le champ à la justice.

La première de ces lettres, semblable à la lettre infâme du nommé *Lucet*, loue Louvel de son crime, dans la consommation duquel il n'a fait que venger l'honneur de sa famille.

Autant en dit celle adressée au sieur Peullier de Versailles, excepté que, dans celle-ci, ce n'est pas l'honneur de sa famille, mais celui de sa prétendue que Louvel a vengé.

On voit quel est le but de ces deux lettres.

Ce sont deux manœuvres de plus ajoutées à toutes celles que l'on a ourdies par suite de l'abominable système de calomnie, qui avait pour objet d'attiédir la trop juste horreur due au crime de Louvel, en lui assignant pour cause la vengeance de l'honneur outragé, au lieu du fanatisme politique et de la férocité.

La troisième a pour objet d'inspirer des inquiétudes sur la sûreté des Princes, si le glaive de la loi frappe la tête du coupable.

Discuter ces lettres, dont les auteurs, après avoir été vainement cherchés, sont restés inconnus, serait une véritable inconvenance : de pareilles infamies n'appellent que le mépris.

Le ministère public croyait avoir épuisé la douloureuse carrière des recherches, lorsque tout à coup elle a paru se rouvrir devant lui,

avec plus d'apparence que jamais de le conduire à une découverte très-importante.

Une déclaration fòrt grave arriva, il y a deux
semaines seulement. Voici ce qu'elle annonçait.

Dans la ville de Longwi demeure un brasseur
appelé *Lahaye*, qui donne à boire en même
temps qu'il fabrique sa bière, mais sans tenir
précisément auberge ni donner à coucher à
personne. Sa maison est ouverte à tout venant.
Cependant, quatre jours après la mort de
M. le duc de Berry, un étranger y est mysté-
rieusement arrivé en poste, et s'y est établi
pendant trois jours. On lui a donné l'appartement des maîtres, qui, n'ayant pas deux lits,
sont allés coucher dans une autre chambre,
sur un matelas, par terre. Du moment que l'é-
tranger est arrivé dans cette maison, les portes
s'en sont fermées. Elles ne se sont plus rou-
vertes pendant les trois jours qu'il y a passés.
On n'y donnait plus à boire. Lui-même, durant ces trois jours, il n'est pas sorti de la maison, et n'a reçu personne. Pendant qu'il était
ainsi caché à tous les regards, quelques personnes qu'inquiétait ce mystère, ont cherché
à le pénétrer. On a fait causer la mère de Lahaye, femme un peu adonnée au vin, et à qui
ses enfans ne se confient guère. On lui a de-

mandé quel était cet étranger. Elle dit d'abord qu'il venait pour fonder une manufacture ; et sur ce qu'on lui observa que c'était une singulière manière de chercher où il fondrait une manufacture que de ne pas mettre les pieds dehors, elle répondit : *Eh bien ! c'est vrai ; c'est pour cette malheureuse affaire du duc de Berry.* Quelques jours après elle revint ; et comme si elle avait été effrayée de son indiscrétion, elle chercha à expliquer son propos, en disant que c'était lui qui avait fourni de l'argent.

Quoi qu'il en soit, l'inconnu partit sans que personne en sût rien, et passa même la frontière pour aller s'établir à une demi-lieue de là, à Aubange, en Belgique. Il laissa sa voiture chez Lahaye. On apprit, après son départ, que c'était un homme fort riche, qui autrefois avait été armateur. Aussitôt qu'il fut parti, la maison de Lahaye se rouvrit.

Voilà tout ce qu'on savait de ce mystère.

Le soussigné dut croire que cette révélation avait une haute importance.

Un homme considérable par sa fortune, parti de Paris le lendemain ou le surlendemain du crime ;

Conduit en poste à Longwi ;

Y séjournant, durant trois jours, dans le plus grand mystère;

Les maîtres de la brasserie donnant leur propre lit à cet homme;

La clôture de la maison;

Les propos inquiétans de la vieille femme;

La retraite enfin de l'homme en pays étranger, abandonnant sa voiture chez ses hôtes de Longwi :

Toutes ces circonstances inexpliquées lui parurent recéler quelqu'odieuse manœuvre.

Un mandat d'amener fut décerné, par la commission, contre le fuyard.

Son extradition fut sollicitée auprès du gouvernement de la Belgique.

La loyauté de ce gouvernement et les lois du bon voisinage l'engagèrent à l'accorder.

On alla à Aubange. Au moment où l'autorité publique arriva, le fuyard n'était pas dans la maison dans laquelle il avait pris retraite. Il apprit que la justice et la gendarmerie le cherchaient : il accourut se livrer à elles.

Non seulement il obéit au mandat d'amener, mais il mit dans son obéissance le plus vif empressement.

Il déclara formellement, et il a consigné de nouveau cette déclaration dans son interrogatoire, que, loin d'être contrarié, même, par l'ordre qu'il recevait, cet ordre ne faisait que seconder sa volonté de revenir à Paris, où le rappelaient quelques affaires.

En effet, il vint jour et nuit, et sollicita d'être interrogé en arrivant.

Il donna sans balancer tous les éclaircissemens que l'on désira.

Ce prétendu réfugié est le sieur Layet, ancien négociant, homme de soixante et quelques années.

D'abord il n'était pas arrivé à Longwi trois ou quatre jours après la mort de S. A. R., comme le disait la déclaration. Il y était arrivé dans les premiers jours de mars, et cela ne pouvait être douteux, car il représentait son passe-port visé à Paris, avant son départ, par M. le préfet de police, le 28 février.

Ce négociant, après s'être mis en avance de beaucoup d'argent, dit-il, par pure obligeance, avec une maison de Paris, avait eu avec elle des débats très-affligeans. Ces débats avaient été poussés si loin, qu'on avait rendu contre lui une plainte en faux. Les huissiers et les procédures tombaient chez lui sans cesse. Il a soixante ans. Sa santé est faible. Il s'affecta trop vivement peut-être de toute cette güerre intestine. Son fils le tourmentait pour qu'il se séparât des affaires, et pour qu'il les lui laissât traiter seul, en insistant seulement pour qu'il dirigeât ses voyages vers un pays où sa vieillesse et ses infirmités pussent trouver des soins.

Le père céda.

Ce sieur Lahaye, brasseur, dont on a parlé tout à l'heure, et qui demeurait à Longwi, était marié. Sa femme avait servi le vieux négociant pendant dix ans, comme femme de charge, et lui était fort attachée. Le vieux négociant alla donc à Longwi, droit chez elle. Il y alla avec l'intention d'y rester tout le temps que sa santé exigerait du bon air et de l'éloignement des affaires. Mais ces gens étaient étroitement logés. Ils n'avaient qu'une chambre. Ils la lui donnèrent. Ils se retirèrent dans un galetas, où ils couchaient par terre. Il n'y eut pas séjourné vingt-quatre heures, qu'il s'aperçut qu'ils se gênaient trop pour lui. Il leur déclara qu'il ne resterait pas chez eux, et les pria de lui chercher une pension bourgeoise, à bon marché et dans un pays agréable, à leur proximité. Il lui trouvèrent à Aubange, qui est à peine à une demi-lieue de Longwi, une maison où il était fort bien pour 60 francs par mois. Il s'y rendit. Il leur laissa sa voiture, parce qu'ils avaient de la place. Voilà l'histoire de sa fuite.

Sa version s'est trouvée en accord parfait avec ses papiers, dans lesquels, à Aubange, on avait fait une perquisition très-sévère, sans y rien trouver de suspect.

Il ne connaissait pas la femme Lahaye, mère. Il n'a donc pu expliquer comment, s'il est vrai qu'elle ait tenu les discours relatés dans les déclarations, elle a pu imaginer rien de pareil. Mais avant même qu'on les lui eût fait connaître, il avait déjà dit, dans le cours de sa narration, que cette femme était ivrogne et bavarde, et que ses enfans se cachaient d'elle.

Cette femme, à qui ses enfans ne se fiaient pas, et n'avaient pas raconté les affaires de leur hôte, a-t-elle, piquée de cette défiance, parlé sans savoir ce qu'elle disait, et donné carrière à son imagination ?

Cela n'était pas impossible.

Le soussigné a dû rester convaincu que le mystère dont a été entouré l'hôte de Lahaye à Longwi, s'il est vrai qu'il en ait été entouré, et si l'auteur de la déclaration n'a pas confondu des ménagemens observés peut-être pour la santé d'un vieillard mal logé, avec des précautions extraordinaires et suspectes, aurait eu pour cause une discrétion qui se rattachait à un tout autre genre d'affaire que l'affaire soumise à la Cour des Pairs.

Le sieur Layet a donné d'ailleurs des répondans d'un ordre moral et civil, tels qu'il n'est pas permis de douter qu'un homme honoré de leur amitié, ait trempé dans un crime qui est en pleine opposition avec les sentimens et la conduite de sa vie toute entière. Il a été mis en liberté sur le champ, après son interrogatoire.

Et l'instruction du procès de Louvel a été close.

Tels sont les élémens des faits dont elle se compose.

Le soussigné a dû dévorer et faire dévorer à la Cour des Pairs, l'ennui des détails minutieux et souvent bien dénués d'importance qui s'y rattachent.

Ce n'était pas en matière si grave qu'il pouvait lui être permis d'avoir l'orgueil et la témérité de s'en fier à son jugement seul, du soin d'évaluer celles des dénonciations qui ont été plus ou moins spécieuses, quand elles n'ont pas été tout à fait absurdes, ou entièrement dénuées d'apparence.

Il aime mieux, à cet égard, avoir excédé

son-devoir, qu'être resté en deçà. Des inutilités dans un monument pareil à celui qu'élève en ce moment, à la justice, la Cour judiciaire la plus éminente de France, sont un léger malheur : des omissions seraient un acte répréhensible.

La Cour connaît tout : elle peut, à présent, juger tout en grande connaissance de cause, et porter enfin son opinion sur les quatre questions générales posées dans le présent réquisitoire. La première a été celle de savoir si l'on peut penser qu'en général Louvel ait des complices?

Le soussigné croit qu'il y aurait trop de hardiesse à nier qu'il y en ait.

Beaucoup de documens sans doute parmi ceux qui, au premier coup d'œil et avant tout examen, paraissaient devoir résoudre affirmativement cette question, se sont évanouis dans l'instruction. Mais il faut convenir qu'il y en est resté dont les résultats fixés sans équivoque par cette instruction, ne sont pas explicables autrement que par le système de complicité.

Pour ne parler que des plus saillans :

Avant la mort du Prince, ces prédictions répandues en France et à l'étranger;

Ce bruit de la bourse de Londres, lors de la mort du duc de Kent;

Cet homme du passage Feydeau, disant que le Prince n'y passerait plus long-temps;

Ces deux jeunes gens du général d'Anselme, s'écriant, à la vue de l'auguste couple, qu'il ne savait pas ce qui lui était réservé;

Cet homme de Guignes, qui persiste à dire que deux inconnus lui ont dit, sur le grand chemin, que le Prince était assassiné huit jours avant que le Prince ne le fût;

Cette même nouvelle débitée à Rouen dans le comptoir du banquier Julienne;

Cette même prophétie de la mort, semée sur le chemin d'Amiens;

Ce propos si extraordinaire, tenu en janvier par Morin, à Bollot, au Hâvre, que le Prince et Monsieur avaient été assassinés au sortir de l'Opéra;

Ce Sidenne, qui continue d'affirmer qu'à Saint-Cyr, huit jours avant les jours gras, Toutin lui a appris la mort du Prince;

Ce Mauri, de Mauriac, à qui, à une distance énorme de Paris, on avait encore annoncé d'avance le même évènement;

Après la mort du Prince, ce concert de calomnies fabriquées pour poursuivre et pour outrager sa mémoire, dans le but d'atténuer le crime de son assassin, soin qui semble naturellement ne devoir être pris que par des complices;

Ces exécrables calomnies, répétées de la même manière et avec la même fureur à Amsterdam, dans le journal de l'Utopie, à Soleure, et par des émissaires comme Thomas Duval et Bourdin;

Avant la mort du Prince, cette lettre de 1816, qui, quel qu'en soit l'auteur et quelle que puisse être l'innocence de celui à qui elle était adressée, prouve toujours évidemment l'existence, dès ce temps, d'un complot et par conséquent plusieurs coupables;

Cet homme du bois de Boulogne, dont, après tout, et de quelque manière qu'on les juge, on ne peut dissimuler que les paroles mystérieuses aient été prononcées;

Cet homme de Sabatier, qui lui a fait éprouver, en janvier dernier, un si grand effroi et une si grande horreur, en disant : « Coquin, il faut que je te tue! Ne m'avais-tu pas promis de tuer le duc de Berry? »

Cette confidence faite à un ecclésiastique qu'un particulier avait offert à un autre 10,000 f. pour prix de son association à un complot dirigé contre la famille royale;

Cette commande si suspecte d'un casque des gardes du corps de Monsieur;

Ces achats de poignards, demandés dans un temps voisin du crime;

Ce propos affreux, entendu par la servante de madame Quatremère, le jour même du meurtre, à cinq heures du soir;

Ce verre de rum, si extraordinairement offert le même jour, dans la soirée, au garde royal Desbiez;

Ce mot de Louvel : *J'entends le canon;*

Ce vol si inexplicable de passe-ports à Joigny;

Cette conversation des voyageurs qui se sont rencontrés dans la forêt de Vacœil;

Enfin cette indiscrétion commise par deux passans, devant la fruitière de la Mercy :

Toutes ces circonstances et beaucoup d'autres encore, que néglige le soussigné dans ce moment, parce qu'elles sont moins graves, et pour ne pas multiplier les répétitions, ne permettent pas de regarder comme entièrement détruite, l'idée que Louvel n'a pas de complices.

Mais le soussigné arrive à la deuxième question.

Si Louvel a des complices, quels sont-ils ?

L'instruction n'en a découvert aucun.

C'est la vérité, que, de toutes parts de cette instruction, sort la preuve la plus irrésistible que Louvel était sombre, retiré, fuyant les hommes; aimant, comme tous les animaux féroces, la solitude, et ne voulant contracter ni habitude ni intimité avec personne.

On eût pu croire que ceux qui ont vécu avec lui, et qui craignaient d'être inquiétés à cause de leurs rapports, le reniaient et parlaient de son caractère sournois et concentré, pour éloigner l'idée de toute amitié qui l'aurait uni à eux.

Mais ils n'ont pas été les seuls à en parler ainsi.

Quand la commission a eu occasion de faire recueillir sur lui des renseignemens au loin, c'est de loin que lui est arrivé un portrait de Louvel, toujours composé des mêmes traits. Les gens de l'île d'Elbe, les selliers chez qui ou avec qui il a travaillé à Chambéri, à Cusset, à Metz, à Etampes, à Fontainebleau, en vingt autres lieux, ne manquent, *aucun,* de dire : C'était un homme taciturne et insociable.

Tous les gens des écuries l'ont peint de la même manière. Ce portrait ne peut être un mensonge convenu. Et pourquoi s'obstinerait-on à le regarder comme tel ? Ainsi l'a voulu la nature ; elle a donné à la méchanceté un caractère hideux. Les scélérats *commencés* ne sont pas des hommes : ils doivent en être séparés par un signe extérieur. Cela fut ainsi, dès le principe, par la loi de Dieu. Caïn, le fratricide Caïn, porta son crime, sa peine et son âme sur son front.

Il n'y a donc pas eu la ressource d'interroger et d'observer ses amis, car il n'en a pas.

L'attention de la justice a dû se porter sur tous ceux qui avaient le malheur d'être liés par le sang avec ce monstre.

Tous ils ont été examinés.

Il a deux sœurs et un frère.

Les deux sœurs ont paru devant la commission : elles ont rendu un compte exact de leur vie toute entière et de la sienne. Des perquisitions scrupuleuses furent faites dans leurs demeures ; on n'y trouva rien d'inquiétant, ni de répréhensible, ni de suspect.

Françoise, la plus-jeune, devint, par sa sincérité même, l'objet de recherches plus attentives. Dans les effusions de sa franchise, et

la justice comme la vérité ordonnent de le
dire, dans les effusions de son désespoir, devant la commission , elle révéla elle-même un
mouvement involontaire d'imagination qui la
tourmenta à l'occasion de son frère. Elle avait
vu, la dernière fois, ce misérable, le jeudi
d'avant son crime. Elle l'avait trouvé soucieux
et pensif, et lui avait même, à ce sujet, té-
moigné des inquiétudes sur sa santé. Il lui
avait expliqué qu'il se portait bien, et qu'il
était seulement tourmenté par l'idée qu'il fallait aller à Versailles le mois prochain. Elle
n'avait d'ailleurs, à ce qu'elle assure, surpris
dans son âme rien qui dût ni la faire rougir
ni la tourmenter elle-même. Cependant, la
première ou la seconde nuit qui suivit, elle
rêva de son frère. Elle songea que d'un cabinet placé auprès de son alcove, sortait un
fantôme, un poignard à la main, que ce fantôme lui enfonça dans le cœur : c'était son
frère. Elle se réveilla oppressée ; puis, quelques momens après , rit elle-même, ajouta-
elle, d'une idée aussi absurde que celle qui lui
peignait dans son sommeil, son frère comme
assassin. C'est elle qui, après l'évènement et
en se noyant dans ses larmes, a raconté ce
songe à ses amies. Elle l'a répété à la com-

mission. Il a dû paraître en effet, il a paru étonnant au soussigné que ces idées de poignard et d'assassinat se soient mêlées, par un pur hasard et sans antécédens connus d'elle, dans l'imagination de Françoise, à propos de son frère. Il a dû redoubler de sévérité dans l'examen de tout ce qui est relatif à cette fille. La justice est une dette des magistrats envers tous les citoyens. Cette dette est plus étroite envers les malheureux. Ou la nature est bien fausse, ou Françoise sent profondément son désespoir, que de son sang soit sorti un crime si contraire à ses opinions et à ses sentimens personnels. On n'a pu rien découvrir en elle qui annonçât qu'elle eût eu, non pas la connaissance, mais même le soupçon du forfait médité par son frère.

Louvel a un frère aussi, jardinier à Fécamp. Ce frère est fou. Louvel ne l'a pas vu depuis beaucoup d'années. C'est ce qui résulte d'une lettre de Louvel trouvée dans les papiers de Thérèse lorsqu'on fit perquisition chez elle. Cette lettre, qui était dans beaucoup d'autres vieux papiers, et qui a bien elle-même le caractère d'ancienneté de sa date, est de 1818. Elle est assez remarquable. Le soussigné n'en citera que quelques mots : « J'ai vu la lettre

« de mon neveu, dit-il, qui nous fait connaître
« que son père est toujours malade d'esprit....
« Mais il ne nous en dit pas la cause. Jusqu'à
« présent nous avons attribué la cause à la
« perte de sa fille. Peut-être nous nous sommes
« trompés. C'est peut-être d'autres malheurs
« et l'effet d'évènemens politiques, de tous les
« malheurs. *Respectons-les ; parlons-en peu*
« *et sagement.* »

Le soussigné a cité cette lettre et la partie qu'il en souligne à dessein. Elle prouve deux choses. La première, qu'il ne faisait pas de confidences à ses sœurs ; et la seconde, qu'il poussait avec elles l'hypocrisie jusqu'à affecter du calme sur les évènemens et sur ce qu'il appelait les malheurs politiques. *Respectons-les,* disait-il ; *parlons-en peu et sagement.* Il faut confesser que dans ce langage, il était difficile de soupçonner un assassin et un parricide.

Cette lettre prouve encore que, dès ce temps, Louvel de Fécamp était fou. Ses neveux ne connaissaient pas leur oncle. Ils n'ont pas dû être l'objet des recherches de la justice.

Louvel a un oncle aussi à Paris. Cet oncle a été interrogé. Il est constant qu'il l'a toujours vu très-peu. Il ne l'avait pas vu depuis trois ans.

Il a aussi deux cousins. L'un porte son nom. Il est dans la garde royale. C'est ce jeune Louvel dont le soussigné a eu l'honneur d'entretenir déjà la Cour, à propos du babil indiscret d'une jeune fille. Il a été vérifié qu'il ne voyait presque jamais son cousin, et qu'il professait d'ailleurs les meilleurs sentimens. L'autre est un nommé *Aubry,* à Versailles, qui ne l'a pas vu depuis dix-huit mois.

Son cousin La Bouzelle le voyait davantage, puisqu'il l'employait journellement. La Bouzelle a été interrogé plusieurs fois ; des perquisitions ont été faites chez lui. Rien, ni dans ses papiers, ni dans les informations, ne s'est trouvé à sa charge. Il n'en est sorti, au contraire, que de bons témoignages sur sa conduite et sur ses opinions.

Nulle autre personne n'étant désignée par nul indice, il a fallu en rester là. Et le soussigné, en se reportant au sublime vœu exprimé par l'héroïque victime sur son lit de mort, a éprouvé quelque satisfaction à penser que ce vœu sacré ne serait pas trompé en tout, et que la vengeance des lois, dont son noble cœur s'effrayait, lorsqu'elle menaçait un Français, quoique son assassin, n'aurait pas à lui faire violence dans son tombeau, même pour l'intérêt impérieux de la société, en ajoutant d'autres sacrifices au sacrifice nécessaire que ce grand intérêt réclame, quoique ses mânes le refusent.

S'il n'y a pas de complices, arrive la troisième question.

Quels ont été les motifs de l'assassin ?

Les interrogatoires de Louvel ont été cités plus haut ; lui-même il a pris soin d'expliquer la source dans laquelle il a puisé toute sa férocité.

Il ne connaissait pas le Prince.

Il n'en avait reçu nulle injure.

Il ne trouvait même pas dans son cœur de haine contre lui. Et à quoi en effet cette haine sans motifs aurait-elle pu se rattacher ?

Il ne lui en voulait pas plus qu'aux autres Bourbons.

Ni lui ni les autres ne lui avaient fait aucun mal.

Mais il ne s'est pas occupé de ses intérêts. Son âme stoïque n'a pensé qu'à l'intérêt du pays.

C'est l'intérêt du pays qui lui a mis le poignard à la main.

Les Bourbons sont revenus avec les étrangers ; quiconque, Princes ou autres, se trouve dans ce cas, mérite la mort, selon lui. C'est Brutus qui lui a montré le chemin.

Il a donné, sans haine, sans ressentiment aucun, la préférence de mort à M. le duc de Berry, parce qu'il était l'espoir d'une race que Louvel brûle d'anéantir.

Tel est le langage qu'a toujours tenu ce forcené; et pour ajouter un dernier trait au tableau, il déclare qu'il ne se repent pas. Il a déclaré, auparavant, qu'il n'avait éprouvé d'autre regret, en étant arrêté, que celui de ne pouvoir continuer le cours de ses assassinats.

Les voilà, tous, les motifs de l'infâme Louvel !

Ils font rougir la nature, l'humanité et la raison humaine.

Ils doivent faire rougir aussi la calomnie, qui, dans ses fureurs, surpassant celles mêmes de l'assassin, lui en a prêté d'autres. C'est lui-même qui lui donne un démenti.

Nous voici donc à la quatrième question.

Quels furent ses instigateurs?

Qu'on lise les interrogatoires de Louvel. C'est encore lui qui s'est chargé de faire la réponse. La sédition a commandé. La sottise et le fanatisme politique ont répondu.

Il a tué un Bourbon, parce que les Bourbons sont les ennemis de la France.

Il a tué un Bourbon, parce qu'ils sont revenus sur le pavois des étrangers.

Il a tué un Bourbon, parce qu'ils ont sacrifié la gloire nationale, en consentant à la diminution de leurs frontières.

Qui lui a dit tout cela ?

Où tout cela est-il écrit ?

Où, plus ou moins ouvertement, toutes ces injustes et exécrables accusations sont-elles répétées ?

Qui les fait retentir aux oreilles des peuples pour égarer leur bonne foi ?

Aux oreilles des mécontens, pour les aigrir et leur donner des prétextes ?

Aux oreilles des hommes passionnés, pour les enflammer et les soulever ?

Comment aurait-il imaginé de lui-même un pareil manifeste contre les Souverains, ce pauvre garçon sellier, qui sait grossièrement lire, qui ne sait point écrire du tout ; qui ne sait même pas l'orthographe ; qui ne se sert enfin du peu d'aptitude qu'il a à lire, que pour se nourrir des rabâchages politiques dont on surcharge ces faibles intelligences si peu faites pour les comprendre et pour les digérer?

Est-ce la nature qui lui a donné cet instinct de Cannibale, dans lequel il va puiser cette soif du sang royal, que l'extermination de toute une race, si on l'en croit, pourrait à peine assouvir?

Qui a donné à cet homme, qui n'a pas eu assez de talent pour s'élever au-dessus de la condition d'un ouvrier à la journée, la folle confiance de croire à son jugement, de le prendre pour règle irréfragable de sa conduite, de lui faire porter des arrêts de mort contre les Princes?

Qui lui a dit qu'il était un homme d'État; qu'il avait, en sa qualité d'homme seulement, toutes les lumières, toute la sagesse, tout le talent nécessaires pour prononcer sur les matières politiques, et pour décider du sort des Empires, comme, en d'autres momens, il décidait du plus vil ouvrage et de la confection d'une selle pour les chevaux?

Ne sont-ce pas ceux-là même qui en appellent sans cesse à la sagesse et à la raison du peuple, de la raison et de la sagesse des chefs que la loi, d'accord avec son intérêt, lui donnent?

Voilà les vrais instigateurs de Louvel.

La nature l'avait fait homme.

La société l'avait reçu tel.

Ils l'ont fait monstre.

Louvel a commis un grand crime. Ses instigateurs en ont commis deux : le sien d'abord, par leurs inspirations ; et celui, ensuite, qui a consisté à faire un furieux d'un être qui, sans eux, n'eût pas connu les forfaits, et de convertir en scélérat un homme qui eût pu, sans les rêveries dont sa misérable tête a été renversée, rester toujours un honnête homme, hélas ! comme il le dit lui-même, un heureux époux, un bon père de famille et un citoyen utile.

Dans ces circonstances,

Le conseiller d'Etat, procureur-général du Roi, requiert qu'il plaise à la Cour :

A l'égard de Joseph Guillet, maréchal de camp ; Jaques Renard, écrivain public à Versailles ; Jean-Baptiste Vincent ; René-Jacques Juglet, tailleur à Moulins, près Mortagne ; Pierre Hamelot, propriétaire à Tours, et Charles Molus, tisseur à Epéhy ;

Attendu qu'il n'y a pas charges suffisantes contre eux :

Dire qu'il n'y a pas lieu à suivre contre eux ; ordonner que Charles Molus sera mis sur le champ en liberté, s'il n'est détenu pour autre cause.

A l'égard de René Pinat, cabaretier à Pacy-sur-Eure :

Attendu qu'il n'y a pas charges suffisantes contre lui, dire qu'il n'y a pas lieu à suivre devant la Cour des Pairs; mais attendu que ledit Pinat est inculpé dans l'instruction de violences exercées contre un agent de la force publique, délit prévu par l'article 230 du Code pénal, renvoyer ledit Pinat devant le juge d'instruction d'Evreux.

A l'égard de Marin, boucher à Nantes, et de Bourdin, tailleur à Rouen;

Attendu qu'il n'y a contre eux charges suffisantes, dire qu'il n'y a pas lieu à suivre devant la Chambre des Pairs; mais attendu que lesdits Marin et Bourdin sont inculpés dans l'instruction de s'être rendus coupables d'offenses envers les membres de la famille royale, délit prévu par l'art. 10 de la loi du 17 janvier 1819, renvoyer ledit Marin en état de mandat d'amener devant le juge d'Evreux, arrondissement dans lequel le délit a été commis, et Bourdin en état de mandat d'amener devant le juge de Rouen.

A l'égard de François Thomas, fourrier de

la légion des Vosges, et d'Alexis Duval, sous-officier de la 1re compagnie sédentaire à Châlons-sur-Marne :

Attendu qu'il n'y a pas charges suffisantes, dire qu'il n'y a pas lieu à suivre devant la Cour des Pairs : et néanmoins, attendu la conduite répréhensible qu'ils ont tenue, comme militaires, les mettre à la disposition du ministre de la guerre.

A l'égard d'Androphile Mauvais, ex-lieutenant :

Attendu qu'il n'y a lieu à suivre contre ledit Androphile Mauvais devant la Cour des Pairs ; mais attendu que ledit Mauvais est inculpé dans l'instruction, d'avoir connu au moins un complot contre la sûreté intérieure de l'État, qu'il n'aurait pas et n'a pas encore révélé, crime prévu par l'article 103 du Code pénal, le renvoyer en état de mandat de dépôt devant le procureur du Roi de Paris.

Enfin, à l'égard de Louis-Pierre Louvel, garçon sellier :

Attendu qu'il y a contre lui charges suffisantes d'avoir commis un attentat contre la personne d'un membre de la famille royale, crime prévu par l'art. 87 du Code pénal :

Donner acte au procureur-général du Roi

de la présentation qu'il fait à la Chambre de l'acte d'accusation contre ledit Louvel :

Ordonner : 1° que ledit Louis-Pierre Louvel sera pris au corps et conduit dans telle maison de justice qu'il plaira à la Cour d'établir près d'elle, sur les registres de laquelle maison ledit accusé sera écroué par l'un des huissiers de la Cour ;

2° Que les débats s'ouvriront au jour qu'il lui plaira fixer ;

3° Que l'acte d'accusation et le présent réquisitoire seront annexés à l'arrêt à intervenir.

Fait au Parquet de la Cour des Pairs, le douze mai mil huit cent vingt.

Signé BELLART.